böhlau

BEETHOVEN AN *der Wien* DENKEN 250

BEGLEITBUCH ZUR AUSSTELLUNG AM THEATER AN DER WIEN

ANLÄSSLICH DES BEETHOVEN-JAHRES 2020

JULIA ACKERMANN UND MELANIE UNSELD (HG.)

BEETHOVEN.AN.DENKEN

DAS THEATER AN DER WIEN ALS ERINNERUNGSORT

BÖHLAU VERLAG WIEN KÖLN WEIMAR

Das Forschungsprojekt *Erinnerungsort Beethoven: Theater an der Wien* wurde durch die Stadt Wien (MA7 – Kultur) gefördert.

Stadt Wien | Kultur

Bibliografische Information der Deutschen Bibliothek:
Die Deutsche Nationalbibliothek verzeichnet diese Publikation in der Deutschen Nationalbibliografie; detaillierte bibliografische Daten sind im Internet über https://dnb.de abrufbar.

Umschlagabbildung: Logo und Stempel der Ausstellung:
© Theater an der Wien
Satz: Bettina Waringer, Wien
Druck und Bindung: Finidr, Cesky Tesin
Printed in the EU

Vandenhoeck & Ruprecht Verlage | www.vandenhoeck-ruprecht-verlage.com

ISBN 978-3-205-20960-7

INHALT

Theater in Zeiten des Krieges

Was bleibt? Repertoire und Rezeption

Querverweise zwischen den einzelnen Beiträgen sind jeweils mit ► gekennzeichnet

GRUSSWORTE

Roland Geyer
Intendant des
Theater an der Wien
© Foto: Johannes Ifkovits

»So lange der Österreicher Bier und Würstel hat, revoltiert er nicht.«*

Wenige Beethoven-Fans würden dieses Zitat dem Komponisten der *Eroica*, der *Missa solemnis* oder der Oper *Fidelio* zuordnen – ja wahrscheinlich nicht einmal zutrauen. Der Mythos des »grimmigen Meisters«, unsteten Wohnortflüchtlings und gnadenlosen Onkels ist berüchtigt. Er ist, wie nur wenige Komponisten, ein Fixstern am Firmament der klassischen Musik, der sich selbst genügt.

Was kann also gerade das Theater an der Wien als Erinnerungsort Besonderes bieten? Dass Ludwig van Beethoven hier eine künstlerische Heimat fand, Freundschaften schloss, wohnte und arbeitete, Vorstellungen besuchte sowie seine Musikalischen Akademien abhalten konnte, kann heute vielerorts nachgelesen werden. Schließlich ist Beethoven einer der meisterforschten Komponisten überhaupt.

Schon bevor ich das Theater an der Wien als neues Opernhaus der Stadt Wien international etablieren konnte, war mir Beethoven ein Anliegen für dieses Theater. Im Jahr 2005 – noch zur Zeit des

* Ludwig van Beethoven in einem Brief an Nikolaus Simrock in Bonn, Wien, 2. August 1794.

Festivals KlangBogen – konnte ich Bertrand de Billy dafür gewinnen, die erste *Fidelio*-Fassung aus dem Jahr 1805 am Ort ihrer Uraufführung zu dirigieren. Drei Jahre später realisierte er mit dem RSO Wien eine Neuauflage der legendären Musikalischen Akademie Beethovens vom 22. Dezember 1808 – exakt 200 Jahre nach der öffentlichen Uraufführung so berühmter Werke wie der Fünften oder Sechsten Symphonie, erklangen diese Stücke abermals in unserem Theaterraum. Aber auch Daniel Barenboim, Christian Thielemann oder Esa-Pekka Salonen gestalteten hier mit den Wiener Philharmonikern symphonische Konzerte unter dem Titel *Beethoven am Uraufführungsort*. Viel umjubelt wurde Nikolaus Harnoncourts brilliante *Fidelio*-Interpretation im März 2013. Zu Beethovens 250. Geburtstag präsentieren wir nun eine neue szenische *Fidelio*-Produktion, die auf der zweiten Fassung von 1806 fußt – mit Manfred Honeck am Pult der Wiener Symphoniker, inszeniert von Christoph Waltz.

Natürlich steht das Theater an der Wien nicht nur für Ludwig van Beethoven. Nur knapp zehn Jahre dauerte die intensive Verbindung zwischen dem Musikgenie und dem 1801 als modernstes Theater im deutschsprachigen Raum eröffneten Haus. Emanuel Schikaneder, Erbauer und erster Direktor des Theaters, war schon davor auf eine Zusammenarbeit mit Beethoven erpicht, hoffte er doch, dass sich ein ähnlicher Erfolg einstellen würde, wie dies zehn Jahre zuvor mit seinem Libretto *Die Zauberflöte* durch Mozarts Musik gelang. Beethoven aber legte Schikaneders Libretto *Vestas Feuer* schon nach nur einer vertonten Szene beiseite. Vier Jahre danach war es dem visionären Theaterdirektor schließlich gelungen, den Meister zu seiner ersten und einzigen Oper zu verführen. Der Rest ist bekannt.

Das Theater an der Wien hatte seither eine wechselvolle Geschichte. Was eine Bühne jedoch auszeichnet, ist die Lust, Menschen an der Kunst emotional und intellektuell zu begeistern. Genau das ist auch mein zentrales Anliegen, dass (Musik-)Theater a priori immer neu gedacht werden muss. Jedes Stück – sei es alt oder neu – muss gefunden, erarbeitet und intensiv erforscht werden. Erst dann kann es zu einer erfolgreichen Produktion kommen, die einen Mehrwert für die Gesellschaft leistet.

Beethovens Bedeutung für die Weltkultur kann nicht überschätzt werden – in Theorie und Praxis: Daher bin ich sehr glücklich, dass sich zwischen der Universität für Musik und darstellende Kunst – im Speziellen dem Forschungsprojekt *Erinnerungsort Ludwig van Beethoven: Theater an der Wien* – und dem Theater an der Wien eine wunderbare Zusammenarbeit entwickelt hat, sodass Sie nun das Begleitbuch zur Ausstellung BEETHOVEN|AN der Wien|DENKEN in den Händen halten können.

Wir verstehen dieses »AN DENKEN« als Impuls zu heutiger Interpretation des Genres Oper und versuchen, die visionäre Sicht des Ausnahmekünstlers, aber auch Schikaneders Kreativität als Theatermacher weiterzudenken – damit das Theater an der Wien auch in Zukunft lebendiger Erinnerungsort an Beethoven bleibt, der Zeit seines Lebens auf der Suche nach dem perfekten Opernstoff war.

Ich danke im Besonderen Frau Univ.-Prof.in Dr.in Melanie Unseld sowie allen Kolleg*innen der mdw und des Theaters an der Wien für ihre engagierte Kreativ- und Recherchearbeit und der Stadt Wien für die Förderung des Beethoven-Projektes.

Ulrike Sych
Rektorin der Universität für Musik und darstellende Kunst Wien
© Foto Inge Prader

Die Wiederkehr von Ludwig van Beethovens 250. Geburtstag zu feiern, ist für eine Ausbildungsinstitution, die von Beethovens Zeitgenossen ins Leben gerufen wurde und daher so eng mit der Wiener Musikgeschichte verbunden ist, eine Selbstverständlichkeit. Beethoven lebte in Wien, als 1817 die Singschule unter der Leitung von Antonio Salieri gegründet wurde, die Vorgängerinstitution der heutigen mdw. Mehr noch: Beethoven war mit den Akteurinnen und Akteuren, die eine »öffentliche, vom Staate feyerlich instituirte, und geleitete Anstalt« zur Ausbildung von Musikerinnen und Musikern forderten, eng vernetzt: mit den adeligen Förderern ebenso wie mit den Sängerinnen, Musikern, Dilettanten, Pianistinnen, Librettisten, Dichtern usw. Kurz: Beethoven war Teil jenes ausgedehnten Netzwerks, das um 1800 einen Schub an musikalischer Professionalisierung initiierte und damit einen Grundstein der heutigen mdw legte.

Beethovens weite Netzwerke reichten nicht zuletzt auch ins Theater an der Wien, wo er mit der musikaffinen Wiener Aristokratie, den Theaterdirektoren, Sängerinnen und Sängern, Kapellmeistern, Intellektuellen und Librettisten täglich zusammenarbeitete. Musik als Ereignis war das Ziel dieser Netzwerke: immer aktuell, immer tagesrelevant, dem Publikum zugewandt.

Solche Netzwerke zwischen Musik, Kultur und Wissen nicht nur historisch aufzudecken, sondern sie unter den heutigen Prämissen zu beleben und gestalten, ist eine zentrale Aufgabe der Universität für Musik und darstellende Kunst: Studierende in ihrem künstlerischen Tun zu inspirieren und in ihrem wissenschaftlichen Handeln zu fördern.

Das Forschungsprojekt »Erinnerungsort Beethoven: Theater an der Wien« hatte sich dies zur Aufgabe gestellt. Aktuelle Forschung zu Beethoven während seiner Zeit am Theater an der Wien war der Ausgangspunkt und zugleich die Frage, warum das Theater an der Wien in der Erinnerungskultur um Beethoven, die sonst um kein Erinnerungsdetail verlegen ist, eine auffallend marginale Rolle spielt. Diese Forschungsfragen in die Lehre zu integrieren, Studierende zu motivieren, selbst forschend tätig zu werden, war der Ausgangspunkt des Projekts. Ziel war es, nicht nur anlässlich des Jubiläumsjahrs eine neue Perspektive auf Beethoven zu werfen, sondern diese auch zu vermitteln: in einer Ausstellung und in diesem Begleitbuch. So entstand musikwissenschaftliche Forschung, die ein Publikum findet – am Erinnerungsort selbst.

Ich danke der Projektleiterin Melanie Unseld sowie allen, die das Zustandekommen und die Realisierung dieses engagierten Projekts unterstützt haben. Mein besonderer Dank ergeht an den Kooperationspartner Theater an der Wien sowie die Magistratsabteilung 7 und das Institut für Musikwissenschaft und Interpretationsforschung der mdw.

OUVERTÜRE

Abb. 1: Bildpostkarte Österreichs Beethovenfeier, 1927

Julia Ackermann und Melanie Unseld

ERINNERUNGSORT BEETHOVEN: THEATER AN DER WIEN

Nostalgie, Pilgerstätte oder die Suche nach dem historischen Ort? Als 1927 Ludwig van Beethovens 100. Todestag mit einem Gedenkjahr gefeiert wurde, stand das Bemühen um Erinnerung qua Gedenkstätten hoch im Kurs: »Noch steht manch altes Haus, verehrt als seines Wirkens Staette…«, ist auf einer populären Bildpostkarte aus dem Jahr 1927 zu lesen. Beethoven-Porträt und Schrift werden eingerahmt durch Abbildungen von Lokalitäten, die unmittelbar Assoziationen zum Wiener Lebensumfeld des Komponisten anregen sollten: Heiligenstadt, Nussdorf, Baden und Mödling.

So nachvollziehbar das identitätsstiftende wie merkantile Interesse einer solchen Darstellung sein mag, so auffallend ist, dass die im Text aufgerufene Authentizität des Ortes in den Bildern kein Pendant findet: Keineswegs alle dargestellten Häuser sind als tatsächliche Wirkungsstätten Beethovens belegt, die Abbildungen erfüllen eher eine allegorische Funktion und bebildern ein Vorstadtidyll. Just derjenige Ort aber, der als Lebens- und Arbeitsraum Beethovens zweifelsfrei nachgewiesen ist, fehlt auf den Abbildungen: das Theater an der Wien. Warum aber druckte man Ungesichertes ab und verzichtete auf eine Darstellung des Theaters?

Die Frage zielt auf ein Phänomen ab, das der französische Historiker Pierre Nora »Erinnerungsorte« (*lieux de mémoire*) genannt hat und damit greifbare Momente verdichteter Geschichte meinte. Erinnerungsorte können dabei tatsächliche Orte sein – Orte des Geschehens oder Orte des Gedenkens (also etwa die Beethoven-Gedenkstätten) –, sie können aber auch im übertragenen Sinne immaterielle, nicht verortbare Gedanken und übergreifende Ideen sein, oder auch Personen, Individuen und Gruppen, Texte und Dokumente, Wege und Dimensionen, Musik, Klang und vieles mehr. In der *Marseillaise*, die Pierre Nora beispielsweise zu den französischen Erinnerungsorten zählt, verdichtet sich ein wesentliches Moment französischer Geschichte – die klanggewordene Idee einer freien, demokratischen Gesellschaft, gespiegelt in Momenten der Entstehung des Liedes in Kriegszeiten, des Singens als Revolutionslied, des Verbots und der Reaktivierung als Nationalhymne… Auf diese Weise sind Erinnerungsorte kondensierte Geschichte, in denen Umbrüche greifbar, Identitäten umrissen, zentrale Fragen verhandelt werden und ihren Ausdruck finden. »Ludwig van Beethoven« ist ebenfalls ein solcher Erinnerungsort. Nicht, dass er nicht auch eine historische Person und ein Komponist mit einer Vielzahl komponierter Werke wäre. Aber mit seinem Namen sind darüber hinaus verschiedenste Vorstellungen, Identitätsangebote und Narrative verbunden, ja verwoben und wirksam. Jede Zeit, jede Generation formt dabei solche Erinnerungsorte neu: Das Narrativ von Beethoven als Held wurde stark, als Militarismus und Nationalismus Hochkonjunktur hatten, das Narrativ vom »Revolutionär(en)« gewann in jenen Momenten an Überzeugungskraft, als damit gegen Aristokratie, gegen Napoleon oder, später, auch gegen Bürgerlichkeit argumentiert werden konnte: um und nach 1800 ebenso wie in der 68er-Generation… Betrachtet man die Erinnerungskultur um Beethoven im historischen Längsschnitt, wird deutlich, dass zentrale historische, gesellschaftliche und identitätspolitische Fragen an seinem Namen verhandelt wurden: der Künstler als Genie, die Autonomie des Subjekts, Ideen von Nation, Europa oder gar Globalität. Jede Zeit spiegelt in diesem Sinne ihre eigenen Ideen an der

Musik und der Person Beethoven. Und diese Spiegelungen finden ihren Ausdruck: in Denkmälern, in Texten, in Bildern, Filmen und vielem mehr.

ERINNERUNGSORT: THEATER AN DER WIEN

Betrachtet man auf diese Weise die populäre Postkarte des Jahres 1927 (Abb. 1), stellt sich nochmals die Frage, warum das Theater an der Wien fehlt? Und der Befund ist auszuweiten: Auch in anderen Publikationen, die sich mit »Beethoven-Häusern« und -Gedenkstätten befassen, ist das Theater an der Wien deutlich seltener Thema als etwa Heiligenstadt oder Baden. Warum wird das Theater als Wohn- und Erinnerungsort im Zusammenhang mit Beethoven ausgespart? Ein Grund dafür scheint mit dem Blick auf Erinnerungsorte als kondensierte Geschichte naheliegend: Das Theater an der Wien ›passt‹ nicht zu den fest etablierten Erinnerungsorten rund um Beethoven: Beethoven als Einzelgänger, als in die Natur Flüchtender, als Autor des »Heiligenstädter Testaments«, der davon spricht, sich von der Welt abzuwenden, abwenden zu müssen. Es widerspricht damit einem Bild von Beethoven als alleinstehendem, gesellschaftlich ungelenken Genie. Vor allem widerspricht der Ort »Theater« jener Idee, die Beethoven primär als Instrumentalkomponist sieht. Dass er an einem Ort gewohnt und gearbeitet hat, an dem in rasantem Wechsel vielfältig-buntes Theater für den zeitgenössichen Publikumsgeschmack auf die Bühne gebracht wurde, steht im Gegensatz zu einem die Zukunft visionierend in den Blick nehmenden Tonkünstler. Ein solcher aber tritt auf, wenn Hugo Wittmann – anlässlich des Gedenkjahres 1920 – Beethoven bei seiner Wohnungssuche in Wien (in doppeltem Sinne) vorstellt. Wittmann imaginiert Beethoven als jungen Mann, »dem das lange Haar, wie von Sturmgedanken durchwühlt, in freien Locken um die Schläfe wallte. So mag schon der jugendliche Meister auf seiner fieberhaften Wohnungsjagd ausgesehen haben, so denkt man sich den Helden dieser wunderlichen Odyssee. […] Er zeltet bald hier, bald dort, niemand kann sagen, wo […].« Schon damals aber sei er sonderbar gewesen: »seine auffallende Künstlerfigur […]: wunderlicher Kauz, Sonderling, weltvergessen, menschenscheu, genialische Unordnung im Haushalt […]«, als Emanuel Schikaneder ihn »in einen Käfig [sperrte,] den er ironisch genug als Freiwohnung im Theater an der Wien bezeichnete«.[1] Die Theaterwohnung als unpassende Behausung für einen genialischen Künstler? Zumindest scheint es so, dass die Darstellung des Wohnorts unmittelbar mit der Vorstellung vom Künstler Beethoven zusammenhängt.

Vor diesem Hintergrund ist es besonders reizvoll, sich dem Ort Theater an der Wien in doppelter Perspektive anzunähern: Zunächst mit der Frage, wie und mit wem Beethoven am Theater an der Wien zusammengewohnt und -gearbeitet hat. Das Soziotop und vielfältige Netzwerk des Theaters kommt dabei in den Blick, das aus Musikerinnen und Musikern, Sängerinnen und Sängern bestand – mitsamt ihren Familien, die vielfach ebenfalls im Theater wohnten, denn das Theater war ein »ganzes Haus«, eine mehrgenerationelle Lebens- und Arbeitsgemeinschaft, nicht nur ein Aufführungsort (►Yamada). Auch jene Personen werden berücksichtigt, die das Theater leiteten und darüber hinaus in der gesamten Wiener Theaterszene vernetzt waren; sowie jene, die Akademien im Theater veranstalteten, denn immerhin fungierte die Theaterbühne gleichzeitig als einer der größten Konzertsäle der Stadt. Auch Förderer und Mäzene rücken in den Fokus, Verleger, die auf die Erfolge am Theater mit allerlei Bearbeitungen für den Hausgebrauch reagierten (und Misserfolge ignorierten), Menschen im Publikum, die zu Zeitzeugen wurden, und solche, die aufgrund der Belagerungszustände im Jahr 1805/06 aus der Stadt flohen, nicht (mehr) ins Theater gingen… Viele Menschen, denen Beethoven hier begegnete und mit denen er zusammenarbeitete, waren weit über die *Fidelio*-Produktion hinaus mit ihm verbunden: förderten ihn, musizierten und konkurrierten mit ihm, führten seine Werke auf… Das Theater an der Wien war damit kein »Käfig«, sondern vielmehr ein ›Taubenschlag‹: ein offener Ort vielfacher Begegnungen und Kontakte, an dem Beethoven – keineswegs menschenscheu – mit ande-

BEETHOVENHÄUSER.

Von Hugo Wittmann.

In den fünfunddreißig Jahren, die Beethoven bis zu seinem Tode in Wien zubrachte, hat er achtundzwanzigmal die Wohnung gewechselt. Für die Ruhelosigkeit seiner Lebensführung ist die Ziffer ungemein bezeichnend. Man sieht ihn vor sich, diesen Märtyrer der ewigen Wohnungsnot, den es nirgends eine gute Weile duldete, der sich aus jeder Stube hinaussehnte nach einer besseren und von der niedrigen Sorge um ein schickliches Heim kaum für die Gnadenfrist eines Jahres verschont blieb — man sieht ihn vor sich, wie er immer aufs neue durch die Gassen rennt, um die Haustore nach Mieträumen zu befragen, wie er seine Freunde bedrängt, daß sie ihm suchen helfen, dann wieder selbst treppauf, treppab stürmt, um die ideale Wohnstätte zu entdecken, immer am liebsten bis zum höchsten Stockwerk klettert, wo das Licht am hellsten leuchtet und der Blick am weitesten reicht, kaum aber daß er irgendwo Zuflucht gefunden, von der alten Unrast ergriffen wird und die tolle Fahrt nach dem Unfindbaren von vorn beginnt, wahrlich ein Ahasverus ganz besonderer Art, allzeit unterwegs durch Stadt und Vorstadt, atemlos umherspähend, wo endlich die gehetzte Seele von der Jagd nach Ruhe sich erholen könnte.

Diele im Magdalenenhof in Baden bei Wien.
Nach einer Radierung von Theodor Weiser.

Fast dreißig Wohnungen in fünfunddreißig Jahren, fast jedes Jahr eine andere! Dabei haben wir die vielen Landwohnungen, die Beethoven oft mehrmals in einem Sommer wechselte, gar nicht mitgezählt. Nur die Stadtwohnungen sind in der Ziffer inbegriffen, und diese ist eher zu niedrig angesetzt, denn manches Haus, wo der Meister gewohnt, wurde noch gar nicht aufgefunden. Vor kurzem erst gelang es dem Wiener Beethovenforscher Theodor v. Frimmel, eine Beethovenwohnung aufzustöbern, von der bis dahin niemand wußte.

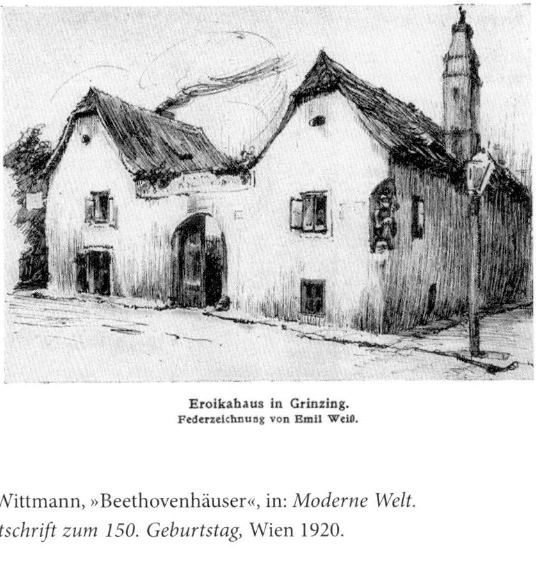

Eroikahaus in Grinzing.
Federzeichnung von Emil Weiß.

Sie befindet sich im Hause Johannesgasse 1, welches dazumal einer Frau Kletschke gehörte. Die Dame scheint an ihrem Mietsherrn wenig Freude erlebt zu haben. Der Ruhelose brachte das ganze Haus in Unruhe, die Mitbewohner beschwerten sich, und eines Tages, als das Klavier im vierten Stock wieder zu toben anfing und furchtbar durch alle Geschosse donnerte, sagte Frau Kletschke zu ihrem Töchterchen: „Nanette, jetzt gehst hinauf und sagst dem Narren auf!“ So die Überlieferung. Sie klingt so wahr als wahrscheinlich. Man erinnert sich dabei des alten Döblinger Wirtes aus der Beethovenzeit, der auf die Frage, wie denn sein berühmter Stammgast ausgesehen, achselzuckend antwortete: „Halt wie ein narrischer Musikant.“ Ähnliches dachte sich auch die schnippische Schöne, bei der sich der liebesdurstige junge Meister einen Korb geholt hatte. Warum sie ihn nicht erhört habe, fragte man sie, und nach einigem Zögern platzte sie heraus: „Weil er so häßlich ist und halb verruckt.“ Wie sollen auch Alltagsmenschen über Ausnahmemenschen anders urteilen? Verrückt, närrisch, ein Narr — mit diesen Worten hat man großen Männern ohne Lebenskunst von jeher ihr Genie bescheinigt, einem Beethoven Tag für Tag.

Friedsam bürgerlichen Hausbesitzern muß er ein durchaus unwillkommener Gast gewesen sein. Sie fürchteten sein Klavier, zitterten vor ihm selbst ob seiner Heftigkeit. Er sei schon ganz heiser „vom Fluchen und Stampfen“, schreibt er einmal nach der Korrektur eines fehlerreichen Notenabzugs, und in so stürmischer Weise behandelte er auch die Hausherren. Immer wollte er gegen sie das Gesetz anrufen, gleich drohte er ihnen mit der Polizei, wenn nicht mit höheren Instanzen. In einer Wohnung (auf der Laimgrube) raucht der Ofen, und Beethoven wettert sofort:

Abb. 2: Hugo Wittmann, »Beethovenhäuser«, in: *Moderne Welt. Beethoven-Festschrift zum 150. Geburtstag,* Wien 1920.

ren am Theater »zusammen manch unvergesseliches Stündchen in collegialischer Traulichkeit [verplauderte]; denn Beethoven war damals heiter, zu jedem Scherz aufgelegt, frohsinnig, munter lebenslustig, witzig, nicht selten auch satyrisch.«[2] Die eine Perspektive also beleuchtet: wie lebte und arbeitete es sich am Theater an der Wien, als Beethoven dort wohnte?

Zum anderen ist interessant, wie das Theater an der Wien zum (Nicht-)Erinnerungsort wurde: An die Zeit der ersten beiden *Fidelio*-Fassungen, die als Misserfolg in die Musikgeschichte eingegangen sind, erinnert die Geschichtsschreibung im Sinne einer Auslassung. Im Fokus steht zumeist die spätere Erfolgsgeschichte der dritten Fassung an einem anderen Ort, dem Kärntnertortheater. Doch was heißt Misserfolg an einem Theater, das in rascher Folge produziert und sich dabei unmittelbar am Publikumsgeschmack orientieren muss? Unter diesen Voraussetzungen war es eher der Normalfall, wenn eine Oper umgearbeitet oder nach wenigen Aufführungen abgesetzt wurde. Beethoven kannte diese Bedingungen des Theaterbetriebes aus nächster Anschauung. Warum also wird die Aufführung und Bearbeitung seiner Oper in einer Weise erinnert, die diese Umarbeitung als Zumutung und Eingestehen des Scheiterns erklärt? Fällt das Theater an der Wien deshalb als Erinnerungsort zurück? Das Haus selbst blieb übrigens vorwiegend Erinnerungsort für eine Theaterkultur, die à la longue von Emanuel Schikaneder geprägt war: mit einer Programmierung vor allem von ebenso kurzweiligen wie kurzlebigen Singspielen. Damit fiel das Theater an der Wien aus der Fülle von Beethoven-Gedenkstätten weitgehend heraus, wurde zum Nicht-Erinnerungsort. Auch dies ist eine Geschichte des An-Denkens an Beethoven.

Das vorliegende Buch ist ein Begleitbuch zur Ausstellung BEETHOVEN|AN der Wien|DENKEN, die im Theater an der Wien anlässlich des Beethovenjahres 2020 gezeigt wird. Thema der Ausstellung ist die Frage, wie Erinnerung an Beethoven stattfindet, wie sie konstruiert wird, und durch welche mentalen und sozialen Dimensionen sich Erinnerungskultur ausgestaltet und verändert. Das Beethoven-Zimmer wird dabei zu einer Genealogie von Erinnerungskonstruktionen: Wie imaginierte das heldentümelnde 19. Jahrhundert den Wohnraum eines Genies? – wie eine bilderstürmende und -stürzende Postmoderne? Keine dieser Konstruktionen ist Ausdruck eines authentischen historischen Orts. Alles ist der Versuch, einen Erinnerungsort greif- und sichtbar zu machen, ihn damit unmittelbar anschaulich werden zu lassen. Eine zweite Schiene der Ausstellung zeigt das Soziotop Theater an der Wien: Wer war hier – von den Orchestermusikern bis zur Intendanz – tätig? Wer sorgte dafür, dass das Ereignis *Fidelio* in Erinnerung blieb? Und auf welche Weise existierten Verbindungen zu den städtischen Netzwerken: zur Aristokratie, zu Verlagen, zu anderen Theatern? Schließlich geht es darum nachzuspüren, wie Erinnerung gestaltet wird: Welche Medien stehen zur Verfügung, um Erinnerung – gerade auch an das verklingende Medium Musik – zu sedimentieren? Sprache kann den Klang in der Erinnerung halten: dafür stehen Erinnerungen in Tagebüchern, Rezensionen, aber auch Memoiren. Bearbeitungen können Melodien zu Ohrwürmern machen, indem sie die im Theater erklungene Musik an andere Orte – in den Salon und die Wohnstuben – transportieren und dort vielfach nachspielbar machen. Und Gedenktafeln gehören wiederum zu jenen Medien, die Orte für die Memoria markieren. Doch wer stellt sie auf? An was wird durch sie erinnert? So zeigt sich nicht zuletzt, dass AN Beethoven zu DENKEN vielfältige Formen annehmen und dass das Nachdenken darüber die Gedenkjahreskultur in anderem Licht erscheinen lassen kann.

Das Ausstellungsprojekt und dieses Begleitbuch entstand aus der Kooperation zwischen Wissenschaft und Theater: An der Universität für Musik und darstellende Kunst Wien (Institut für Musikwissenschaft und Interpretationsforschung) konnte das Forschungsprojekt »Erinnerungsort Beethoven: Theater an der Wien« 2018 seine Arbeit aufnehmen und PhD-Studierende im Sommersemester 2019 an die Themenfelder Erinnerung – Beethoven – Theater an der Wien heranführen. Ausstellungsideen wurden entwickelt, diskutiert, verworfen, weitergedacht und konkretisiert. Die Texte dieses Begleitbuchs flankieren diese Ausstellung und stehen zugleich für sich, denn sie geben Einblicke in eine Beschäftigung mit Beethoven, die anlässlich eines Gedenkjahres ein »Gedenken ohne Gedanken« vermeidet, stattdessen ein Nachdenken über das AN. DENKEN anzustoßen versucht.

Den Herausgeberinnen ist es ein Anliegen, allen am Projekt und dessen Realisierung Beteiligten herzlich zu danken: Dem Theater an der Wien und seinem Intendanten, Roland Geyer, der der Idee von Anfang an aufgeschlossen gegenüberstand, sowie den Dramaturginnen des Hauses, Ksenija Zadravec und Karin Bohnert, die unermüdlich den Spagat zwischen Wissenschaft und Theaterpraxis, zwischen Ideen und deren Realisierbarkeit meisterten. Der Dank geht darüber hinaus an die PhD-Studierenden des Forschungsseminars »Erinnerungsort Beethoven: Theater an der Wien« an der Universität für Musik und darstellende Kunst, die sich auf das Wagnis eingelassen haben, forschendes Denken konkret werden zu lassen: in Ausstellungsobjekten, in Vermittlungskonzepten und nicht zuletzt in den Texten zu diesem Buch. Ein großer Dank geht auch an Anke Charton für ihren Gastbeitrag. Ein Dank geht ferner an den Verlag, insbesondere an Johannes van Ooyen, der in bewährter Manier die Metamorphose einer Idee zu einem Buch begleitete. Und schließlich danken wir für die finanzielle Unterstützung: des Forschungsprojekts durch die Stadt Wien (MA7 – Kultur) und der Publikation durch das Theater an der Wien und das Institut für Musikwissenschaft und Interpretationsforschung.

Wien, im Oktober 2019
Julia Ackermann und Melanie Unseld

LUDWIG VAN BEETHOVEN UND DAS THEATER AN DER WIEN

EINE CHRONIK

13. Juni 1801: Das Theater an der Wien wird eröffnet. Künstlerischer Direktor ist Emanuel Schikaneder, der das Personal seines vorigen Theaters (Theater auf der Wieden) mit in das neue Opernhaus an der Wien bringt, darunter den Kapellmeister Ignaz von Seyfried. Besitzer und Finanzier des Hauses ist der Wiener Kaufmann Bartholomäus Zitterbarth, Freimaurer und Logenbruder von W. A. Mozart und Seyfrieds Onkel.

1802: Franz Clement wird Orchesterdirektor am Theater an der Wien, er führt dort in mehreren Akademien eigene Werke und auch das Violinkonzert von Beethoven auf (1806).

Etwa Januar 1803: Beethoven, der seit 1792 in Wien lebt, wird als Komponist am Theater an der Wien engagiert. Er bezieht dort auch eine Dienstwohnung. Wo genau sich Beethovens Zimmer befand, ist unklar. Sein Bruder Kaspar Karl, der ebenfalls im Theater wohnt, bittet jedenfalls, seine Post »abzugeben im Theater an der Wien, im 2ten Stock« (Briefkopf eines Briefes an den Bonner Verleger Simrock, 25. Mai 1803).

> Beethoven ist seit Kurzem mit einem ansehnlichen Gehalt bei dem Theater an der Wien engagirt worden, und wird dort nächstens ein Oratorium von seiner Arbeit ›Christus am Oelberge‹ aufführen. […]

> Er wird eine […] Oper[.] schreiben; dafür erh[ält er] nebst freier Wohnung von der Einnahme der zehn ersten Vorstellungen 10 Procent. (*Der Freimüthige. Oder: Berlinische Zeitung für gebildete, unbefangene Leser,* 12. April 1803)

> Als er Leonore komponierte, hatte er für ein Jahr freie Wohnung im Wiedener Theater, da diese aber nach dem Hofe zu lag, behagte sie ihm nicht. Er miethete sich also zu gleicher Zeit ein Logis im Rothen Haus an der Alserkaserne. (Ferdinand Ries in *Biographische Notizen über Ludwig van Beethoven*, 1838)

5. April 1803: Erste musikalische Akademie von Beethoven am Theater an der Wien. Die Erste und Zweite Symphonie, das Dritte Klavierkonzert c-Moll sowie das Oratorium *Christus am Ölberge* werden aufgeführt – bis auf die Erste Symphonie alles Uraufführungen.

Oktober bis Dezember 1803: Emanuel Schikaneder übergibt Beethoven sein Libretto zu *Vestas Feuer*. Beethoven vertont nur die Anfangsszene und legt das Projekt dann zur Seite. 1805 wird Joseph Weigl das Schikaneder'sche Libretto als »heroische Oper« vertonen.

9. April 1803: Anna Milder debütiert 18-jährig am Theater an der Wien als Juno in Franz Xaver Süßmayrs Singspiel *Der Spiegel von Arkadien*. Weitere Rollen folgen. Noch 1805 lebt sie zusammen mit ihren Eltern und ihrer Schwester Jeanette im Theater an der Wien.

Ab **1804 bis 1814** ist Joseph Sonnleithner Hoftheatersekretär und verfasst bzw. übersetzt zahlreiche Libretti und Lustspiele.

4. Januar 1804: Beethoven lehnt das Angebot von Friedrich Rochlitz ab, dessen Libretto zu einer Zauberoper zu vertonen. Wahrscheinlich beginnt er zu dieser Zeit, an seiner Oper *Fidelio* zu arbeiten.

15. Februar 1804: Peter Freiherr von Braun, seit 1794 bereits Leiter der Wiener Hoftheater, übernimmt (bis 1806) das Theater an der

Wien, unterstützt durch Joseph Sonnleithner und Emanuel Schikaneder.

27. März 1804: Friedrich Sebastian Mayer veranstaltet eine Akademie, in der u.a. Beethovens Zweite Symphonie und *Christus am Ölberge* aufgeführt werden. Als Solisten treten u.a. die Sängerin Anna Milder und der Geiger Franz Clement auf. Mayer war am Theater an der Wien für vielerlei zuständig: er sorgte für die Auswahl der Stücke, leitete Proben, führte Regie und trat auch selbst als Bassist auf:

> Niemand hat in Wien für die Verbesserung der Opernmusik, und daher auch für die Verbesserung des Geschmackes in musikalischer Hinsicht so Bedeutendes gewirkt als er. [...] so kam es, daß das Theater an der Wien stets Neuigkeiten, gut dargestellt, brachte, und zu jener Zeit das beliebteste Theater in Wien war. (Ignaz Franz Castelli, *Memoiren meines Lebens. Gefundenes und Empfundenes, Erlebtes und Erstrebtes*, 1861)

April 1804: Beethovens Kontrakt mit dem Theater an der Wien wird aufgrund des Direktoriumswechsels vorläufig ungültig, ohne dass die Komposition einer Oper vollendet wäre. Im August nimmt Beethoven die Arbeit am Theater wieder auf.

10. November 1804: Uraufführung der Oper *Die Neger* von Antonio Salieri auf ein Libretto von Georg Friedrich Treitschke, der die spätere Überarbeitung des *Fidelio*-Librettos (dritte Fassung) übernahm. Die Sängerbesetzung ist fast identisch mit der der *Fidelio*-Uraufführung: Anna Milder, Friedrich Heinrich Demmer, Friedrich Sebastian Mayer, Louise Müller und Joseph Caché.

7. April 1805: Akademie am Theater an der Wien zu Gunsten von Franz Clement; darin u.a. die erste öffentliche Aufführung von Beethovens Dritter Symphonie.

10. August 1805: Uraufführung von *Vestas Feuer* auf ein Libretto von Schikaneder in der Vertonung von Joseph Weigl. Die Sängerbesetzung stimmt fast durchgehend mit der des *Fidelio* überein. Das Stück wird innerhalb des folgenden Jahres 27mal aufgeführt:

> Der Aufwand an Dekorationen, Kleidungen, Aufzügen u.s.f. war ausserordentlich, aber er konnte die elende Dichtung doch nicht halten. (Aus einer Rezension in der *Allgemeinen musikalischen Zeitung* vom 28. August 1805)

23. September 1805: Frankreich erklärt Österreich den Krieg.

Herbst 1805: Beethoven vollendet die erste Fassung des *Fidelio*. Schwierigkeiten mit der Zensur verzögern die Uraufführung. Am 5. Oktober erreicht Sonnleithner bei der Zensurbehörde schließlich die Freigabe des Stückes.

13. November 1805: Einmarsch der Französischen Truppen in Wien. Sie stoßen auf keine Gegenwehr. Am folgenden Tag trifft Napoleon in Wien ein und nimmt im Schloss Schönbrunn Quartier.

20. November 1805: Uraufführung von *Fidelio, oder: Die eheliche Liebe* (erste Fassung in 3 Akten). Georg Friedrich Treitschke beschreibt die Umstände der Uraufführung:

> […] aus der Ferne wälzte sich das Ungewitter eines Krieges gegen Wien und raubte den Zuschauern die zum Genusse eines Kunstwerkes erforderliche Ruhe. Doch eben deswegen bot man das Möglichste auf, die sparsam besuchten Räume des Hauses zu beleben. »Fidelio« sollte das Beste thun und so ging die Oper unter keineswegs glücklichen Konstellationen am 20. November in Scene. (Georg Friedrich Treitschke in: *Orpheus. Musikalisches Taschenbuch für das Jahr 1841*)

Die zweite und dritte Aufführung wird an den Folgetagen gegeben. Wegen »einige[n] Unvollkommenheiten in der Behandlung des

Textes« zieht Beethoven die Oper nach diesen drei Aufführungen zurück.

Dezember 1805: Soirée im Palais Lichnowsky, bei der sich eine Gruppe von Freunden zusammenfindet, um Beethoven von der Bearbeitung des *Fidelio* zu überzeugen. (▸ Erinnerungen an die *Fidelio*-Soirée)

11. Januar 1806: Debüt des Tenors Joseph August Röckel als Tillmann in dem Singspiel *List und Zufall* von Matthäus Stegmayer und Franz Xaver Süßmayr. Röckel übernimmt in der zweiten Fassung des *Fidelio* die Rolle des Florestan und berichtet später verschiedenen Biographen und Autoren von den Bearbeitungssitzungen der Oper. Seine Schwester Elisabeth Röckel ist ebenfalls Sängerin und wohnte gemeinsam mit ihrem Bruder im Theater an der Wien. Sie heiratete später den Komponisten Johann Nepomuk Hummel, der u.a. eine *Fidelio*-Bearbeitung (Ouvertüre, bearbeitet für Klavier zu vier Händen ▸ Lindmaier) herausgibt.

29. März 1806: Aufführung der zweiten Fassung des *Fidelio* (in zwei Akten), wiederholt am 10. April 1806. Danach zieht Beethoven die Oper wieder zurück. Die dritte, wiederum überarbeitete Fassung wird am 23. Mai 1814 nicht mehr am Theater an der Wien, sondern am Kärntnertortheater in Wien aufgeführt.

Mai 1806: Beethoven bittet die Direktion des Theaters, einige Stimmen des *Fidelio* »aus der Theater-Kanzley von der Wieden, [...] holen lassen« zu dürfen. Weil »Fürst Lobkowitz einmal gedenkt die Oper bei sich zu geben«, möchte er Ergänzungen in den Flöten-, Posaunen- und Horn-Stimmen vornehmen.

23. Dezember 1806: Franz Clement gibt eine Akademie am Theater an der Wien. Anlässlich dieser Akademie findet die Uraufführung von Beethovens Violinkonzert op. 61 mit Franz Clement als Solisten statt.

1. Januar 1807: Die *Gesellschaft der Cavaliere* übernimmt das Theater an der Wien. Mitglieder der Gesellschaft leiten die verschiedenen Sparten: Fürst Joseph Franz Lobkowitz (Oper), Graf Ferdinand Pálffy von Erdőd (Schauspiel) und Graf Hieronymus von Lodron (Regie).

4. Dezember 1807: Beethoven ersucht die »löbliche Theatral-Direktion« auf Anraten seines Förderers, des Fürsten Lobkowitz, um eine Festanstellung am Theater. Das Gesuch wird abgelehnt.

> […] dem Winke zu folgen, den ihm Se. Durchlaucht, der regierende Hr. Fürst von Lobkowitz, zu geben die Güte hatte, indem er äußerte, Eine löbliche Theatral-Direktion wäre nicht abgeneigt, den Unterzeichneten unter angemessenen Bedingungen für den Dienst der ihr unterstehenden Theater zu engagiren und dessen ferneren Aufenthalt mit einer anständigen, der Ausübung seiner Talente günstigeren Existenz zu fixiren. Da diese Aeußerung mit des Unterzeichneten Wünschen vollkommen übereinstimmt; so nimmt sich derselbe die Freiheit, sowohl seine Bereitwilligkeit zu diesem Engagement, als auch folgende Bedingungen zur beliebigen Annahme der löblichen Direktion geziemendst vorzulegen:
> 1. Macht sich derselbe anheischig und verbindlich, jährlich wenigstens eine große Oper, die gemeinschaftlich durch die löbliche Direktion und durch den Unterzeichneten gewählt würde, zu komponiren; dagegen verlangt er eine fixe Besoldung von jährlichen 2400 fl. nebst der freien Einnahme zu seinem Vortheile bei der dritten Vorstellung jeder solchen Oper.
> 2. Macht sich derselbe anheischig, jährlich eine kleine Operette oder ein Divertissement, Chöre oder Gelegenheitsstücke nach Verlangen und Bedarf der löblichen Direktion unentgeltlich zu liefern, doch hegt er das Zutrauen, daß die löbliche Direktion keinen Anstand nehmen werde, ihm für derlei besondere Arbeiten allenfalls einen Tag im Jahre zu einer Benefice-Akademie in einem der Theatergebäude zu gewähren.

11. April 1808: Benefizkonzert im Theater an der Wien, bei dem Beethovens Dritte Symphonie aufgeführt wird.

22. Dezember 1808: Beethoven veranstaltet eine Akademie zu seinen eigenen Gunsten. Er tritt als Dirigent, Pianist und Improvisator sowie als Komponist in Erscheinung. In dem vierstündigen Konzert werden ausschließlich neue Kompositionen von ihm selbst aufgeführt, darunter die Uraufführung der Fünften und Sechsten Symphonie.

> Donnerstag den 22. December hat Ludwig van Beethoven die Ehre, in dem k. k. privil. Theater an der Wien eine musikalische Akademie zu geben. Sämmtliche Stücke sind von seiner Composition, ganz neu, und noch nicht öffentlicht gehört worden... Erste Abtheilung. 1. Eine Symphonie, unter dem Titel: Erinnerung an das Landleben, in F-Dur (Nr. 5) [heute Nr. 6, *Pastorale*]. 2. Arie. 3. Hymne mit lateinischem Text, im Kirchenstyl geschrieben mit Chor und Solos. 4. Clavierconcert von ihm selbst gespielt. Zweite Abtheilung. 1. Große Symphonie in C-Moll (Nr. 6) [heute Nr. 5]. 2. Heilig, mit lateinischem Text, im Kirchenstyl geschrieben mit Chor und Solos. 3. Fantasie auf dem Clavier allein. 4. Fantasie auf dem Clavier, welche sich nach und nach mit Eintreten des ganzen Orchesters, und zuletzt mit Einfallen von Chören als Finale endet. Logen und gesperrte Sitze sind in der Krugerstraße Nr. 1074, im ersten Stock zu haben. – Der Anfang ist um halb 7 Uhr. (Anzeige in der *Wiener Zeitung* vom 17. Dezember 1808)

> [...] am selbigen Tage aber auch Beethoven im großen vorstädtischen Theater ein Konzert zu seinem Benefiz gab, in welchem lauter Kompositionen von seiner eigenen Arbeit aufgeführt wurden. Ich konnte dieses unmöglich versäumen, und nahm also den Mittag des Fürsten von Lobkowitz gütiges Anerbieten, mich mit hinaus in seine Loge zu nehmen, mit herzlichem Dank an. Da haben wir denn auch in der bittersten Kälte von halb sieben bis halb elf ausgehalten, und die Erfah-

> rung bewährt gefunden, daß man auch des Guten – und mehr noch, des Starken – leicht zu viel haben kann. (Johann Friedrich Reichardt, *Vertraute Briefe geschrieben auf einer Reise nach Wien und den Oesterreichischen Staaten,* 1810)

1809: Um Beethoven nicht an den Kasseler Hof zu verlieren, finden sich drei Förderer in Wien zusammen, um Beethoven eine jährliche Rente zu sichern: Erzherzog Rudolph, Fürst Joseph Franz Lobkowitz und Fürst Ferdinand Kinsky. Seinen Förderern erläutert Beethoven die Bedingungen, unter denen er in Wien zu bleiben gedenkt, darunter:

> Da Beethoven seine neuen größeren Werke auch von Zeit zu Zeit einem größeren Publikum vorzutragen wünscht, so möchte er von der Hoftheater-Direkzion für sich und ihre Nachfolger die Versicherung haben, jährlich den Palmsonntag im Theater an der Wien zur Aufführung einer Akademie zu seinem Vortheil zu erhalten. Dafür würde sich Beethoven verbinden, jährlich eine Armen-Akademie zu leiten und zu dirigiren, oder, wenn er dieses nicht thun könnte, zu einer solchen Akademie ein neues Werk von ihm zu liefern.

24. Dezember 1809: Der Geiger Franz Clement führt im Rahmen seiner Akademie am Theater an der Wien auch *Christus am Ölberge* wieder auf.

1. Januar 1810: Graf Ferdinand Pálffy von Erdőd übernimmt die Leitung des Theaters, zeitweise unterstützt durch Georg Friedrich Treitschke, Joseph Schreyvogel, Carl Friedrich Hensler und Peter Freiherr von Braun.

April 1812: »Abends war ich in der Wanda auf der Wieden« – Beethoven besucht zahlreiche Aufführungen am Theater an der Wien, u.a. die romantische Tragödie *Wanda, Königin der Sarmaten* von Zacharias

Werner mit Musik von Philipp Jakob Riotte, die er später (1823) zu vertonen plant.

1813/14: Louis Spohr wird Nachfolger von Franz Clement als Kapellmeister und erster Orchesterdirektor am Theater an der Wien.

1815: Beethoven schmiedet abermals Opernpläne mit einem Libretto von Treitschke: *Romulus und Remus*. Der ungarische Komponist Johann Fuß kommt Beethoven mit der Vertonung des Librettos jedoch zuvor und so zerschlägt sich das Projekt.

> Ich schreibe Romulus, und werde dieser Täge anfangen, ich werde selbst zu ihnen kommen, erstlich einmal, hernach mehrmals, damit wir über das Ganze sprechen und berathen. In Eil, mit Achtung, ihr Freund Beethoven.

8. September 1816: Akademie mit Musik Beethovens im Theater an der Wien.

Ab 1821: Domenico Barbaja wird Direktor des Theater an der Wien und aufgrund der vereinigten Administration auch des Kärntnertortheaters. Mit ihm zieht, obwohl er 1823 noch Carl Maria von Webers *Euryanthe* herausbringt, insbesondere die italienische Oper in das Haus ein. Die Rossini-Begeisterung, die 1822 in Wien anlässlich des Besuches von Gioacchino Rossini ausbricht, entzündet sich unter seiner Ägide.

1827: Beethovens Tod und feierliche Begräbniszeremonie in der ganzen Stadt.

1920: Jubiläumsfeierlichkeiten in Wien zu Beethovens 150. Geburtstag.

1927: Zu Beethovens 100. Todestag Installation einer Gedenktafel am Theater an der Wien.

6. Oktober 1945: Nach dem Krieg bespielt die Wiener Staatsoper übergangsweise das Theater an der Wien. Eröffnet wird das Haus mit *Fidelio.*

1970er Jahre: Eine neue Beethoven-Gedenktafel wird an der Fassade zur Millöckergasse angebracht, die dort bis heute zu sehen ist.

1980er/90er Jahre: Im Eingangsbereich des Theaters wird ein »Beethoven-Zimmer« eingerichtet, das mit einer fiktiven, historisierenden Wohnungseinrichtung an den ehemaligen Bewohner und Hauskomponisten erinnern soll.

2006: Das Theater an der Wien wird als neues Opernhaus der Stadt Wien eröffnet. Das inszenierte »Beethoven-Zimmer« wird im Zuge der Umgestaltung entfernt.

2020: Den 250. Geburtstag Beethovens feiert das Theater an der Wien mit einem Beethoven-Schwerpunkt, darunter eine Neuproduktion des *Fidelio,* sowie die Ausstellung BEETHOVEN|AN der Wien|DENKEN.

Alle Zitate, wenn nicht anders angegeben, aus:
Alexander Wheelock Thayer: *Ludwig van Beethovens Leben. Nach dem Original-Manuskript deutsch bearbeitet von Hermann Deiters. Mit Benutzung der hinterlassenen Materialien des Verfassers neu ergänzt und herausgegeben von Hugo Riemann*, 5 Bände, Leipzig 1866–1908.

DICHTUNG – WAHRHEIT – NARRATIV?

ERINNERUNGEN AN DIE *FIDELIO*-SOIRÉE IM PALAIS LICHNOWSKY

Nach den Theaterusancen der Zeit hatte eine Opernproduktion, der kein unmittelbarer Erfolg beschieden war, nur zwei Optionen: kurzfristig abgesetzt oder überarbeitet zu werden. Die Tatsache, dass Ludwig van Beethoven nach der Uraufführung des *Fidelio* zwei Überarbeitungen anfertigte, folgt dieser Theaterpraxis: Die erste Fassung, am 20. November 1805 im Theater an der Wien uraufgeführt, war kein durchschlagender Erfolg, und so galt es, für eine mögliche weitere Verwendung der Oper eine Überarbeitung ins Auge zu fassen.

Was aber heißt Überarbeitung? Für das Theater, da ökonomisch vom zahlenden Publikum abhängig, waren Überarbeitungen theaterpraktischer Alltag: Man veränderte, adaptierte und probierte, um möglichst punktgenau den Publikumsgeschmack zu treffen. Für Librettisten und Komponisten aber waren Überarbeitungen immer auch mit Kritik und der Erkenntnis verbunden, das eigene Werk nicht zum Erfolg geführt zu haben. Vor allem drängte sich die Frage in den Vordergrund, ob und wie der eigene künstlerische Anspruch mit dem Publikumsgeschmack zu vereinbaren sei. Überarbeitungen fanden damit in einem Spannungsfeld von Pragmatismus und künstlerischen Selbstzweifeln statt, das Johann Wolfgang von Goethe unmissverständlich im Gespräch zwischen Theaterdirektor und Dichter auf den Punkt brachte:

Theaterdirektor:
[…] Denn freilich mag ich gern die Menge sehen,
Wenn sich der Strom nach unsrer Bude drängt, […].
Dichter:
O sprich mir nicht von jener bunten Menge,
Bei deren Anblick uns der Geist entflieht.
Verhülle mir das wogende Gedränge,
Das wider Willen uns zum Strudel zieht.
[…]
Ach! was in tiefer Brust uns da entsprungen,
Was sich die Lippe schüchtern vorgelallt,
Mißraten jetzt und jetzt vielleicht gelungen,
Verschlingt des wilden Augenblicks Gewalt.
Oft, wenn es erst durch Jahre durchgedrungen,
Erscheint es in vollendeter Gestalt.
Was glänzt, ist für den Augenblick geboren,
Das Echte bleibt der Nachwelt unverloren.[1]

Beethoven hatte, wollte er seine Oper *Fidelio* zum Erfolg führen, kaum eine andere Wahl, als die Kritik an der Erstfassung seiner Oper ernst- und eine Revision vorzunehmen. Interessant aber sind die Quellen, die von diesem Prozess berichten, denn in ihnen wird auch die Grundfrage künstlerischer Autonomie verhandelt: für ein Publikum schreiben oder selbstbestimmt-künstlerisch entscheiden? So entstand insbesondere um diesen Moment der Entscheidung, ob *Fidelio* überarbeitet werden solle, ein starkes Narrativ: das des autonomen Künstlers, der sich einer Überarbeitung (lange) widersetzt. Dass dieses Narrativ im Widerspruch zu den Theaterusancen stand, tat der Überzeugungskraft keinen Abbruch. Im Gegenteil: mit dem Widerstand Beethovens gegen eine Überarbeitung konnte das Bild des genialen Künstlers, der sich nur widerwillig zu einer Änderung seines Kunstwollens überreden lässt, als überzeugendes Narrativ etabliert werden.

Drei Quellen schildern diesen Entscheidungsprozess rund um die Bearbeitung des *Fidelio.* Alle drei beschreiben eine Soirée beim

Fürstenpaar Lichnowsky, während der Beethoven von konkreten Änderungsvorschlägen überzeugt werden sollte. Und alle Beschreibungen gehen auf die Erinnerungen des Sängers Joseph August Röckel, dem Florestan der zweiten Fassung, zurück. Der Biograph Alexander Wheelock Thayer, die Beethoven-Freunde Ferdinand Ries und Franz Gerhard Wegeler, sowie der Theaterdichter Rudolf Bunge überlieferten jeweils Röckels Erinnerungen. Zunächst mögen die erheblichen Unterschiede erstaunen, die bei der vergleichenden Lektüre der Texte sofort ins Auge springen: Die Schilderungen, wer überhaupt an der Probe-Aufführung beteiligt war, wie die Beteiligten Beethoven umzustimmen versuchten, wer ihn schließlich überzeugte und wie die Reaktionen Beethovens geschildert werden, gehen stark auseinander. Liest man die Texte vergleichend nebeneinander, geht es nicht um die Frage: was ist an diesem Abend *tatsächlich* passiert, welche Version entspricht der *Wahrheit*? – Denn diese Frage können wir schlechterdings nicht beantworten. Was wir aber beobachten können, ist, wie drei ›Co-Autoren‹ jeweils ihre eigenen Sichtweisen in die unterschiedlichen Erinnerungsmedien hineinschreiben und wie sie damit Röckels Erinnerungen deutlich modifizierte Konturen geben: Zu bemerken ist etwa, dass der Anlass unterschiedlich dramatisierend geschildert wird – von einer Zusammenkunft von Freunden Beethovens, »um Beethoven zu bewegen, zu den Veränderungen seine Zustimmung zu geben« (Thayer), die die Freunde schon vorab beschlossen hatten, bis hin zu einem ausgeklügelten, mehrstufigen Plan, ihn zur Umarbeitung zu bringen, samt »allwöchentlich wiederkehrenden […] Fidelio-Besprechungen«, bei denen ihm die Freunde »die nöthigen Kürzungen und Abänderungen […] unter inständigen Bitten« (Bunge) vortrugen. Auch die Musiziersituation selbst wird unterschiedlich dokumentiert: mal sind nur zwei Sänger beteiligt, mal präsentiert die vollständige *Fidelio*-Besetzung eine richtiggehende Aufführung. Zentral ist jeweils der Moment der Überzeugung: In der Version bei Thayer ist es das »Bitten und Flehen der sehr zartfühlenden, schwächlichen Fürstin«, das Beethoven emotional bewegt und schließlich in die Überarbeitung einstimmen lässt. Der Dramatiker

Bunge überhöht diesen emotionalen Moment ins Quasi-Religiöse und gestaltet ihn geradezu szenisch aus: »Die Fürstin aber legte ihre Hände, wie zum Gebet gefaltet, auf das ihr anvertraute Heiligthum [= die Partitur], blickte mit unbeschreiblicher Milde zu dem erzürnten Genius empor, und siehe – sein Zorn schmolz an ihren Blicken.« Später kniet die Fürstin vor Beethoven nieder, beschwört ihn »zum Gedächtniß an Ihre Mutter! Thun Sie's für mich«. Ries und Wegeler hingegen räumen, weitaus nüchterner, dem Fürsten jene Schlüsselposition ein: »der Fürst brachte ihn zuletzt dahin« einige Nummern auszulassen. »Nach langem Unterreden gab Beethoven nach.«

Auf diese Weise fügen sich Nuancierungen in der Darstellung von Erinnerung zu wirkmächtigen Narrativen zusammen: von Beethoven als Protegée des Wiener Adels, der zum Schluss jener Soirée das »glänzende Souper« genießt, bis hin zum »erzürnten Genius«, der um künstlerische Autonomie ringt und darüber, »außer sich« geratend, alle gesellschaftliche Etikette vergisst.

Der Sänger Joseph August Röckel erinnert sich, der Biograph Alexander Wheelock Thayer überliefert:[2]

»Es war im December 1805 – das Opernhaus ›an der Wien‹ und beide Hoftheater Wiens standen zu jener Zeit unter der Intendanz des Baron Braun, des Hofbanquiers – als Herr Meyer, der Schwager Mozart's und Regisseur der Oper an der Wien, zu mir kam und mich zu einer Abendgesellschaft im Palaste des Fürsten Karl Lichnowsky, des großen Beschützers von Beethoven, einlud. *Fidelio* war schon einen Monat vorher an der Wien aufgeführt worden, unglücklicherweise gerade nach dem Einmarsche der Franzosen, als die eigentliche Stadt gegen die Vorstädte abgeschlossen war.

Das ganze Theater war von den Franzosen besetzt, und nur wenige Freunde Beethoven's wagten, die Oper zu hören. Diese Freunde waren damals in jener Gesellschaft, um Beethoven zu bewegen, zu den Veränderungen seine Zustimmung zu geben, welche in der Oper vorgenommen werden mußten, um die Schwerfälligkeit des ersten Actes zu beseitigen. Die Nothwendigkeit dieser Verbesserungen war zwischen ihnen bereits anerkannt und festgestellt; Meyer hatte mich auf den bevorstehenden Sturm vorbereitet, wenn Beethoven hören würde, daß drei ganze Nummern im ersten Acte ausfallen müßten.

In der Gesellschaft waren zugegen Fürst Lichnowsky und die Fürstin, seine Frau, Beethoven und sein Bruder Caspar, [Stephan] von Breuning, [Heinrich] v. Collin, der Dichter, der Schauspieler Lange (ein anderer Schwager Mozart's), Treitschke, Clement, der Dirigent des Orchesters, Meyer und ich; ob Capellmeister v. Seyfried anwesend war, dessen bin ich nicht mehr ganz gewiß, doch möchte ich es glauben.

Ich war erst kurze Zeit vorher nach Wien gekommen und traf Beethoven dort zum ersten Male.

Da die ganze Oper durchgenommen werden sollte, so gingen wir gleich an's Werk. Fürstin Lichnowsky spielte auf dem Flügel die große Partitur der Oper, und Clement, der in einer Ecke des Zimmers saß, begleitete mit seiner Violine die ganze Oper auswendig, indem er alle Solos der verschiedenen Instrumente spielte. Da das ungewöhnliche Gedächtniß Clement's allgemein bekannt war, so war niemand außer mir darüber erstaunt. Meyer und ich machten uns dadurch nützlich, daß wir so gut wir konnten dazu sangen, er (Baß) die tieferen, ich die höheren Partien der Oper. Obgleich die Freunde Beethoven's auf den bevorstehenden Kampf vollständig vorbereitet waren, hatten sie ihn doch nie früher in dieser Aufregung gesehen, und ohne das Bitten und Flehen der sehr zartfühlenden, schwächlichen Fürstin, welche für Beethoven eine zweite Mutter war und von ihm selbst als solche anerkannt wurde, würden seine verbundenen Freunde wahrscheinlich in diesem auch für sie sehr zweifelhaften Unternehmen schwerlich Erfolg gehabt haben. Als aber nach ihren vereinten Bestrebungen, die von 7 bis nach 1 Uhr gedauert hatten, die Aufopferung von drei Nummern angenommen war, und als wir, erschöpft, hungrig und durstig, uns anschickten, durch ein glänzendes Souper uns zu restauriren, da war niemand glücklicher und fröhlicher wie Beethoven. Hatte ich ihn vorher in seinem Zorne gesehen, so sah ich ihn nunmehr in seiner Laune. Als er mich ihm gegenüber angestrengt mit einem französischen Gerichte beschäftigt sah, und ich auf seine Frage: was ich da äße, antwortete: ich weiß es nicht! da rief er mit seiner Löwenstimme aus: Er ißt wie ein Wolf, ohne zu wissen was! Ha! Ha! Ha! –

Die verurtheilten Nummern waren:
1. eine große Arie des Pizarro, mit Chor;
2. ein komisches Duett zwischen Leonore (Fidelio) und Marzelline, mit Violin- und Violoncellsolo;
3. ein komisches Terzett zwischen Marzelline, Jacquino und Rocco.

Viele Jahre später fand Hr. Schindler die Partituren dieser 3 Stücke unter dem Abfall von Beethoven's Musik und erhielt sie von ihm zum Geschenke.«

Der Sänger Joseph August Röckel erinnert sich, die Beethoven-Zeitgenossen Ferdinand Ries und Franz Gerhard Wegeler überliefern:[3]

»Herr Röckel (gegenwärtig in London) 1807 Tenorist am Wiener-Theater und mit Beethoven in freundschaftlichem Verhältnisse, wie z.B. aus dem Geschenke eines Englischen Lexicons hervorgeht, wovon ein mir vorliegendes Billet spricht, erzählte mir im Frühling 1837 daselbst folgende Anekdote. Im Jahre 1807 sollte Beethoven's Oper Leonore wieder auf die Bühne gebracht werden, die bekanntlich im Jahre 1805 durchgefallen war. Die Hauptursache dieses Mißlingens war, daß sie zuerst aufgeführt wurde, als die Franzosen, und zwar erst seit kurzem, Wien besetzt hatten. Damals waren alle Musikliebhaber und reicheren Leute, welche nur immer konnten, entflohen, so daß meistens nur französische Offiziere im Theater sich einfanden. Dann war der Text, wie auch die Musik, an vielen Stellen außerordentlich gedehnt und zwar so, daß die Handlung nur einen sehr schleppenden Fortgang nahm. Beethoven's Freunde hatten also beschlossen, die Oper zu verkürzen, zu welchem Zwecke eine Zusammenkunft beim Fürsten Lichnowsky diente. Es bestand diese aus dem Fürsten, der Fürstinn (die das Clavier übernahm und bekanntlich eine ausgezeichnete Spielerinn war), dem Hofrathe von Collin, dem Stephan von Breuning, welche beide letztern sich über die Abkürzungen schon besprochen hatten, – dann dem Herrn Meyer, erstem Bassisten, Herrn Röckel und Beethoven. Anfänglich vertheidigte dieser jeden Tact, als man sich aber allgemein dahin aussprach, daß ganze Stücke ausbleiben müßten und Herr Meyer erklärte, kein Sänger könne die Arie des Pizarro mit Effect singen, wurde Beethoven grob und aufgebracht. Endlich versprach er eine neue Arie für den Pizarro zu componiren (es war jene, welche jetzt Nr. 7 im Fidelio steht), und der Fürst brachte ihn zuletzt dahin, daß er zugab, diese Sachen sollten (aber nur versuchsweise,) bei der ersten Aufführung wegbleiben; man könne sie, hieß es, ja immer wieder einlegen oder anders benutzen; so wie die Sache jetzt stehe, sei doch einmal der Effect verfehlt. Nach langem Unterreden gab Beethoven nach, – und die gestrichenen Stücke sind nie wieder aufgeführt worden.

Diese Sitzung dauerte von 7 Uhr Abends bis 2 Uhr, wo ein fröhliches Mahl die Sache beschloß.

Unter den weggelassenen Stücken war ein Duett, 9/8, für zwei Soprane, und, wie ich glaube, noch eine Arie, ein Terzett, ¾. Beide erstern Stücke besitzt oder besaß Herr Dunst in Frankfurt. Das Duett ist mit einer obligaten Violine, und wurde hier in Frankfurt in dem Concerte für Beethoven's Denkmal aufgeführt. So leicht es erscheint, so schwierig und anstrengend ist es. Ob bei der Umarbeitung noch mehr ausfiel, ist mir nicht bekannt.

Bei dieser Gelegenheit erhielt Röckel die Rolle des Florestan. Die Arie Florestan's, Nr. 11 (Anfang des 2ten Actes), hatte bei der ersten Bearbeitung mit dem Adagio im ¾ Tact aufgehört. Das Allegro in F dur wurde von Beethoven erst später für einen Tenoristen, der sonst nicht auftreten wollte, hinzugefügt. Bei der ersten Bearbeitung hatte Florestan am Ende vier ganze Tacte Adagio das hohe F auszuhalten, wobei die Instrumente sich langsam verloren. Dies konnte jener Tenorist nicht und so ist, wahrscheinlich bei der Umarbeitung, der Theil des Adagio's, der wieder in den Grundton F dur oder F moll fällt, weggeblieben, indem es jetzt aus As dur, ¾ Adagio gradezu in Allegro ¾ F dur fällt. So erzählte mir Herr Röckel die Sache, der auch die Singpartie in Beethoven's eigener Handschrift noch zu besitzen versicherte.«

Der Sänger Joseph August Röckel erinnert sich, Rudolf Bunge, Dichter, Librettist und Autor der Gartenlaube, *überliefert:*[4]

»[...] Bei dem excentrischen Wesen und der oft in Grobheit ausartenden Gereiztheit Beethoven's wagte ihm in den ersten Tagen nach dem Leonorenunglück Niemand zu nahen. Er selbst blieb meistens hinter verschlossenen Thüren allein mit seinen Gedanken, oder durchstreifte zur Nachtzeit einsame und abgelegene Straßen Wiens. Erst nach und nach wagte man, ihn mit dem Urtheile seiner Freunde bekannt zu machen, und suchte den Mißerfolg auf Rechnung des Textschreibers zu bringen, dessen fehlerhafte Anlage, in Folge deren das Stück in drei Acte zerfiel, der Exposition eine zu große Ausdehnung gegeben hatte. Es geschah dies namentlich, um Beethoven zu einer Umarbeitung zu bestimmen, welche die beiden ersten Acte in verkürzter Form zu einem verschmelzen sollte; – jener aber lehnte den wohlgemeinten Rath entschieden und mit dem ihm eigenen unbeugsamen Starrsinn ab, – immer wieder darauf zurückkommend, daß nur der abgesungene Tenor des italienischen Sängers, welcher die Höhe mit der Bruststimme nicht mehr zu geben vermochte, das Werk zu Falle gebracht hätte.
Die Sache mußte also von einer andern Seite angegriffen werden, und man bemühte sich, einen Sänger zu finden, der nicht allein mit einem jugendlich frischen Tenor von bedeutender Höhe, sondern auch mit der geistigen Capacität für diese bedeutende Partie ausgerüstet war, einen Sänger, der nicht blos durch seine äußere Erscheinung, sondern viel mehr noch durch die Liebenswürdigkeit seines Wesens auf den immer allzusehr abgeschlossenen, zurückstoßenden Beethoven sympathisch einwirken konnte, und gerade einen solchen fand man in dem obenerwähnten, damals kaum zwanzigjährigen Debutanten Joseph Röckel [...]. [...] der damalige Intendant der kaiserlichen Hofoper [...] ließ denselben ein Jahr lang von

den tüchtigsten Meistern für die Oper heranbilden und gegen Ende des Jahres 1805 in einigen damals modernen, jetzt längst vergessenen Partieen auftreten. Röckel gefiel in diesen besser als sein Lehrer, der nach Beethoven's Meinung den Florestan zu Grunde ›fistulirt‹ hatte, und des Componisten Freunde, unter diesen besonders der Regisseur Meyer, Mozart's Schwager, welcher den Pizarro gesungen, bauten daher ihren Plan auf die bezaubernde Stimme des jugendlichen Tenoristen. Allein jener war nicht so leicht auszuführen, als man glaubte. Der große Ideeneinsiedler hatte niemals viel Geschmack an der Oeffentlichkeit, am wenigsten an der bunten, lügenhaften des Theaters gefunden – und jetzt, nach der Leonorenkatastrophe, war er gar nicht zu bewegen, den Fuß über die trügerische Schwelle der Scheinwelt zu setzen. Endlich, nach vielen vergeblichen Versuchen, gelang es Meyer, den grollenden Genius wieder einmal in eine Probe zu locken, und der neue Tenorist Röckel mußte nach vorheriger Anordnung wie zufällig darin singen. Beethoven äußerte sofort, als er denselben hörte: ›Ja, hätte ich den als Florestan gehabt‹ – Als aber Meyer hierauf erwiderte, daß ja Herr Röckel diese Partie auch studiren würde, wenn sich Beethoven zu einer Umarbeitung entschließen könnte – da wollte der zürnende Meister nichts mehr hören. ›Nicht eine Note wird daran geändert!‹ rief er bestimmt und rannte, dem betroffenen Freunde den Rücken kehrend, aufgebracht hinweg. Die Sache mußte also wiederum von einer anderen Seite angegriffen werden.

Beethoven war einmal ein von der hohen Aristokratie protegirter, vom Volke mißverstandener Genius; deshalb mußte auch die Einwirkung auf ihn von seinen hohen Freunden ausgehen. Unter diesen aber stand ihm keiner so nahe wie der ausgezeichnete Fürst Lichnowsky, in dessen Hause er jahrelang mit mehr als fürstlicher Gastfreundschaft bewirthet wurde und jederzeit Gelegenheit fand, seine neuen Compositionen von den größten Virtuosen Wiens probiren zu lassen. Dabei bezog Beethoven von demselben ein Jahrgehalt von sechshundert Gulden, eine für die damaligen Verhältnisse nicht unbedeutende Summe, ohne daß er eine andere Verpflichtung gehabt hätte, als die, seiner Kunst nach freier Neigung zu leben. Die Fürstin, eine geborene Gräfin Thun und vortreffliche Clavierspielerin, behandelte Beethoven mit mütterlicher Liebe und hätte am liebsten, wie er selbst oft zu sagen pflegte, ›eine Glasglocke über ihn machen lassen, damit kein Unwürdiger ihn berührte.‹ So liebte man im fürstlichen Hotel, in dem er selbst zwar, seinen Launen folgend, nicht mehr wohnte, aber doch häufig verkehrte, Alles an ihm; selbst seine schroffen Eigenheiten und unerklärlichen Launen galten für die unerläßliche Zugabe seines Genies. Dennoch hatte man sich selbst in diesem Hause bei den allwöchentlich wiederkehrenden sogenannten Fidelio-Besprechungen umsonst bemüht, den Meister zur Kürzung und Umarbeitung seiner Oper zu bestimmen. Da wandte sich der obenerwähnte eifrige Regisseur und Baritonist Meyer, der die Componistenkrämpfe wohl noch in ihrer ganzen Furchtbarkeit von seinem verstorbenen Schwager Mozart kannte, eines Tages in der Probe an den jungen Tenoristen Röckel: ›Bleiben Sie heute Abend sechs Uhr in Ihrer Behausung; ich komme alsdann zu Ihnen, um Sie für eine wichtige Angelegenheit beim Fürsten Lichnowsky einzuführen.‹ Röckel willigte ein, und nun lassen wir den würdigen, wahrheitsliebenden Greis selbst aus seiner reichen Vergangenheit erzählen:

Erst auf dem Wege zum fürstlichen Palais theilte mir Meyer mit, daß wir Beethoven dort im Kreise seiner nächsten Freunde finden und seine durchgefallene Oper ›Leonore‹ mit den übrigen betheiligten Bühnenmitgliedern nochmals zu einer kritischen Aufführung bringen würden, um den Meister selbst von der Nothwendigkeit einer Umarbeitung zu überzeugen. Da Beethoven das Scheitern seiner Oper allein dem früheren Tenoristen schuld gab, so sollte ich, zu dessen Stimme er mehr Vertrauen habe, bei dieser Soloaufführung die Partie des Florestan vom Blatte singen. Dabei hätte ich ebenso wie Meyer und die übrigen Mitglieder fortwährend die nöthigen Kürzungen und Abänderungen und zuletzt die Verschmelzung der beiden ersten Acte unter inständigen Bitten dem Meister vorzutragen.

Mir graute vor dem Auftrage, die schwierige Partie des Florestan vor dem ebenso schwer zu befriedigenden wie leidenschaftlichen Componisten vom Blatte zu singen, obgleich ich dieselbe von meinem früheren Lehrer und jetzigen Rivalen oft gehört und theilweise schon bei ihm studirt hatte; mir graute ebenso sehr vor den Bühnenränken des gekränkten Tenoristen, dessen Nachfolger ich mit diesem Schritte werden sollte, und ich wäre am liebsten wieder umgekehrt, wenn mich nicht Meyer fest am Arme gehalten und förmlich mit weiter geschleppt hätte. So traten wir ein in das fürstliche Hotel und stiegen die glänzend erleuchteten Treppen hinan, auf denen uns mehrere Livreebediente mit geleerten Theebrettern entgegenkamen. Mein Begleiter, der die Sitte des Hauses kannte, machte dazu ein höchst verdrießliches Gesicht und murmelte: ›Der Thee ist vorüber, ich fürchte, daß Ihr Zögern unsere Magen in eine sehr empfindliche Lage gebracht haben wird.‹

Wir wurden in den mit kerzenreichen Armleuchtern und schweren seidenen Draperien ausgestatteten Musiksaal geführt, von dessen Wänden farbenprächtige Oelgemälde der größten Meister in ihren breiten blitzenden Goldrahmen ebenso von dem hohen Kunstsinn wie dem Reichthum der fürstlichen Familie zeugten. Man schien uns schon erwartet zu haben; denn Meyer hatte Recht gehabt: der Thee war vorüber und Alles war zum Beginn der Musikaufführung bereit. Die Fürstin, eine ältere Dame von gewinnender Freundlichkeit und unbeschreiblicher Milde, aber in Folge großer körperlicher Leiden (beide Brüste waren ihr in früherer Zeit abgenommen worden) bleich und schwächlich, saß bereits am Clavier; ihr gegenüber, nachlässig in einem Lehnstuhle, Beethoven, die dicke Pandora-Partitur seiner unglücksreichen Oper auf den Knieen. Zu seiner Rechten sahen wir den Dichter der Tragödie ›Coriolan‹, Hof-Secretair Matthäus von Collin, der mit dem intimsten Jugendfreunde des Componisten, dem Hofrath Breuning aus Bonn, plauderte. Meine Collegen und Colleginnen von der Oper, welche die Stimmen schon in der Hand hielten, hatten in einem Halbkreise unweit des Flügels Platz genommen, – es war wieder die Milder als Fidelio, Mademoiselle Müller als Marcelline, Weinmüller als Rocco, Caché als Pförtner Jaquino und Steinkopf als Minister. Nachdem ich dem Fürsten und der Fürstin vorgestellt worden war und Beethoven unsere ehrfurchtsvolle Begrüßung entgegengenommen hatte, legte er seine Partitur der Fürstin auf das Notenpult und – die Aufführung begann.

Die beiden ersten Acte, in denen ich nicht mitzuwirken hatte, wurden von der ersten bis zur letzten Note durchgenommen, man sah nach der Uhr und bestürmte Beethoven, einzelne zu lang ausgesponnene Partieen von untergeordneter Bedeutung wegfallen zu lassen; – der aber vertheidigte jeden Tact und dies zwar mit einer Hoheit und Künstlerwürde, daß ich ihm hätte zu Füßen sinken mögen. Als man aber auf die Hauptsache selbst kam, auf die bedeutenden Kürzungen in der Exposition und die dadurch ermöglichte Verschmelzung der beiden ersten Acte zu einem, gerieth er außer sich, schrie in einem fort: ›Nicht eine Note!‹ und wollte mit der Partitur hinwegrennen. Die Fürstin aber legte ihre Hände, wie zum Gebet gefaltet, auf das ihr anvertraute Heiligthum, blickte mit unbeschreiblicher Milde zu dem erzürnten Genius empor, und siehe – sein Zorn schmolz an ihren Blicken, und resignirt nahm Beethoven seinen Platz wieder ein. Die hohe Frau befahl fortzufahren und präludirte zu meiner großen Arie: ›In des Lebens Frühlingstagen.‹ Ich erbat mir daher von Beethoven die Florestan-Stimme, allein mein unglücklicher Vorgänger hatte sie trotz mehrmaliger Aufforderung nicht herausgegeben, und so wurde ich angewiesen, von der Partitur, aus welcher die Fürstin begleitete, am Clavier abzusingen. Ich wußte, daß diese große Arie für sich Beethoven so viel galt, wie die ganze Oper, und so behandelte ich sie auch. Wieder und immer wieder wollte er sie hören; - fast überstieg die Anstrengung meine Kräfte, aber ich sang sie, denn ich fühlte mich zu glücklich, als ich merkte, daß mein Vortrag den großen Meister mit seinem verkannten Werke auszusöhnen vermochte.

Mitternacht war vorüber, als die Aufführung – durch vielfache Wiederholungen verlängert – endlich beendet war. ›Und die Umarbeitung, die Kürzung? frug die Fürstin den Meister mit einem flehenden Blicke.

›Verlangen Sie das nicht‹, antwortete dieser düster; ›nicht eine Note darf fehlen!‹

›Beethoven!‹ rief sie mit einem tiefen Seufzer, ›so soll Ihr großes Werk verkannt und geschmäht bleiben?‹

›Es ist belohnt genug durch Ihren Beifall, gnädigste Fürstin‹, sprach der Meister, und seine Hand glitt leise zitternd aus der ihrigen.

Plötzlich aber war es, als ob die zarte Frau ein stärkerer, mächtigerer Geist erfaßte; halb knieend und ihn mit ihren Armen umfangend, rief sie ihm begeistert zu: ›Beethoven! nein – so darf Ihr größtes Werk, so dürfen Sie selbst nicht untergehen! Das will Gott nicht, der die Klänge reinster Schönheit in Ihre Seele gelegt, – das will der Geist Ihrer Mutter nicht, der in diesem Augenblicke durch mich mahnend zu Ihnen fleht – – Beethoven, es muß sein! Geben Sie nach! Thun Sie's zum Gedächtniß an Ihre Mutter! Thun Sie's für mich, für Ihre einzige, Ihre treueste Freundin!‹

Der große Mann mit dem an olympische Erhabenheit mahnenden Haupte stand lange vor der engelsbleichen Verehrerin seiner Muse, dann strich er mit seiner Hand das lang herabwallende Lockenhaar aus dem Gesicht, als ob ein schöner Traum durch seine Seele zöge, und den Blick voll Rührung gen Himmel gerichtet, rief er schluchzend: ›Ich will's! – will Alles – Alles thun; – für Sie – für meine Mutter!‹ Dabei zog er die Fürstin mit Ehrfurcht zu sich empor und reichte die Hand dem Fürsten, wie zum Gelöbniß. Wir aber umstanden die Gruppe mit ernster Rührung, denn wir Alle fühlten schon damals die Bedeutung des großen Augenblicks.

Es wurde von diesem Moment kein Wort mehr von der Oper gesprochen, – Alle waren erschöpft, und ich kann wohl sagen, daß ich mit Meyer einen durchaus nicht schwer verständlichen Erlösungsblick wechselte, als Bediente die weiten Flügelthüren des Speisesaales öffneten und die Gesellschaft sich endlich dort an reichbesetzten Tafeln niederließ, um das Souper einzunehmen. Wahrscheinlich nicht ganz zufällig mußte ich Beethoven gegenübersitzen, der, im Geiste wohl noch bei seiner Oper verweilend, auffällig wenig aß, während ich, vom ärgsten Hunger gequält, den ersten Gang mit einer an's Komische grenzenden Hast verschlungen hatte. Lächelnd zeigte er auf meinen leeren Teller: ›Sie haben ja die Speise verschlungen, wie ein Wolf – was haben Sie denn gegessen?‹

›Ich hatte so viel Hunger‹, antwortete ich, ›daß ich in der That nicht acht gab, was ich aß.‹

›Darum haben Sie auch vorhin die Florestanpartie, den Mann im Hungerthurm, so meisterhaft und mit so vieler Naturtreue wiedergegeben; das Verdienst trifft also weder Ihre Stimme, noch Ihren Kopf, sondern lediglich Ihren Magen. Nun, so hungern Sie nur immer recht brav vor der Vorstellung, dann wird uns der Erfolg nicht fehlen.‹

Alles an der Tafel lachte und freute sich wohl mehr darüber, daß Beethoven überhaupt wieder einen Scherz gemacht, als über den letzteren selbst.«

THEATER AN DER WIEN: LEBENSRAUM – ARBEITS-PLATZ – ERINNERUNGSORT

Akiko Yamada

WOHNEN UND ARBEITEN IM THEATER

BEETHOVEN UND DAS THEATER AN DER WIEN

Das Verhältnis zwischen Ludwig van Beethoven und dem Theater an der Wien begann mit einem Auftrag: Emanuel Schikaneder, Theaterdirektor und Librettist, beauftragte Beethoven, ein neues Libretto für das eigene Haus zu vertonen: *Vestas Feuer*. Wie und wann genau Beethoven zu diesem Auftrag kam, ist nicht bekannt. Beethovens Bruder Kaspar Karl, der seinem Bruder bei Korrespondenzen half und die Aufgaben eines Sekretärs für ihn übernahm, berichtete dem Leipziger Musikverleger Härtel in einem Brief vom 12. Februar 1803, dass Beethoven ein Engagement am »Wiedner Theater« erhalten hatte. Wenn Beethoven auch die Vertonung von *Vestas Feuer* nach kurzer Zeit abbrach: der Kontakt zum Theater war geknüpft und am Haus sollten in der Folgezeit zahlreiche bedeutende Werke Beethovens zur Erstaufführung kommen: Das Oratorium *Christus am Ölberg* op. 85, die Symphonie Nr. 2 op. 36 und das Klavierkonzert Nr. 3 op. 37 wurden am 5. April 1803 im Rahmen einer vom Komponisten selbst veranstalteten Akademie gespielt, die erste und zweite Fassung der Oper *Fidelio, oder: Die eheliche Liebe* wurde am 20., 21. und 22. November 1805 sowie am 29. März und 10. April 1806 gegeben. Das Violinkonzert op. 61 wurde am 23. Dezember 1806 bei der Akademie des als Solist auftretenden Konzertmeisters des Hauses, Franz Clement, uraufgeführt. Und schließlich fand am 22. Dezember 1808 zugunsten Beethovens eine große Akademie statt, die ausschließlich dessen Werke auf die Bühne des Theater an der Wien brachte, darunter die Uraufführungen der Symphonien Nr. 5 op. 67 und Nr. 6 op. 68 *(Pastorale)* und der Fantasie für Klavier, Chor und Orchester op. 80. Außerdem erlebten die Symphonie Nr. 3 op. 55 *(Eroica)* wie auch das Klavierkonzert Nr. 4 op. 58 hier ihre jeweils erste öffentliche Aufführung. Beethoven konnte im Theater seine vielseitigen musikalischen Fähigkeiten unter Beweis stellen: Er dirigierte seine Symphonien selbst und saß bei den Klavierkonzerten und der Chorfantasie am Klavier, wobei er nicht nur seine Virtuosität, sondern auch seine Improvisationskunst zeigen konnte. Vieles spricht dafür, dass das Theater an der Wien ein wichtiger und zentraler Ort für Beethovens Schaffen war.

BEETHOVEN ALS MITBEWOHNER IM THEATER AN DER WIEN

Mit dem Engagement am Theater an der Wien erhielt Beethoven eine Wohnung im Theatergebäude. Zur gleichen Zeit wohnten hier viele am Theater engagierte Personen mit ihren Familien. Im Konskriptionsbogen des städtischen Konskriptionsamtes von 1805 – einer Art ›Melderegister‹ – werden für die Hausnummer des Theaters, Laimgrube 26, die Namen zahlreicher Theatermitglieder vermerkt: Kapellmeister, Schauspielerinnen und Schauspieler, Sängerfamilien, sowie Theaterdirektoren, Kassierer, Hausmeister, Maurer, Theatermaler usw. Dass hier überhaupt so viele am Theater beschäftigte Familien Unterkunft fanden, hatte zum einen bauliche Gründe: Das am 13. Juni 1801 neu eröffnete Theater war ein umfangreicher Gebäudekomplex. Noch bevor es errichtet wurde, standen auf dem Areal zwei Häuser: eines auf der Seite an der Wien (heute: Linke Wienzeile), das andere auf der Seite Dreihufeisengasse (heute: Lehárgasse). Das Theaterhaus, in dem sich die Bühne und der Zuschauerraum mit vier Rängen befanden (und heute, nur geringfügig umgebaut, noch befinden), wurde auf der Gartenfläche zwischen den beiden Häusern errichtet. Die Wohnungen, in denen der Großteil der Ensemblemitglieder lebte, sowie die Direktionsräume,

Kanzlei und Probezimmer lagen im alten Vorderhaus auf der Seite an der Wien. Zum anderen aber waren es strukturelle und arbeitspraktische, nicht zuletzt auch soziale Gründe, die das Zusammenleben unter einem Theaterdach begünstigten: Kurze Kommunikationswege erleichterten den komplexen Arbeitsprozess am Theater. Außerdem lebte man sehr konkret die Idee des »ganzen Hauses« als ökonomische Einheit, in der alle Familienmitglieder – ob verwandt oder nicht, ob alt oder jung, ob Mann oder Frau – im Familienbetrieb mitarbeiteten. Vor diesem Hintergrund ist es interessant, dass auch die Sängerinnen und Sänger, die bei den Aufführungen des *Fidelio* mitgewirkt haben, mit ihren Familien im Theatergebäude lebten: Anna Milder (Leonore/Fidelio), Joseph August Röckel (Florestan bei der 2. Fassung) bzw. Friedrich Heinrich Demmer (Florestan bei der 1. Fassung) und Friedrich Sebastian Mayer (Don Pizzaro).

Ludwig und Kaspar Karl van Beethoven wurden vermutlich im Frühjahr 1803 Mitbewohner am Theater. Ein genaueres Datum ist nicht zu ermitteln; bekannt ist nur, dass Kaspar Karl vor seinem Bruder einzog. Dessen Wohnung befand sich im 2. Stock des alten Vorderhauses, das im Jahr 1902 abgerissen und durch ein vierstöckiges Zinshaus ersetzt wurde. Vom ursprünglichen Material des Hauses ist daher nichts erhalten, nur aus Berichten seiner Zeitgenossen können wir uns ein Bild von Beethovens Wohnsituation im Theater machen. Sein Schüler Ferdinand Ries beschrieb in den *Biographischen Notizen über Ludwig van Beethoven*, dass die Wohnung zum Hof hin lag, was Beethoven nicht behagt habe. Ignaz von Seyfried, Kapellmeister des Hauses und ebenfalls Mitbewohner im Theatergebäude, der auch bei den Aufführungen des *Fidelio* (1805/06) am Dirigentenpult stand, erinnerte sich später in einem Beitrag in der Zeitschrift *Cäcilia*, wie er und der Komponist die Zeit ebendort miteinander verbrachten:

> Als er den Fidelio, das Oratorium: Christus am Oelberge, die Symphonien in Es, c-moll und F, die Pianoforte-Concerte in c-moll und G-dur, das Violine-Concert in D componirte, wohnten wir beyde in

> einem und demselben Hause, besuchten fast tagtäglich, da wir eine Garçon-Wirthschaft trieben, selbander das nehmliche Speisehaus, und verplauderten zusammen manch unvergesseliches Stündchen in collegialischer Traulichkeit; denn Beethoven war damals heiter, zu jedem Scherz aufgelegt, frohsinnig, munter lebenslustig, witzig, nicht selten auch satyrisch.[1]

Seyfried teilte noch weitere Erinnerungen an die musikalische Zusammenarbeit, die Einblicke in die Arbeitsweise am Theater geben und von den ebenso häufigen wie kritischen Aufführungsbesuchen Beethovens. Seyfried beschreibt ihn hier geradezu als Opernenthusiasten, zumindest als einen aufmerksamen Zuhörer:

> Unser Beethoven gehörte schlechterdings nicht zu den eigensinnigen Componisten, dem kein Orchester in der Welt etwas zu Dank machen kann; ja zuweilen war er gar zu nachsichtsvoll, und ließ nicht einmahl Stellen, die bey den Vorproben verunglückten, wiederhohlen; »das nächstemahl wird's schon gehen!« meinte er. – Bezüglich des Ausdrucks, der kleineren Nuancen, der ebenmäßigen Vertheilung von Licht und Schatten, so wie eines wirksamen Tempo rubato, hielt er auf große Genauigkeit und besprach sich, ohne Unwillen zu verrathen, gerne einzeln mit Jedem darüber. Wenn er nun aber gewahrte, wie die Musiker in seine Ideen eingingen, mit wachsendem Feuer zusammenspielten, von dem magischen Zauber seiner Tonschöpfungen ergriffen, hingerissen, begeistert wurden, dann verklärte freudig sich sein Antlitz, aus allen Zügen strahlte Vergnügen und Zufriedenheit, ein wohlgefälliges Lächeln umspielte die Lippen, und ein donnerndes »Bravi tutti« belohnte die gelungene Kunstleistung. […] Als Beethoven noch nicht mit seinem organischen Gebrechen behaftet war, besuchte er gerne und wiederholt Opernvorstellungen; besonders jene in dem damals so herrlich florirenden Theater an der Wien, mitunter wohl auch der lieben Bequemlichkeit zu Nutz und Frommen, da er gewissermaßen nur den Fuß aus seiner Stube und sich ins Parterre hineinzusetzen brauchte. Dort fesselten ihn vorzugsweise Cherubinis und Mehuls Schöpfungen, die in selber Epoche gerade anfingen, ganz

> Wien zu enthusiasmiren. Da pflantze er sich denn hart hinter die Orchesterlehne und hielt, stumm wie ein Öhlgötze, bis zum letzten Bogenstrich aus. Dieß war aber das einzige Merkmahl, daß ihm das Kunstwerk Interesse einflößte; wenn es ihn im Gegentheil nicht ansprach, dann machte er schon nach dem ersten Actschlusse rechtsum, und trollte sich fort.[2]

Im Sommer 1803 hielt sich Beethoven auf dem Land auf (in Oberdöbling bzw. Baden bei Wien) und kehrte im Herbst 1803 wieder zum Theaterhaus zurück. Im Februar 1804 kaufte Peter Freiherr von Braun das Theater. Durch diesen Besitzerwechsel verlor Schikaneder seine Macht am Theater. Als (zumindest kurzzeitiger) neuer künstlerischer Direktor sowie Hauptregisseur wurde der Sekretär der Hofoper, Joseph Sonnleithner, engagiert. Beethoven hatte inzwischen die Arbeit an *Vestas Feuer* abgebrochen und sich stattdessen dem *Fidelio* zugewandt. Zum gleichen Zeitpunkt wird Beethovens Wohnsituation unübersichtlich: ob er seine Wohnung im Theater aufgeben musste, ist ebenso unklar, wie die Frage, wo er bis zum Mai 1804 wohnte, als er ins »Rote Haus« in der Alservorstadt zog. Nach dem Sommeraufenthalt des Jahres 1804 kam Beethoven aus Oberdöbling nicht ins »Rote Haus« zurück, sondern zog im Herbst 1804 ins Pasqualatihaus auf der Mölkerbastei. Während der Arbeit am Theater gab er seine dortige Wohnung jedoch nicht auf: Im Laufe des Winters 1804/1805 jedenfalls zog er wieder ins Theatergebäude ein, diesmal vermutlich ohne seinen Bruder. Er setzte seine Arbeit dort fort und blieb ungefähr bis Herbst 1805. Dass die Wohnung im Theater gleichzeitig als Arbeitsstätte diente, spricht für die Idee, dass die vielfältigen Arbeitsprozesse am Theater auf diese Weise möglichst ohne größere Kommunikationswege vereinfacht werden konnten.

Darüber hinaus hielt er sich im Sommer 1805 wie gewohnt auf dem Land auf, diesmal in Hetzendorf. Der Wechsel von Sommer- und Winterwohnungen war der Wiener Stadtbevölkerung durchaus vertraut, auch die so entstandenen häufigen Wohnortwechsel waren keineswegs ungewöhnlich.

Eine Erklärung für die uneindeutige Wohnsituation zwischen Pasqualatihaus und Theater an der Wien suchte auch Alexander Wheelock Thayer, der Autor der umfassenden (wenngleich unabgeschlossenen) Biographie *Ludwig van Beethovens Leben*: »Das Adreßbuch der Hauptstadt für 1805 gibt Beethovens Adresse im Theatergebäude an und dort empfing er seine Besuche. Im Pasqualatischen Hause pflegte er sich für die Arbeit einzuschließen.«[3] Diese Annahme Thayers veranlasste andere Forscherinnen und Forscher, die Wohnung im Theatergebäude als Dienstwohnung bzw. zweite Wohnung zu betrachten. Durchaus vorstellbar aber ist auch eine umgekehrte Situation. Kurt Smolle vermutete in seiner Untersuchung zu Beethovens Wohnstätten: »Gegen Ende des Jahres 1804 hatte also Beethoven zwei Wohnungen: Die eine im Theater a. d. Wien, wo er hauptsächlich an seiner Oper arbeitete, und die zweite im Pasqualatihaus, wo er vornehmlich Besuche empfing und seine privaten Geschäfte erledigte.«[4]

Finden wir uns damit ab: Es ist heute nicht mehr genau festzustellen, wie lange sich Beethoven in welcher Wohnung aufhielt, ebenso wenig, was er dort machte: arbeiten – wohnen – kommunizieren – Kollegen treffen – musizieren – proben… Möglicherweise ist es auch unsere heutige Vorstellung von Arbeitswelt und privater Wohnung, die dazu verleitet, von einer grundsätzlichen Trennung solcher Räume auszugehen.

NARRATIVE RUND UMS WOHNEN

Im November 1792 kam Beethoven aus seiner Heimat Bonn zum zweiten Mal nach Wien. Bis zu seinem Tod am 26. März 1827 lebte er rund 34 Jahre in Wien und Umgebung. Spuren davon findet man bis heute zuhauf. Denn seine Wohnungen, Aufführungsorte seiner Werke oder Orte und Wege seiner Spaziergänge und besuchten Gaststätten wurden zu Gedenkstätten. Markiert durch Gedenktafeln, Denkmäler, Museen u.a. erhielten und erhalten sie Aufmerksamkeit, werden zu Erinnerungsorten. (▸ Köhn)

29 Wohnungen unter 26 verschiedenen Adressen sind heute als Beethoven-Wohnungen in Wien und Umgebung bekannt.[5] Diese Wohnadressen aber waren nicht von Anfang an allgemein geläufig, sondern mussten als Gedenkorte erkannt und mittels Korrespondenzen, Erzählungen seiner Zeitgenossen, den städtischen Konskriptionsbögen oder anderen Quellen identifiziert werden. Eine solche Forschung zu den Wiener Beethoven-Wohnungen begann erst in den ausgehenden 1880er und frühen 1890er Jahren: Für die Zeitgenossen im kommunikativen Gedächtnis lebendig, wurde erst jetzt offenkundig, dass dieses Wissen ohne handfeste Markierungen verloren geht. Die Verbindung zwischen Beethoven und der Stadt Wien, die heute so selbstverständlich scheint, musste hergestellt, dokumentiert und erlebbar gemacht werden.

In den 1910er und 1920er Jahren – rund um die Beethoven-Gedenkjahre 1920 und 1927 – erschienen mehrere Aufsätze, die sich mit Beethovens Wiener Wohnungen auseinandersetzten. Im Handbuch *Die Musikstätten Österreichs* (1928) findet man Listen der Wiener Wohnadressen von Beethoven, Mozart und Franz Schubert. Dabei sticht allein die große Anzahl an Wohnungen ins Auge. Aber anstatt den drei Komponisten einen unsteten Lebenswandel zu attestieren, sollte man die zeittypischen Wohngepflogenheiten in Wien berücksichtigen: Adel und wohlhabende Bürger verbrachten die Sommertage nicht in der engen Stadt, sondern gingen jedes Jahr auf Sommerfrische, nicht selten in der Nähe von Wien. Beethoven war mit dieser Lebensart vertraut und ging ihr, wann immer es ihm möglich war, selbst nach. Auch im Vergleich zu seinen Kollegen sticht Beethoven nicht heraus. Walther Brauneis weist darauf hin:

> Läßt man nämlich in Beethovens letzten zehn Lebensjahren diese Sommeraufenthalte außer Betracht, so hat er in diesem Zeitraum in und vor der Stadt elfmal die Wohnung gewechselt. Zum Vergleich können im gleichen Zeitraum bei Mozart vierzehn Umzüge konstatiert werden. Schubert hatte insgesamt zehnmal sein Quartier verändert.[6]

Trotzdem verbreitete sich ein Mythos: »Beethoven zieht um!«[7] – und dies umso nachhaltiger, weil sich dieses Narrativ unmittelbar an das Image des Komponisten vom unangepasst-schwierigen Genie anheften konnte.

In der Literatur seit den 1920er Jahren ist eine weitere Tendenz zu erkennen: Wohnungen auf dem Land sollten attraktiver erscheinen als jene in der Stadt. Damit wurde ein bestimmtes Bild von der Beziehung zwischen Beethoven und der Natur im allgemeinen, dem Wienerwald im Besonderen geprägt, das für den Blick auf die *Pastorale* zu einer Kernerzählung wurde: Während des Spaziergangs in der Natur soll Beethoven musikalische Ideen zur Sechsten Symphonie erhalten haben. Unterstützt wurde dieses Narrativ durch visuelle Medien: Beethovens Sommer-Wohnungen wurden gezeigt – ohne dass auf eine allzu große Genauigkeit bezüglich der Authentizität des Ortes Wert gelegt worden wäre. Überhaupt zeigen viele Abbildungen keine authentischen Beethoven-Orte (Abb. 1). Einer der Gründe für solche Fehldarstellungen war, dass Hausnummern in Wien und den Vorstädten im ausgehenden 18. und frühen 19. Jahrhundert mehrmals umnummeriert wurden. Fehlerhafte Angaben, Übertragungen oder ungenaue Datierungen führten immer wieder zu Irrtümern.

Wie politisch Beethoven-Gedenkorte und deren Inszenierung sein können, zeigt sich am Pasqualatihaus auf der Mölkerbastei. In den 1940er Jahren begann man – als Teil der nationalsozialistischen Kulturpolitik – Musikergedenkstätten verschiedener Komponisten zu errichten: Schuberts Geburtshaus, Haydns Sterbehaus, das »Figarohaus« und auch die Beethoven-Wohnung im Pasqualatihaus. Fritz Trümpi, der die Geschichte dieser Erinnerungsstätte aufgearbeitet hat, berichtet, dass diese Wohnung im November 1941 anlässlich der Mozart-Festwoche als Beethoven-Gedenkstätte eröffnet wurde. Doch die Wohnung war kurz zuvor noch bewohnt gewesen: die jüdische Familie Eckstein, die hier bisher gewohnt hatte, wurde 1938 delogiert und 1943 teilweise deportiert. Diese ›Arisierung des Gedenkens‹ blieb auch nach 1945 lange unbenannt. 1951 wurde der Beethoven-Gedenkraum in den vorderen, zur Mölkerbastei gelegenen Zimmern eröffnet, zusammen mit einem Gedenkraum, der den beiden Hausbesitzern Pasqualati und Leber gewidmet war. Weitere Umbauten der Räume fanden 1962, 1995 und 2017 statt: zunächst ein Umbau im Jahr 1962, bei dem der Gedenkraum an den Hausbesitzer in den Beethoven-Gedenkraum integriert wurde, dann die Neugestaltung durch Elsa Prochazka, die erkennbar macht, dass die »heutige Musikerwohnung nur einen Teil der ursprünglichen Wohneinheit umfasst«[8], schließlich die Umgestaltung im Jahr 2017 – eine wechselvolle, an die Zeitläufte gebundene und von ihnen geprägte Geschichte eines Erinnerungsortes.

Zum Beethovenjahr 1970 wurden zwei weitere Wohnungen als Beethoven-Gedenkstätten eingerichtet, die Gedenkstätte »Heiligenstädter Testament« in der Probusgasse und das so genannte »Eroicahaus« in der Döblinger Hauptstraße. Mit ersterer war nichts weniger verbunden als jenes Dokument, in dem sich Beethoven im Herbst 1802 zu seiner Taubheit und dem so erzwungenen Rückzug aus der Gesellschaft bekannte. Das »Heiligenstädter Testament« ist bis heute nicht nur eine erratische Quelle der Beethoven-Forschung, sondern darüber hinaus auch ein wesentliches Dokument für die Heroisierung Beethovens durch die Nachwelt. Kein Wunder, dass der Ort, an dem er dieses Schreiben verfasste, einen regelrechten Pilger-Ort abzugeben in der Lage war. Wo aber lag dieser Ort? Um 1900 verortete der Wiener Beethoven-Forscher Josef Böck-Gnadenau Beethovens Sommeraufenthaltsort des Jahres 1802 in der heutigen Probusgasse 6, und nicht – wie man zuvor angenommen hatte – im Haus am Pfarrplatz Nr. 2. Wie aber kam es zu dieser Ver-Ortung?

Nachdem man 1889 noch beide Orte als möglich angenommen hatte, wurde 1890 das Haus am Pfarrplatz für nicht authentisch erklärt. Böck-Gnadenau etablierte daraufhin – bis heute nachhaltig – die Probusgasse als entsprechenden Erinnerungsort. 1902 schrieb er: »Da sich das Haus des Bäckers in der Herren(jetzt Probus-)gasse Nr. 6 für keine andere Zeit in Anspruch nehmen lässt, so kann man es, wenn auch willkürlich, für Beethovens ersten Aufenthalt akzeptieren…«[9] Seine Nachforschungen beruhten dabei auf mündlicher Überlieferung: Er befragte Anwohner. Damit gab er dem kommunikativen Gedächtnis eine Stimme, das freilich 63 Jahre nach Beethovens Tod und 82 Jahre nach der Niederschrift des »Heiligenstädter Testaments« bereits selbst deutlich ›in die Jahre gekommen‹ war. Der 68-jährige Weinhauer Nikolaus Zwölfjahr erzählte Böck-Gnadenau, »dass ihm sein seliger Vater das ›Bäckerhaus‹ in Herrngasse O. Nr. 6 (C.Nr.13), nebst dem Hause am Pfarrplatz, immer als dasjenige bezeichnet, in welchem der Musiker gewohnt hat.«[10] Ob sich der Vater genau erinnerte? Ob der Sohn die Erzählungen des Vaters genau erinnerte? Und was passiert mit Erinnerungen, wenn nicht nur Jahrzehnte verflossen sind, sondern die Bedeutung eines Ereignisses – der Besuch eines Musikers aus der Stadt in einem Bäckerhaus am Land – inzwischen eine vollkommen neue Rahmung erfahren hat: als Besuch eines ›großen Meisters‹? Die Frage lautet daher kaum, ob Beethoven 1802 (oder je) einen Schritt über die Schwelle des Hauses tat, sondern wie die nachfolgenden Generationen einen Ort zum Erinnerungsort werden ließen: 2017 wurde das Haus in der Probusgasse als solcher neu eröffnet. Zuvor war eine baugeschichtliche Untersuchung durchgeführt worden, und heute findet man folgende Sätze im Ausstellungskatalog des neuen Beethoven-Museums:

> Die mündlichen Überlieferungen zu Beethovens Bleibe schrieb 1890 der Musikwissenschaftler Josef Böck-Gnadenau nieder – sie berichten von einer Gartenwohnung im Bäckerhaus, erreichbar über eine Holztreppe vom Hof aus. Nach heutigem Stand der Bauforschung kann damit nur die rechte obere Gartenwohnung gemeint sein, in der Beethoven mit großer Sicherheit den Sommer 1802 verbracht hat.[11]

Was aber heißt »große Sicherheit« beim Erinnern? Die Wiener Architektin Elsa Prochazka, die in den Jahren 1995/96 im Auftrag des Historischen Museums der Stadt Wien die Musikergedenkstätte neu konzipiert hatte, berichtete von ihrer dortigen Erfahrung: »Aber es gibt kein Zurück: die Legende hat sich verselbständigt und niemand nimmt Anstoß an der wissenschaftlichen Unschärfe der tradierten Gewohnheit.«[12]

Wie aber steht es um das Theater an der Wien als ›Wohnort‹ Beethovens? (Wie) zeigt sich das Theater als Erinnerungsort? In unmittelbarer Nähe zum Theater an der Wien, in der Laimgrubengasse 22, befand sich eine weitere Beethoven-Wohnung, die in den 1970er Jahren auch als Gedenkstätte eingerichtet und mit einer entsprechenden Gedenktafel von der Wiener Beethoven-Gesellschaft versehen war. Für Otto Erich Deutsch bestand die Besonderheit dieses Ortes darin, dass »die Authentizität der einst von Beethoven bewohnten Räumlichkeiten gegeben«[13] sei. Die Gedenkstätte wurde jedoch nach einem Jahr wieder geschlossen. Das Theater selbst behandelte die Frage der Authentizität pragmatischer: Im Eingangsbereich wurde ein Raum als »Beethoven-Zimmer« ausgewiesen und mit allerlei Mobiliar als pittoreske Fotokulisse ausgestattet (Abb. 3). Mehr ›musicaleske‹ Behauptung denn historischer Ort, stellte es eine gewisse Attraktion für Touristen dar. Mit dem Intendantenwechsel und der inhaltlichen Neuausrichtung des Theaters im Jahr 2006 wurde das Zimmer aufgelöst.

Kommt nun die »Beethoven-Wohnung« durch die Ausstellung wieder zurück ins Haus? Der Gebäudetrakt, in dem sie sich befand, existiert nicht mehr. Welches Mobiliar Beethoven hier zur Verfügung stand, ist nicht überliefert. Eine authentische Rekonstruktion seiner Lebensverhältnisse am Theater kann also nicht gelingen. Faszinierend aber ist zweierlei: Zum einen, dass sich der Wunsch, sich das Zimmer möglichst konkret vorzustellen und an seinem ursprünglichen Ort sicht- und erlebbar zu machen, offenbar mit den jeweiligen Beethoven-Bildern unterschiedlicher Zeiten kreuzt. Anders gesagt: Können wir uns das ›temperamentvolle Genie‹ Beethoven in einem wohlgeordneten Zimmer vorstellen? Die visuellen Quellen – bis hin zu Beethoven-Filmen der Gegenwart – sprechen dagegen. Zum anderen, und vielleicht grundsätzlicher: Ist es überhaupt zielführend, uns im heutigen Sinne eine Wohnung vorzustellen? Die Arbeits-, Lebens- und Aufführungsorte des Theaters waren nicht nur personell, sondern auch architektonisch eng miteinander verwoben. Die heute

Abb. 3: Inszeniertes »Beethoven-Zimmer« im Eingangsbereich des Theater an der Wien, vor 2006.

unvorstellbar raschen Produktionszeiten ließen sich kaum anders realisieren: Man arbeitete gemeinsam, entwickelte Stoffe und Sujets, schrieb, komponierte und kopierte, diskutierte und kritisierte, probte, nähte, malte, tanzte, druckte, kommunizierte, zog den Nachwuchs auf (die Bühne), experimentierte, schaute nach der Konkurrenz auf anderen Bühnen, freute sich über Erfolge und erlebte gemeinsam zahllose Misserfolge… Das Theater als »ganzes Haus« einer Lebens- und Arbeitsgemeinschaft zu denken, rückt eine abgeschlossene Wohnung für eine einzelne Person aus dem Fokus. Viele Quellen, die von der Lebenswelt Beethovens am Theater an der Wien berichten, werden auf diese Weise verständlicher.

Beidem gibt die Ausstellung BEETHOVEN|AN der Wien|DENKEN Raum: Sie thematisiert die Imaginationen und Konstruktionen einer Beethoven-Wohnung, die sich mit den Narrativen um Beethoven kreuzen; und sie spiegelt die Arbeits- und Lebensbedingungen im Theater an der Wien, wo Beethoven das Leben als Musiker gemeinsam mit seinen Kolleginnen und Kollegen unter einem Dach führte. Hierzu findet sich in der Mitte des Ausstellungsraums, rechts und links neben der Treppe, jeweils ein Theater-Haus, in das die Besucherinnen und Besucher der Ausstellung *ihr* Beethovenzimmer einbauen können. Inszenierung ist dabei gefragt! Und dabei ist die Inszenierung des ›Authentischen‹ ebenso erlaubt wie Scherz, Ironie und ›Modernisierung‹. Als Inspiration und Einrichtungshilfe könnte die Beschreibung von Ignaz von Seyfried dienen:

> [...] wiewohl übrigens in seinem Haushalt eine wahrhaft admirable Confusion dominirte. Bücher und Musikalien in allen Ecken zerstreut, – dort das Restchen eines kalten Imbisses, – hier versiegelte oder halbgeleerte Bouteillen, – dort auf dem Stehpulte die flüchtige Skizze eines neuen Quatuors, – hier die Rudera des Dejeuner's, – dort am Piano, auf bekritzelten Blättern, das Material zu einer herrlichen, noch als Embryo schlummernden, Symphonie, – hier eine auf Erlösung harrende Correctur, – freundschaftliche und Geschäftsbriefe den Boden bedeckend, – zwischen den Fenstern ein respectabler Laib Stracchino, ad latus erkleckliche Trümmer einer echten Veroneser Salami [...][14]

Roman Synakewicz

FIDELIO-NETZWERKE

Das Etwas, das vor uns liegt, entpuppt sich als Darstellung. Denn es will uns, und darin besteht kein Zweifel, etwas mitteilen. Nach dem ersten Eindruck, einem scheinbar wirren Durcheinander an Teilchen, stellt sich Ordnung ein. Wir sind versucht, einen Zusammenhang zwischen den verschiedenen Elementen herzustellen, der uns sinnvoll erscheint und Raum zur Interpretation bietet. Wir ordnen den einzelnen Teilchen eine symbolische Funktion als Zeichen zu, unterscheiden zwischen Punkten, Linien und Buchstaben. Wir erkennen Namen, manche größer, manche kleiner, breit verteilt und in unterschiedlicher Entfernung zueinander stehend, mithilfe von Punkten lokalisierbar und durch farbige Linien miteinander verbunden. Unter ihnen, versteckt im Netzwerk, kursiert ein Name, der uns allen vertraut klingt. Er lautet Ludwig van Beethoven.

WAS IST EIN NETZWERK?

Im kulturellen Verständnis verweist der Begriff gleichermaßen auf etwas Dingliches und den Prozess, in dem es geschaffen wird. Er verweist auf die Aktivität des »Werkens«, genauer gesagt auf kulturelle Handlungen und Praktiken, die ein »Netz« entstehen lassen. Aber was verbirgt sich hinter diesem abstrakten Wort? Distinkte Einheiten und Verbindungen? Grundsätzlich kann nahezu alles – »sowohl materielle Dinge wie symbolische Objekte«[1] – Bestandteil

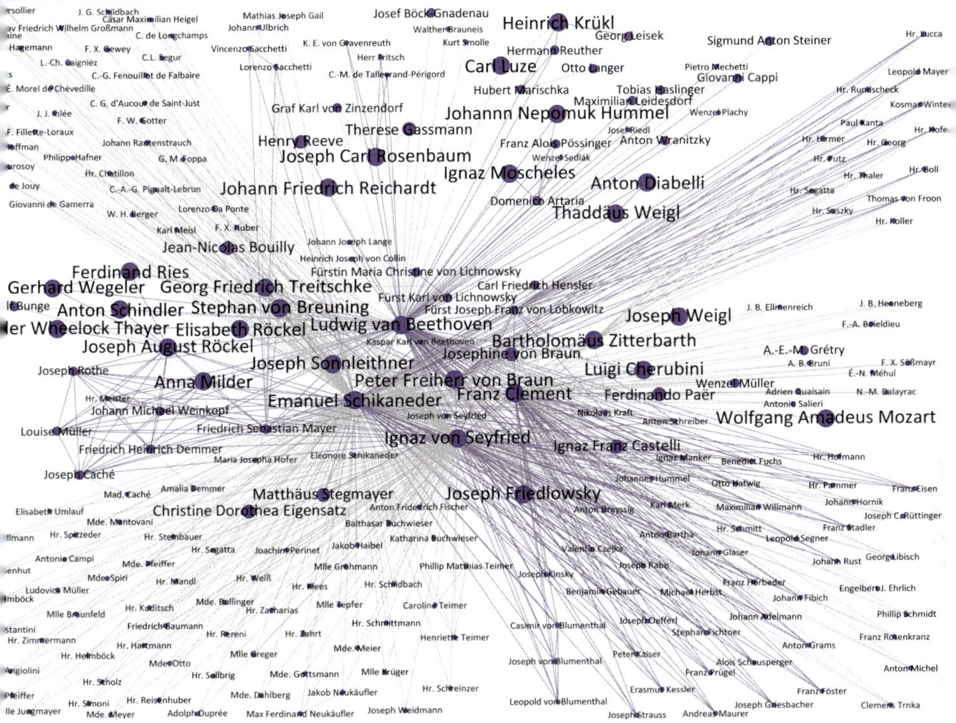

Abb. 4: *Fidelio*-Netzwerk. Die farbliche Unterscheidung der Verbindungslinien richtet sich nach zwei Kriterien: Grau steht für jegliche Beziehungen des Netzwerks, blau deutet auf die Beteiligten des *Fidelio* hin. Eine vergrößerte Abbildung findet sich auf der Innenseite des Umschlags.

eines Netzwerks bilden. Unsere Darstellung zeigt Menschen, handelnde Personen, deren gegenseitiger Austausch kulturelle Bedeutung generiert. In soziologischer Hinsicht kennzeichnen Netzwerke aufeinander bezogene zwischenmenschliche Beziehungen und Interaktionen in einem bestimmten kulturellen Raum. Netzwerke sind also als inhärente Struktur einer Kultur wahrnehmbar. Sie geben uns Aufschluss über die sozialen, funktionalen, ökonomischen, technischen und medialen Zusammenhänge, die kulturellen Gemeinschaften innewohnen und kulturelles Handeln ausmachen.

Unser Netzwerk bildet vor allem jene Strukturen ab, die das Theater allgemein, vor allem aber das Soziotop Theater an der Wien und alles was daran anknüpft, überhaupt erst ermöglichen. Als topographisches Zentrum eines weitverzweigten kulturellen Netzwerkes bietet das Theater an der Wien zahlreichen Menschen eine räumliche Grundlage, ihren musikkulturellen Praktiken nachzugehen. Theater sind lebendige Räume, Schauplätze »kulturellen Handelns«.[2] Sie werden durch Menschen am Leben gehalten, die trotz ihrer unterschiedlichen Tätigkeiten, Funktionen, Pflichten, Interessen, Leidenschaften und Ansichten einen gemeinsamen Referenzpunkt besitzen. Es kommen Menschen zusammen, die das Programm planen, finanzielle Mittel leisten und verwalten, Plakate drucken, Eintrittskarten verkaufen, Einlass und Garderobe regeln, für Ordnung sorgen, Stücke sichten, schreiben und übersetzen, Bühnenbilder entwerfen und gestalten, auf der Bühne gastieren oder längerfristige Engagements als Sänger*in und Schauspieler*in besitzen, im Orchester musizieren, Besucher, die abends in die Vorstellungen gehen und die ihre Eindrücke in Tagebüchern oder Artikeln festhalten…

Die Darstellung rückt kulturell Handelnde in den Blick, die an der Produktion und Rezeption von Ludwig van Beethovens Oper *Fidelio* beteiligt waren oder im unmittelbaren Umfeld, am Theater an der Wien oder in der Stadt agierten. Neben den Personen, die in den künstlerischen Schaffensprozess integriert waren und die das Werk zur Aufführung brachten, zeigt das Netzwerk Personen, die es verlegten, revidierten oder bearbeiteten, die in die ersten Vorstellungen gingen, die über das Stück berichteten. Auch zeigt das Netzwerk eine Auswahl an Personen, die unmittelbar an diesen soziokulturellen Kosmos angrenzten, die sich in den selben sozialen Kreisen bewegten oder vor Ort die selben Tätigkeiten ausübten. Nicht zuletzt sind Personen vertreten, die an das Ereignis *Fidelio* erinnerten oder die durch Schriften, Gedenktafeln usw. eine Erinnerungskultur prägten oder die durch ihr Handeln die Erinnerungen anderer beeinflussten.

WAS WILL EINE NETZWERKDARSTELLUNG?

Angesichts der Netzwerkdarstellung scheint die folgende Frage durchaus berechtigt: Was ist der Vorteil eines solchen ›Knäuels‹? Warum (re-)kontextualisieren wir die Ereignisse des *Fidelio* und das Erinnern daran mithilfe eines musikkulturellen Netzwerks? Das ›Knäuel‹ entspricht genau unserer Idee einer mehrfachen Wahrnehmung. Auf den ersten Blick symbolisiert das dichte Netz die Verworrenheit und Komplexität der Verhältnisse zwischen kulturell handelnden Personen, wobei der erste Eindruck von Unübersichtlichkeit zunächst in Kauf genommen wird, um dann in einem zweiten Schritt anhand einzelner Ausschnitte die Fäden wieder zu ›entwirren‹. Die historische Betrachtung richtet sich auf diese Weise nicht auf einzelne Hauptakteure, wodurch die Bedeutung weitreichender Beziehungsverhältnisse negiert würde. Die Vielzahl beteiligter Personen soll erkennbar und die Ausmaße ihres Handelns im kulturellen Netzwerk offengelegt werden. Das bedeutet auch, das beethoven-zentristische Bild zu dekonstruieren, obwohl eine Dezentrierung per se nicht in jedem Fall möglich ist, denn einige Personen rücken aufgrund ihrer sozialen Verbindungen oder ihrer Handlungsmacht unweigerlich stärker in den Fokus. Im kulturellen Netzwerk des Theaters können sogenannte »Gatekeeper« großen Einfluss auf Entscheidungen und Handlungen nehmen, mitunter stehen sie einander sogar konkurrierend gegenüber. Zum Zeitpunkt der Uraufführung des *Fidelio* waren es zum Beispiel: Peter Freiherr von Braun, Theaterbesitzer und -direktor; Emanuel Schikaneder, künstlerischer Leiter; Ignaz von Seyfried, Kapellmeister; Franz Clement, Konzertmeister; Friedrich Sebastian Mayer, Regisseur des *Fidelio* und Sänger des Pizarro.

Darüber hinaus bringt unsere Netzwerkdarstellung neben weiteren Akteurinnen und Akteuren implizit auch kontextuelle Ereignisse, Orte und Materialien ins Spiel, denen auf diese Weise eine Imaginationsfläche abseits der ausgetretenen Hauptnarrative geboten wird. Dabei ist klar, dass eine historische Totale – die Erfassung sämtlicher Personen ebenso wie ein vollständiger Zeitverlauf – utopisch bleiben muss. Ebenso klar ist, dass das Netzwerk die

Betrachtenden nicht in eine bestimmte Blickrichtung zwingt. Im Gegenteil lädt es dazu ein, ausgewählte Facetten und Gegenstände der Beethoven'schen Erinnerungskultur im Zusammenhang auf sich wirken zu lassen.

Im Folgenden möchte ich anhand von drei Ausschnitten näher verdeutlichen, wie bestimmte Orte, Ereignisse oder Praktiken die Beziehungsverhältnisse zwischen Personen in einem kulturellen Netzwerk charakterisieren können. Die ausgewählten Darstellungen zeigen: 1. Bewohnerinnen und Bewohner des Theater an der Wien in der Laimgrube 26 (▸ Yamada), 2. Akteurinnen und Akteure der Soirée im Palais Lichnowsky (▸ Erinnerungen an die *Fidelio*-Soirée) und 3. Erinnerungsträger des Ereignisses *Fidelio* und Beethovens im Zusammenhang mit dem Theater an der Wien (▸ Lindmaier und Köhn).

BEWOHNERINNEN UND BEWOHNER DER LAIMGRUBE 26

Im Gegensatz zur Ansicht des gesamten Netzwerks wirkt diese Darstellung (Abb. 5) wesentlich konkreter. Die schiere Fülle von Namen, Punkten und Verbindungslinien, die in der Totale vorherrscht und die Nachvollziehbarkeit einzelner Zusammenhänge erschwert, rückt hier in den Hintergrund. Was übrig bleibt, sind die Personen, die nachweislich in der Laimgrube 26 (heute: Linke Wienzeile 6); dem Gebäude des Theater an der Wien, rund um das Ereignis *Fidelio* gewohnt haben. Der Arbeitsort als Wohnort: ein Konzept, das uns aus heutiger Sicht eher fremd erscheint – es sei denn, das Homeoffice zieht als Arbeitsplatz wieder in die ›eigenen vier Wände‹ ein. Die Trennung vollzog das Bürgertum im 19. Jahrhundert, auch in Abgrenzung zur Arbeiterschaft. Seither trägt die Vorstellung vom »Wohnen« im privaten Rückzugsort und von unserer Wohnung als individuellem Lebensraum entscheidend zu unserer Identifikation bei.

Im Netzwerk wird schnell deutlich, wer im Theater gewohnt hat: Theaterangestellte und ihre Angehörige. Für die damalige Zeit war es durchaus üblich, dass sich insbesondere unverheiratete Famili-

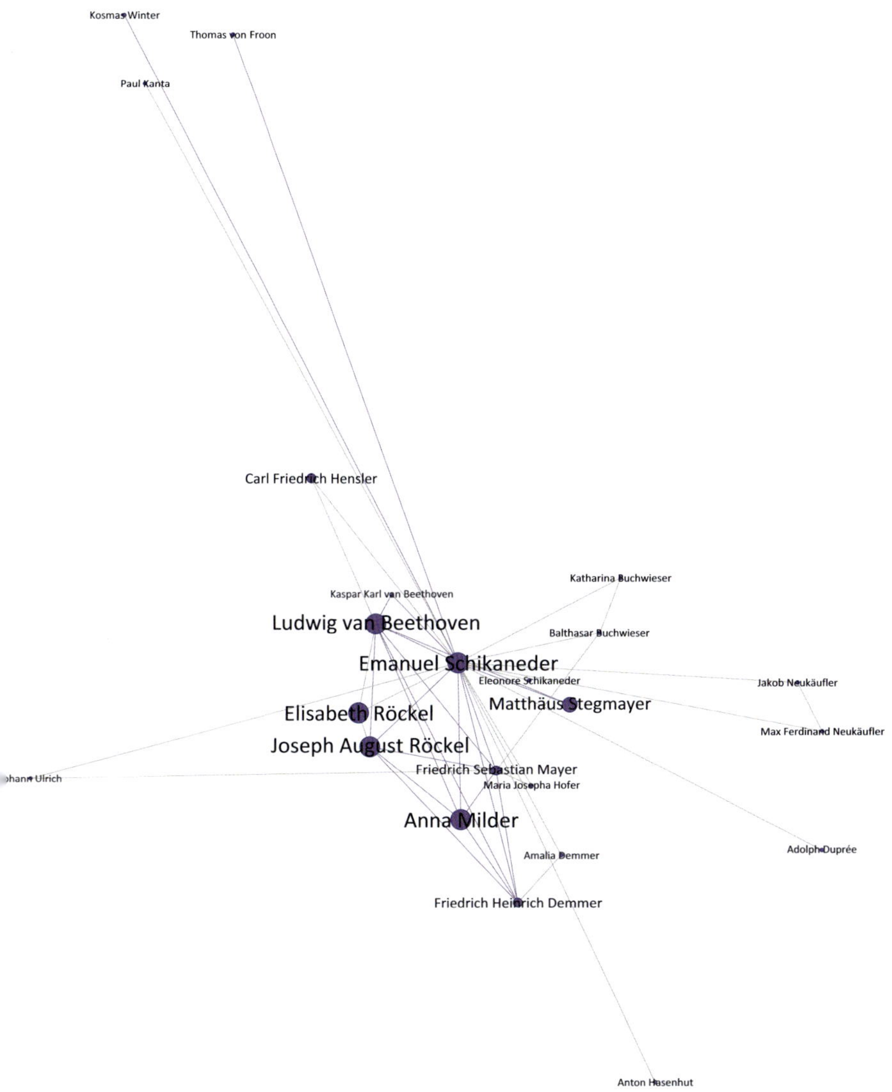

Abb. 5: Bewohnerinnen und Bewohner der Laimgrube 26

enmitglieder die Wohnung, oft nur ein Zimmer, teilten. So wohnte Kaspar Karl van Beethoven ebenso mit seinem Bruder Ludwig zusammen in dessen Wohnung wie Elisabeth Röckel mit ihrem Bruder Joseph August Röckel, wenngleich nur vorübergehend. Auch die Sängerinnen und Schauspielerinnen Eleonore Schikaneder, Maria Josepha Hofer, Amalia Demmer, Anna Milder und Katharina Buchwieser wohnten in ihren jeweiligen Musiker- und Theaterfamilien mit näheren oder ferneren Familienmitgliedern zusammen. Dass der Netzwerk-Ausschnitt hier verhältnismäßig wenige Personen ausweist, mag in Anbetracht der hohen Zahl des angestellten Personals verwundern. Dieser Mangel, der sich vorrangig auf den Dokumentationsstand zurückführen lässt, verdeutlicht eine grundlegende Problematik im Umgang mit historischen Quellen: ihre Nichtauffindbarkeit. Es ist anzunehmen, dass weitaus mehr Personen, vermutlich sogar ein erheblicher Teil des Theaterpersonals im Theatergebäude wohnte. Als topographischer Referenzpunkt, in diesem Fall als Wohnort, verbindet das Theater allerdings auch Menschen, die aufgrund ihrer verschiedenen Funktionen oder sozialen Stellungen nicht unmittelbar in Kontakt waren. Die daraus resultierenden Distanzen spiegeln sich in unserer Darstellung wider.

AKTEURINNEN UND AKTEURE DER SOIRÉE IM PALAIS LICHNOWSKY

Der zweite Ausschnitt des Netzwerks (Abb. 6) richtet den Fokus auf ein besonderes Ereignis, das sich etwa einen Monat nach der Uraufführung des *Fidelio* in Wien zugetragen hat. Aus verschiedenen Quellen geht hervor, dass sich ein kleiner Kreis von Bekannten und Freunden im Dezember 1805 zu einer Soirée versammelte, um Beethoven zur Revision seines Werkes zu überreden (▸ Erinnerungen an die *Fidelio*-Soirée). Der Ort dieser Zusammenkunft führt uns abseits des Theaters, in das Palais des Fürsten Lichnowsky. Dieser pflegte gemeinsam mit seiner Ehefrau ein freundschaftliches Verhältnis zu Beethoven und förderte als Mäzen dessen künstlerisches Schaffen.

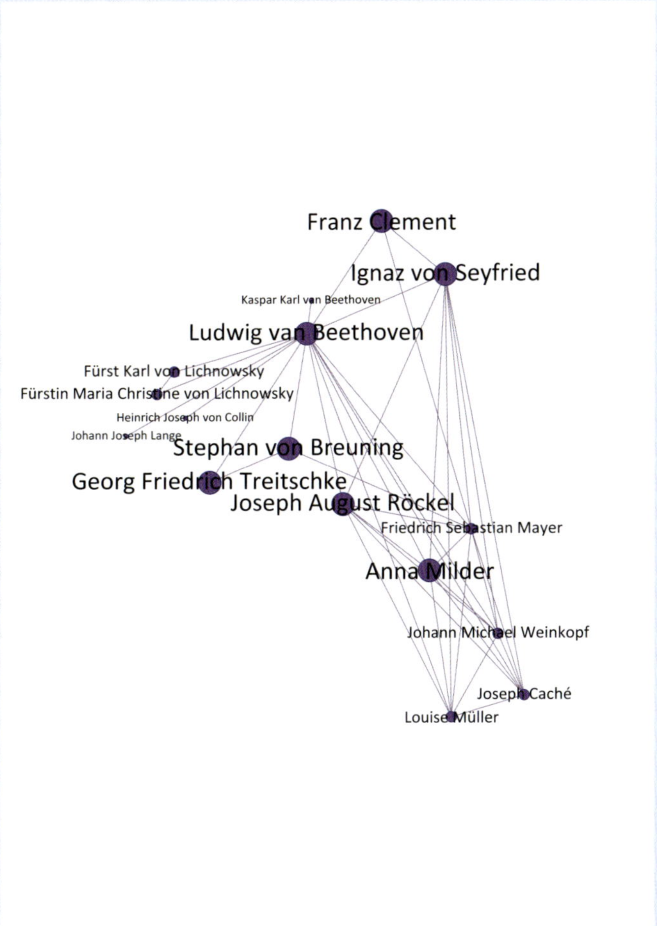

Abb. 6: Akteurinnen und Akteure der Soirée im Palais Lichnowsky

Über die Anwesenheit von Friedrich Sebastian Mayer (dem Regisseur der ersten beiden Fassungen und Sänger des Pizarro), Stephan von Breuning (dem Librettisten der zweiten Fassung), Joseph August Röckel (Neubesetzung des Florestan), Heinrich Joseph von Collin und Ludwig van Beethoven selbst sind sich die Quellen einig. Was die Anzahl und Identitäten der anderen Personen betrifft, weichen die Berichte jedoch maßgeblich voneinander ab. Unsere Darstellung übernimmt systematisch alle genannten Namen, ohne vorab über die Wahrheitsansprüche der einzelnen Quellen zu urteilen. Neben den oben genannten Namen erinnert sich Joseph August Röckel dem Beethoven-Biographen Alexander Wheelock Thayer gegenüber an Georg Friedrich Treitschke (Librettist der dritten Fassung), Franz Clement (Konzertmeister), Kaspar Karl van Beethoven, Johann Joseph Lange und mit Vorbehalt auch an Ignaz von Seyfried (Kapellmeister). Dagegen beschreibt Rudolf Bunge in seinem Artikel – sich ebenfalls auf einen Bericht von Joseph August Röckel beziehend – die Anwesenheit weiterer Sänger*innen und Schauspieler*innen des Ensembles: Anna Milder (Leonore alias Fidelio), Johann M. Weinkopf (Don Fernando), Louise Müller (Marzelline) und Joseph Caché (Jaquino). Die Frage nach den anwesenden Musiker*innen ist durchaus berechtigt, denn der Anlass des Treffens bestand darin, ausgewählte Passagen der Oper und etwaige Änderungen musikalisch vorzutragen. Ob Clement einzelne Instrumentalsoli auf der Violine erklingen ließ oder die Fürstin allein am Piano begleitete, ob Mayer und Röckel die tiefen und hohen Gesangspassagen unter sich aufteilten oder fast die gesamte *Fidelio*-Besetzung mitwirkte, lässt sich den Quellen nicht zweifelsfrei entnehmen, zeichnet aber perspektivische Handlungsrahmen, die Einfluss auf die musikalischen Änderungen gehabt haben könnten.

Die eigentliche Überzeugungsleistung wird unterschiedlich, mal dem Fürsten, mal der Fürstin zugeschrieben, aber in allen Fällen den sozial hochrangigsten anwesenden Personen. Hier stellt sich die Frage, ob sie aufgrund ihrer Stellung und Beziehung den größtmöglichen Einfluss auf Beethoven hatten oder ob sie von den Autoren als Projektionsfläche sozialer Verhältnisse idealisiert wurden. Als Beispiel mag die bildhafte Schilderung Bunges – nach der eine unterwürfige Fürstin niederkniete und den Komponisten beschwor, die Revision des Werkes vorzunehmen[3] – dienen, die in ihrer idealisierten Schreibform gezielte Erinnerungsbilder konstruiert, unter anderem das Narrativ eines autonomen

Tonheroen, vor dem sogar die aristokratische Schicht den Hut ziehen musste.

In Bezug auf das Narrativ der gescheiterten Uraufführung nennen die Berichte der Soirée zwei zentrale Gründe: die zeitgleiche Besetzung Wiens durch napoleonische Truppen und die als mangelhaft beurteilte Leistung Friedrich Heinrich Demmers in der Rolle des Florestan. Darüber hinaus weisen die Berichte implizit auf dramaturgische Unstimmigkeiten hin, die nach Überzeugung der Anwesenden verbessert werden sollten. Gänzlich verschwiegen wird dabei, dass das Absetzen bei geringem Publikumszuspruch und das wiederholte Überarbeiten von Stücken gängige Bestandteile der damaligen Opernpraxis waren. Darunter fällt beispielweise auch die Entwicklung oder Anpassung von Gesangspartien, bei der Komponisten mitunter Rücksicht auf die Fähigkeiten und Bedürfnisse der Sänger*innen nehmen mussten: »Die Kleid-Metapher – *per ben vestir la virtuosa*, also komponieren, um die Gesangskünstlerin gut einzukleiden – ist dabei keine rhetorische Floskel oder gar Petitesse, sondern umschreibt auf besonders eindrückliche Art und Weise eines der Grundprinzipien der Oper im 18. Jahrhundert«.[4] Die Änderungen der Arie Nr. 7 zugunsten Mayers oder der Arie Nr. 11 zugunsten Röckels, über die Ries und Wegeler im Zusammenhang mit der Soirée berichten, stellen in diesem Kontext keine Seltenheit dar.[5]

ERINNERUNGSTRÄGER. UND -TRÄGERINNEN?

Die Erinnerungen an *Fidelio* und Beethoven wurden im Zeitverlauf, angefangen bei den historischen Ereignissen bis zur Gegenwart, von verschiedensten Akteuren geprägt: Zeitgenossen, Biografen und Chronisten des Theaters beschrieben Beethovens Wirken am Theater an der Wien in Büchern; Theaterbesucher und Rezensenten hielten ihre Eindrücke der *Fidelio*-Aufführungen in Tagebüchern und Zeitungsartikeln fest; Verleger publizierten und vertrieben Beethovens Werke; Bearbeiter ermöglichten einem breiteren Publikum

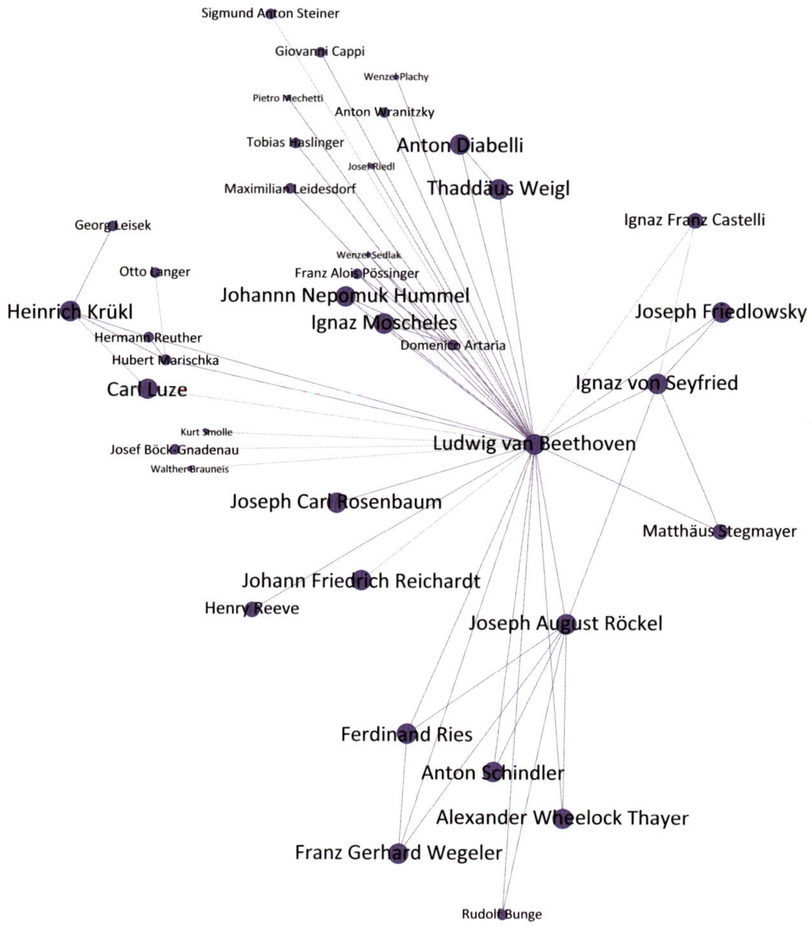

Abb. 7: Erinnerungsträger: Wer gestaltete die Erinnerungskultur rund um das Ereignis *Fidelio*?

den Zugang zu seiner Musik; Stifter errichteten Denkmäler und Gedenkstätten. Inwiefern sie damit auch jeweils eigene Sichtweisen und Themen ihrer Zeit in den Erinnerungssträngen festschrieben, wird in den folgenden Kapiteln ausführlicher thematisiert.

Wo aber finden sich die Akteurinnen? Die Netzwerk-Abbildung der Erinnerungsträger zeigt ausschließlich Männer. Und auch in anderen Bereichen des Netzwerks, im Orchester, unter den Theaterdichtern, den Komponisten und dem sonstigen Betriebspersonal des Theaters findet sich keine weibliche Vertreterin. Übernehmen Frauen in diesem Kontext keine aktiven Rollen? Die Sängerinnen und Schauspielerinnen bilden den verhältnismäßig größten weiblichen Anteil im Netzwerk. Ein weiteres Netzwerk dazwischen wird von jenen Frauen gebildet, die als Ehefrauen und Partnerinnen präsent waren – wie etwa die Fürstin Lichnowsky – deren Bedeutung im Feld der Akteur*innen aber häufig genug unberücksichtigt bleibt oder die zu bittstellenden Randfiguren marginalisiert werden. Dieser Befund bildet einerseits eine historische Schieflage ab, andererseits wird deutlich, dass die bisherige Erinnerungsgeschichte maßgeblich von Männern über Männer geschrieben wurde.

Der entscheidende Vorteil von Netzwerkdarstellungen insgesamt ist ihre Weitwinkelperspektive, die aus dem tatsächlichen Geschehen rauszoomt und den Betrachter*innen einen Überblick des Ganzen verschafft. So lassen sich die vielen Akteurinnen und Akteure – verbunden durch diverse Ereignisse und Handlungsräume – in einem gemeinsamen Kontext verorten. Am Beispiel des *Fidelio* wird verständlich, wie umfangreich und komplex das soziokulturelle Netzwerk des Theaters ist, wie viele Personen potenziell beteiligt sein können und wer in innerhalb dieser Strukturen Entscheidungen trifft und zwischen verschiedenen Positionen vermittelt.

Constanze Marie Köhn

ERINNERUNG IM ÖFFENTLICHEN RAUM

DIE BEETHOVEN-GEDENKTAFEL(N) AM THEATER AN DER WIEN

Gedenktafeln sind im Wiener Stadtbild heute allgegenwärtig. Oftmals durch rot-weiße Fähnchen optisch hervorgehoben, lenken sie den Blick der Vorbeieilenden und Flanierenden auf die Hausfassaden und laden zum Erinnern ein: an Persönlichkeiten und Ereignisse der Stadtgeschichte, die mit diesen Erinnerungsorten verbunden sind.

Auch wer – möglicherweise auf der Suche nach dem bekannten Papageno-Tor – von der Linken Wienzeile in die schmale Millöckergasse einbiegt, erblickt hinter dem vorgelagerten Zinshaus an der gelb getünchten Fassade des Theaterkomplexes eine dieser Tafeln, die das Gebäude als Erinnerungsort ausweist. Im Schatten des Papageno-Tores, das das Theater untrennbar mit den Namen Mozart und Schikaneder verbindet, fällt der Blick jedoch noch auf eine weitere Gedenktafel, die auf das Verhältnis Beethovens zum Theater an der Wien hinweist (Abb. 8). In schlichten Großbuchstaben ist, in Stein graviert, zu lesen:

LUDWIG VAN BEETHOVEN
WOHNTE IM THEATER AN
DER WIEN 1803 UND 1804
TEILE SEINER OPER / DER
DRITTEN SYMPHONIE UND

DER KREUTZERSONATE
SIND HIER ENTSTANDEN
FIDELIO UND ANDERE WERKE
ERLEBTEN IN DIESEM HAUS
IHRE URAUFFÜHRUNG

Die Beziehung Beethovens zum Theater an der Wien, an die auf diese Weise erinnert wird, ist eine vielschichtige: Hier gelangten nicht nur zahlreiche seiner Werke zur Uraufführung, sondern das Theatergebäude war, wie für viele Mitarbeiter*innen des Theaters und ihre Familien, zumindest zeitweise auch Wohn- und Arbeitsort Beethovens. Während der Komponist zuvor überwiegend in Wohnungen gelebt hatte, die ihm von seinen Wiener Mäzen*innen zur Verfügung gestellt worden waren, bezog er im Frühjahr 1803 eine kostenfreie Dienstwohnung im Vorbau des Theaters in der Laimgrube 26 (heute Linke Wienzeile 6). Wie lange er in dieser von ihm nicht besonders geschätzten, da auf den Hof hinaus gehenden Wohnung tatsächlich lebte, ist nicht abschließend geklärt; schon im Mai 1804 nutzte er zumindest eine zusätzliche Unterkunft (► Yamada). Während seines Aufenthalts im Theater stellte er mehrere Kompositionen fertig, darunter das Oratorium *Christus am Ölberge* sowie die erste Fassung der Oper *Fidelio*, die im Theater 1803 bzw. 1805 ihre Uraufführung erlebten.

Obwohl unauffälliger als Denkmäler in Form großer Skulpturen, übernehmen Gedenktafeln im öffentlichen Raum doch eine ganz ähnliche Erinnerungsfunktion, indem sie ein bestimmtes Moment der Vergangenheit – hier das Wirken Beethovens am Theater an der Wien – in der Gegenwart präsent halten. Gedenktafeln können im Sinne von Aleida und Jan Assmann daher als Träger des kulturellen Gedächtnisses verstanden werden. Sie geben Hinweise, welche Ereignisse oder Personen in der Erinnerung für wen eine identitätsstiftende Bedeutung erhalten, und sind damit Symbol eines historisch bedingten Aushandlungsprozesses:

Abb. 8: Aktuelle Gedenktafeln an der Theaterfassade.

> Mit der Errichtung von Denkmälern und Mahnmalen wird versucht, die Erinnerung an Menschen und Ereignisse wachzuhalten. Es wird somit sichtbar, was für die jeweilige Gruppe ein wichtiges Moment in ihrer Vergangenheit darstellt, das es weiter zu tradieren gilt. Der Stellenwert, den historische Persönlichkeiten und vergangene Ereignisse zum Zeitpunkt der Denkmalserrichtung einnehmen, wird somit deutlich. Daher sagen Denkmäler sehr viel über die Zeit ihrer Setzung und die Umstände ihrer Errichtung aus. Ihre Präsentation im öffentlichen Raum hat somit Symbolwert für den Umgang einer Gesellschaft mit ihrer Vergangenheit.[1]

Dementsprechend gibt auch die Gedenktafel am Theater an der Wien nicht lediglich Auskunft über die Umstände von Beethovens

Wirken an diesem Haus, sondern vielmehr über die Verortung dieses Fixpunktes im kulturellen Gedächtnis der städtischen Akteur*innen. Wie facettenreich diese Erinnerungsgeschichte tatsächlich ist, zeigt ein Blick in die Objekt-Biographie der Gedenktafel: Die aktuelle Steintafel ist nicht die erste Form öffentlichen Gedenkens an diesem Ort; bereits 1927 hatte der Wiener Männergesang-Verein eine entsprechende Beethoven-Gedenktafel gestiftet. Im Folgenden soll den Spuren dieser zwei Gedenktafeln nachgegangen werden: Wer waren die Initiator*innen? Welche Aspekte der Verbindung zwischen Person und Ort werden zu welchem Zeitpunkt erinnert? Welchen Ausdruck findet das Gedenken in der jeweiligen Tafel und in welcher Beziehung steht es zur Beethoven-Erinnerung der entsprechenden Zeit?

1927 – ERINNERUNG AN EINEN TONHEROEN

Im Jahr der Anbringung der ersten Gedenktafel 1927 jährte sich der Todestag Beethovens am 26. März zum 100. Mal. In der wissenschaftlichen Auseinandersetzung hatte sich in den 1920er Jahren zwar erstmals ein gewisses Unbehagen gegenüber dem Mythos Beethoven ausgebreitet, die öffentliche Wahrnehmung blieb davon jedoch unbeeinflusst, wie etwa der große Erfolg der Anfang 1927 erschienenen Stummfilmbiographie *Beethoven. Ein Großfilm in 6 Akten* unter der Regie von Hans Otto (Löwenstein) verdeutlicht.

Anlässlich des Jubiläums veranstalteten Stadt und Land eine groß angelegte Zentenarfeier (Abb. 9), die, so der Musikwissenschaftler Guido Adler, »der Erscheinung des Tonheros und den Veranstaltern entsprechen«[2] sollte und einen Höhepunkt des Kulturlebens im damaligen Wien darstellte. Die Feierlichkeiten umfassten ein Festsymposium sowie zahlreiche Konzerte; den Abschluss des Programms bildete eine Galavorstellung des *Fidelio* in der Staatsoper. Begleitet wurden die musikalischen Darbietungen durch ein Rahmenprogramm, das u. a. geführte Besuche zu Beethoven-Gedenkstätten und eine wissenschaftlich kuratierte Ausstellung im Histo-

Abb. 9: Programmheft der *Wiener Beethoven-Zentenarfeier vom 26. bis 31. März 1927. Veranstaltet vom Bund Österreich und der Stadt Wien*, Wien 1927.

rischen Museum im Rathaus mit über 1000 Exponaten beinhaltete. Der erste Ausstellungsraum war hier dem Thema »Stadtbild – Gesellschaftliches Leben – Beethovenstätten« gewidmet. Dabei kam insbesondere den Wirkungsorten Beethovens eine herausgehobene Bedeutung zu (Abb. 1): Der einzige themenbezogene Artikel im Programmheft trug den Titel »Beethoven-Stätten« und betonte die »unzweifelhafte Bedeutung der Ortsforschung […] für die Erkenntnis der Lebensläufe«[3]. Der als Stadtspaziergang angelegte Überblick über die mit Beethoven in Verbindung stehenden Gebäude führte jedoch nicht in den Bezirk Mariahilf und das dortige Theater. Auch in der öffentlichen Wahrnehmung war das Theater an der Wien keine Beethoven-Stätte. Stattdessen war es primär als »führendes Operettenhaus«[4] ein Begriff, wie ein Blick in zeitgenössische Reiseführer offenbart: »Und unter Operettentheater verstehen Sie, wie jeder Fremde, vor allem und mit Recht das Theater an der Wien, von dem Sie schon soviel Gutes und Dreistelliges gehört haben«[5], konstatierte etwa 1927 das humoristische *Buch von Wien*. Entsprechend räumten die Reiseführer in erster Linie praktischen Angaben wie den Ticketpreisen wesentlichen Platz ein. In der historischen Retrospektive dominierten hingegen die Figuren Schikaneder und Mozart; der Name Beethoven taucht allenfalls in Aufzählungen berühmter Uraufführungen zwischen anderen auf.[6]

Neben den offiziellen Festlichkeiten wurde Beethovens 100. Geburtstag zudem von zahlreichen weiteren Initiativen gefeiert. Dabei fällt ins Auge, dass auch die Veranstaltung am Theater an der Wien nicht Teil jener offiziellen Zentenarfeier war: Am 27. März wurde ein Festkonzert im Theater an der Wien mit einigen Werken Beethovens gegeben, die in diesem Haus ihre Uraufführung erlebt hatten. Und den inoffiziellen »Auftakt zur Beethoven-Zentenarfeier«[7] bildete eine Woche vor dem eigentlichen Todestag die Enthüllung einer Gedenktafel am Theater an der Wien.

BEETHOVEN-ERINNERUNG IM WIENER MÄNNER-GESANG-VEREIN

Bei der festlichen Einweihungsfeier einer Beethoven-Gedenktafel am Theater an der Wien trat besonders der Wiener Männergesang-Verein als deren Stifter hervor. Im Jahr 1843 gegründet, nahm dieser Verein als einer der bedeutenderen Wiener Singvereine eine prominente Stellung im städtischen Musikleben der zweiten Hälfte des 19. Jahrhunderts ein, die er bis in die Zwischenkriegszeit behalten sollte. Die Vereinstätigkeit umfasste neben öffentlichen Konzerten auch die Mitwirkung bei Veranstaltungen anderer kultureller Träger, u. a. bei mehreren Denkmalenthüllungen durch die Stadt Wien. So sang der Chor etwa bei der Enthüllung des Beethoven-Denkmals im »Beethovengang« zwischen Heiligenstadt und Nußdorf am 22. Juni 1863. Auch an den Feierlichkeiten im Rahmen der Beethoven-Hundertjahrfeier 1870 und den Festivitäten zum 150. Geburtstag des Komponisten 1920 nahm der Verein teil. Für die im Dezember 1920 eröffnete Beethoven-Ausstellung der Stadt Wien im Historischen Museum stellte der Verein zudem eine Kopie des bekannten Ölgemäldes von Joseph Karl Stieler sowie eine Haarlocke von Beethoven als Ausstellungsobjekte zur Verfügung.[8] Das Engagement für ein Gedenken an Beethoven hatte im Verein somit eine gewisse Tradition. Kompositionen Beethovens waren im Repertoire des Chores hingegen zwar vertreten, bildeten aber keinesfalls einen Schwerpunkt in den Konzertprogrammen.

Auch im Zuge der Beethoven-Zentenarfeier 1927 war der Wiener Männergesang-Verein an mehreren Veranstaltungen beteiligt. Neben der Enthüllung der von ihm gestifteten Gedenktafel wirkte der Chor bei dem Festkonzert der Wiener Philharmoniker im Großen Musikvereinssaal am 26. März, bei dem Festsymposium am selben Tag sowie bei einer Huldigung am Grab Beethovens auf dem Zentralfriedhof am 27. März mit. Das bereits 1920 ausgestellte Beethoven-Gemälde von Stieler wurde zudem erneut für die Ausstellung zur Verfügung gestellt.

WEIHEVOLLE ENTHÜLLUNGSFEIER DER ERSTEN GEDENKTAFEL

Die feierliche Enthüllung der neu gestifteten Gedenktafel fand eine knappe Woche vor Beethovens Todestag, am Sonntag, den 20. März 1927, statt. Das Ereignis erfuhr in der Presse einige Beachtung; im Zentrum der Berichterstattung standen nicht nur der Ablauf des Festaktes, sondern auch die zahlreichen prominenten Gäste: Neben verschiedenen Vertretern von Stadt und Bund nahmen mehrere ausländische Gesandte »und das gesamte musikalische Wien«[9] teil, was die Bedeutung des Ereignisses unterstrich.

Bereits am Vormittag versammelten sich die Mitglieder des Wiener Männergesang-Vereins sowie die verschiedenen Würdenträger vor dem Papageno-Tor: »Den kleinen Platz vor dem Denkmale schmückte frisches Grün, die Banner der Gesangvereine umrahmten ihn [...]«[10]. Den Auftakt der Veranstaltung bildete der Bläserchor der Wiener Philharmoniker, bevor der Vorstand des Wiener Männergesang-Vereins, Heinrich Krükl, eine Festrede hielt, die in der Presse besonders hervorgehoben wurde. In »formvollendeten Worten« habe dieser den »Tonheroen Beethoven, den König unter den Königen der Musik« gepriesen und darauf verwiesen, »daß er in diesem Hause gewohnt und hier den ›Fidelio‹ geschaffen hat, der am 20. November 1805 inmitten des von den Franzosen besetzten Wien das Hohelied der Freiheit und edler Gesinnung zum Erklingen brachte«[11]. Die Rede gipfelte schließlich pathetisch in dem Gedanken: »Wären die Menschen in allem so einig wie in der Verehrung Beethovens, so gäbe es einen wahren Gottesfrieden auf der sonst so friedlosen Erde«[12]. Nach der anschließenden Enthüllung der Tafel dankte der Oberregisseur des Theater an der Wien, Otto Langer, im Namen des abwesenden Direktors Hubert Marischka dem Wiener Männergesang-Verein für die Stiftung der Tafel und die damit einhergehende »Verschönerung des Papageno-Tores«[13]. Zuletzt übernahm Direktor Hermann Reuther als Kustos der städtischen Sammlungen im Namen der Stadt die Tafel »in den bleibenden Schutz der Gemeinde Wien«[14], bevor der Festakt mit einer musikalischen Darbietung durch den Bläserchor der Wiener Philharmoniker und den Wiener Männergesang-Verein unter der Leitung von Chormeister Carl Luze beschlossen wurde. Aus dem musikalischen Rahmenprogramm der Veranstaltung wurde in der Presse nur eine Komposition namentlich genannt: die dritte der *Drei Equale für vier Posaunen* (WoO 30) von Beethoven[15], die in einer Bearbeitung von Ignaz von Seyfried für Männerstimmen bereits bei Beethovens Beerdigung aufgeführt worden war.

»UNSTERBLICH LEBT, WAS ER GESCHAFFEN« – DIE BEETHOVEN-GEDENKTAFEL VON 1927

Die Tafel von 1927 befand sich links des Papageno-Tores und war unterhalb des den Gebäudesockel abschließenden Gesims ange-

Abb. 10: Theaterfassade mit Papageno-Tor und Gedenktafel von 1927, undatierte Fotografie von Anton Grath.

bracht (Abb. 10). Damit hing sie ungefähr an derselben Stelle, an der auch die aktuelle Gedenktafel an Beethoven erinnert. Die Wahl des Ortes fiel nicht auf die mittlerweile als Haupteingang fungierende Fassade an der Linken Wienzeile, sondern auf die ehemalige Hauptfront des Theaters, die ursprünglich freistehend in Richtung des unbebauten Glacis zeigte und mit dem Papageno-Tor einen eigenen Logenzugang für das wohlhabendere Publikum bereithielt.[16] Wenn auch bereits 1927 in einer schmalen Straße gelegen (6., Millöckergasse), stellt diese Seite des Theaters mit dem klassizistischen Papageno-Tor dennoch die repräsentative Hauptfront des Gebäudes dar.

Gefertigt wurde die Tafel aus weißem Marmor vom Bildhauer Georg Leisek (1869–1936), der für zahlreiche Denkmäler und figürlich-dekorative Skulpturen an repräsentativen Gebäuden Wiens verantwortlich zeichnet. Die Gedenktafel bestand aus einem Sockel mit Inschrift, der die Haupttafel sowie zwei Seitenreliefs trägt (Abb. 11). Noch ganz im Duktus der Heroenverehrung ist die mittlere Tafel beschriftet:

BEETHOVEN
ERLAG 1827 DEM
ALLBEZWINGER
UNSTERBLICH LEBT
WAS ER GESCHAFFEN

Die Beschriftung des Sockels gibt Auskunft über das spezifische, als erinnerungswürdig erachtete Ereignis:

IN DIESEM HAUSE
ERKLANG 1805 ZUM ERSTEN MAL
FIDELIO

ERRICHTET VOM
WIENER MÄNNERGESANG-VEREIN
IM JAHRE 1927

Doch auch der Wiener Männergesang-Verein als Stifter setzte sich mit der Tafel gleichermaßen ein in Stein gemeißeltes Denkmal. Obgleich der Verein zuvor bereits an der Gedächtnispflege um Beet-

Abb. 11: Frontalaufnahme der Gedenktafel von 1927, Fotografie um 1930.

hoven beteiligt war, so lässt sich in der Vereinshistorie doch keine spezielle Verbindung zu dem erinnerten Werk oder Ort feststellen. Dennoch markierte die Stiftung der Tafel den Anspruch des Wiener Männergesang-Vereins, als Akteur im musikkulturellen Leben der Stadt wahrgenommen zu werden. Auch der Direktor des Theaters, Hubert Marischka, der die Genehmigung zur Anbringung der Tafel an seinem Haus erteilte, hatte bereits in den Jahren zuvor entsprechende Jubiläen aktiv zur Stärkung der Verankerung des Theaters im kollektiven Gedächtnis genutzt: 1926 war das 125-jährige Bestehen des Theaters mit einer entsprechenden Festvorführung begangen worden, die in drei Abteilungen durch die populärsten Werke aus der Geschichte des Theaters führte, darunter auch eine Arie aus Beethovens *Fidelio*. Zusätzlich gab Marischka die von Raoul Biberhofer verfasste Gedenkschrift *125 Jahre Theater an der Wien 1801 bis 1926* heraus.

Das linke Relief greift eine Szene aus *Fidelio* auf und nimmt damit direkt Bezug auf den im Text genannten Grund der Denkmalsstiftung. Dargestellt ist eine Schlüsselszene aus dem zweiten Akt der Oper, in der sich die als Fidelio verkleidete Leonore zu erkennen gibt und mit gezogener Pistole schützend zwischen ihren Geliebten Florestan und dessen Widersacher Don Pizarro stellt. Die abgebildete Personengruppe vereint die drei Hauptfiguren des Werkes: In der Mitte ist der jugendliche Fidelio zu sehen, den einen Arm abschirmend vor dem rechts stehenden, in Ketten gelegten Florestan ausgebreitet, während er mit der anderen Hand die Pistole auf den in einen Mantel gehüllten Don Pizarro richtet.

Das rechte Seitenrelief zeigt ebenfalls eine Figurengruppe, die jedoch nicht dem *Fidelio* entstammt. Hier wenden sich drei Frauen teils jubelnd, teils abschirmend der am Horizont aufgehenden Sonne zu. Damit bediente sich der Künstler Leisek eines in den Jahren nach dem Ersten Weltkrieg ausgesprochen beliebten Motivs der Beethoven-Ikonographie, das insbesondere der bildlichen Interpretation seiner Kompositionen diente und ebenso in der Gestaltung weiterer Beethoven-Denkmäler zu finden ist. In der Symbolik der damaligen Zeit drückten die sich dem Licht zuwendenden

Gestalten »die Sehnsucht und die Hoffnung der menschlichen Seele auf Erlösung« aus; Leisek verwendete damit eine zur Zeit der Entstehung der Gedenktafel »populäre und allgemein verständliche Symbol- und Formsprache«[17]. Gedeutet wurde die allegorische Darstellung in diesem Rahmen jedoch unterschiedlich: die Frauen ließen »in leidenschaftlicher Ergriffenheit die Musik des Meisters auf sich einwirken«[18] bzw. stellten eine »Versinnbildlichung der Musik Beethovens«[19] oder gar »eine Szene aus ›Fidelio‹ allegorisch«[20] dar.

In der Presse wurde das Relief wahlweise als »Beethoven-«[21] oder als »›Fidelio‹-Gedenktafel«[22] bezeichnet. In der Tat überlagern sich hier verschiedene Erinnerungsaspekte: Anlass der Stiftung, auf den auch die Haupttafel Bezug nimmt, war sicherlich der 100. Todestag Beethovens, der mit der Zentenarfeier einen feierlichen Rahmen für die Einweihungsfeier der Tafel bot. Das Ereignis, das an diesem speziellen Ort erinnert werden sollte, war jedoch die Uraufführung von Beethovens einziger Oper *Fidelio*, was im ersten Teil der Sockel-Inschrift zum Ausdruck gebracht wurde. Auch in der zeitgenössischen Berichterstattung stand das Gedächtnis der ersten Aufführung im Vordergrund.[23] Andere im Theater an der Wien entstandene oder uraufgeführte Kompositionen oder gar der Wohnort Beethovens fanden keine Beachtung; das Theater wurde dezidiert als Ort der Uraufführung des *Fidelio* erinnert.

1962 – WECHSELVOLLE GESCHICHTE EINES TRADITIONSREICHEN HAUSES

Nach der Stiftung der Gedenktafel 1927 erlebte das Theater an der Wien eine wechselvolle Geschichte, in deren Verlauf die ursprüngliche Relieftafel einer neuen Steintafel weichen musste. Im Jahr 1939 zunächst geschlossen, öffnete das Haus mit einer Aufführung des *Fidelio* am 6. Oktober 1945 als Übergangsquartier der ausgebombten Staatsoper. Als diese im Oktober 1955 in ihr eigenes Haus zurückkehren konnte, wurde das Theater an der Wien erneut geschlossen.[24] Nachdem zunächst eine Verwendung als Kino oder

Großgarage zur Debatte stand, kaufte die Stadt Wien das inzwischen stark verfallene Theater schließlich im April 1960 der letzten Privatbesitzerin, der Familie Marischka, ab. Die geplante Instandsetzung beabsichtigte »auf die Geschichte des Theaters Rücksicht zu nehmen und die Erinnerung an alle Persönlichkeiten, die mit dem Theater verbunden waren, für die kommenden Generationen zu bewahren«[25]. Ab November 1960 wurde der Gebäudekomplex unter der Leitung von Otto Niedermoser umfangreich renoviert und mit einer modernen Bühnentechnik ausgestattet.[26]

Die feierliche Eröffnung fand am 28. Mai 1962 vor über 1000 Festgästen statt. In ihren Festreden nahmen Kulturstadtrat Hans Mandl und Bundespräsident Adolf Schärf ausführlich auf die traditionsreiche Geschichte des Hauses Bezug. Mandl begann seinen Überblick über die erinnerungswürdigen Ereignisse dieses »für die europäische Theatergeschichte so bedeutenden Hauses« bei der Uraufführung von Beethovens »Freiheitsoper« *Fidelio*, die den Beginn des Ruhmes des Theater an der Wien markiere. Dass insbesondere *Fidelio* im kollektiven Gedächtnis einen besonderen Platz einnimmt, verdeutlichte auch sein Verweis auf die Wiedereröffnung 1945 mit diesem Werk:

> Diese denkwürdige Aufführung am 6. Oktober 1945 bleibt wohl allen, die sie miterleben durften, in dauernder Erinnerung: Die Hintergrundmauer des Bühnenhauses mit ihrem schweren Abschlußtor bildete damals die einzige Dekoration. Aber diese Notlösung war gleichsam eine Demonstration des alle Schwierigkeiten überwindenden Kulturwillens dieser Stadt und der Chor der Gefangenen, aus dem Dunkel ihres Kerkers kommend, hatte ergreifende Aktualität.[27]

Als erste szenische Darbietung im neu eröffneten Theater wurde am 30. Mai 1962 allerdings nicht *Fidelio*, sondern Mozarts *Zauberflöte* unter Herbert von Karajan gegeben. Seine neue Bestimmung erhielt das Haus als Spielort der Wiener Festwochen und Bühne für internationale Gastspiele. Neuer künstlerischer Direktor wurde Fritz Klingenbeck, dem jedoch nur ein mäßiger Erfolg beschieden war, sodass er bereits 1965 von Rolf Kutschera abgelöst wurde, der das Theater an der Wien in den folgenden Jahren ganz auf ein Musical-Repertoire ausrichten sollte. Was aber tat sich währenddessen an der Außenmauer neben dem Papageno-Tor? Können die in Stein gemeißelten Gedenktafeln solchen Zeitläufen nachgehen?

UNKLARHEITEN: AUSTAUSCH DER GEDENKTAFELN?

Unklar ist, wann genau sich das gewandelte Beethoven-Gedenken in einer Veränderung der Gedenktafel niederschlug. Und so müssen (zumindest vorläufig) einige Indizien genügen. Den einzigen Hinweis auf den möglichen Entstehungszeitraum der neuen Beethoven-Gedenktafel liefert die Übersicht »Wien Kulturgut: Kunstwerke im öffentlichen Raum« der Stadt Wien (www.wien.gv.at/kultur/kulturgut/kunstwerke), in der die Anbringung der Tafel auf die Jahre 1960/62 datiert und damit in das zeitliche Umfeld der Renovierung des Theaters gerückt wird. Die amtliche und journalistische Berichterstattung rund um die Wiedereröffnung des Theater an der Wien 1962 geben jedoch keinen Hinweis auf die Anbringung einer neuen Gedenktafel. Dafür, dass die ursprüngliche Tafel des Wiener Männergesang-Vereins noch bis zum Beginn der Renovierungsarbeiten an ihrem Platz verblieb, sprechen allerdings Quellen aus den 1950er Jahren. Die auf einem 1956 abgeschlossenen Manuskript beruhende Arbeit Kurt Smolles über die *Wohnstätten Ludwig van Beethovens von 1792 bis zu seinem Tod* kennt die ursprüngliche Gedenktafel noch.[28] Auch Fotografien des Papageno-Tores aus den Jahren 1952 und um 1960 zeigen die erste Tafel, Ende des Jahrzehnts jedoch bereits in Koexistenz mit der Tafel der städtischen Aktion »Wien – eine Stadt stellt sich vor«, die erstmals 1956 im Rahmen der Wiener Festwochen realisiert wurde (Abb. 12).[29] Im Zug der Renovierungsarbeiten am Theater, die auch die Gebäudefassade umfassten, wurde die ursprüngliche Tafel mutmaßlich entfernt.[30] Der Verbleib der 1927 gestifteten Tafel ist weder der Stadt noch dem Theater bekannt.[31]

Abb. 12: Theaterfassade mit der Gedenktafel von 1927 und der städtischen Tafel, Fotografie um 1960.

Abb. 13: Theaterfassade mit Papageno-Tor und städtischer Tafel, jedoch ohne Beethoven-Gedenktafel, Fotografie von Otto Simoner 1966.

Tatsächlich dokumentiert eine Reihe von Fotografien aus den 1960er Jahren, auf denen Otto Simoner das Papageno-Tor aus unterschiedlichen Perspektiven ablichtete,[32] dass die ursprüngliche Gedenktafel zwar entfernt, eine neue Tafel jedoch nicht vor Ende 1969 angebracht wurde. Aufnahmen bis zum November 1969 zeigen auf der neu verputzten Sockelzone mit Bandrustika links des Papageno-Tores ein Straßenschild, das die Passage als Millöckergasse ausweist. Unter dem Straßennamen hängt nun die städtische Tafel mit dem noch heute zu lesenden Schriftzug »THEATER AN DER WIEN. 1797–1801 nach Entwurf von Franz Jäger erbaut. Später mehrmals umgestaltet«. Weitere Gedenktafeln befinden sich zu diesem Zeitpunkt jedoch noch nicht an der Fassade (Abb. 13). Die heutige Beethoven-Gedenktafel scheint somit erst in einem deutlichen zeitlichen Abstand zu den Renovierungsarbeiten angebracht worden zu sein.

Obgleich sich die Tafel an einem Gebäude in öffentlicher Trägerschaft befindet und ihre Anbringung mit der Versetzung der städtischen Tafel einher ging, bleiben Zeitpunkt und Umstände der Entstehung im Dunkeln. Da keine Genehmigung von Seiten der Stadt notwendig war, liegt keine Dokumentation über eine offizielle Abnahme vor; auch beim Theater ist die Anbringung nicht dokumentiert. Fest steht lediglich, dass die neue Beethoven-Gedenktafel spätestens Mitte der 1980er Jahre entstand, da in einem 1988 erschienenem Band über *Wiener Musikergedenkstätten* eine Gedenktafel neben dem Papageno-Tor beschrieben wird, die darauf hinweise, »daß wir es hier auch mit einer speziellen Beethoven-Stätte zu tun haben«[33].

1970 – NEUER BLICK AUF DIE WIRKUNGSORTE BEETHOVENS

Nicht ganz abwegig erscheint die Anbringung der neuen Beethoven-Gedenktafel im Zuge des Beethoven-Jahres 1970 anlässlich des 200. Geburtstags des Komponisten. Während die Wissenschaft zunehmend um eine kritische Einordnung des Komponisten bemüht war und der *Spiegel* eine Ausgabe mit »Beethoven. Abschied vom Mythos«[34] betitelte, blieb das Bild vom tauben Genie in der Öffentlichkeit omnipräsent. Die Wiener Festwochen nahmen den 200. Geburtstag des Komponisten mit einem Beethoven-Schwerpunkt im Programm auf; eröffnet wurde das Festival am 24. Mai mit einer Neuinszenierung des *Fidelio* im Theater an der Wien. Zudem fand erneut eine Beethoven-Ausstellung im Rathaus statt, deren pathetischer Grundton sich im Vergleich zu 1927 keineswegs gewandelt hatte. Der Ausstellungstitel »Die Flamme lodert« nahm nicht nur auf die Anfangsworte des von Beethoven vertonten »Opferliedes« von Friedrich von Matthisson Bezug, sondern sollte auch eine Reminiszenz an Prometheus evozieren, mit dem Beethoven gleichgesetzt wurde:

> Und gibt es, unter allen den schöpferischen Großen der abendländischen Tonkunst, eine zweite Künstlerpersönlichkeit, deren heroisches Kämpfertum, für die Erleuchtung und Erhebung der Menschheit mit eigenem, übermenschlichem Leiden zahlend, eher dem Prometheusschicksal vergleichbar wäre als eben Beethoven?[35]

Auch das Gedenkjahr 1970 offenbarte ein besonderes Interesse an den Wiener Wirkungsorten Beethovens. Das 1967 von der Gemeinde Wien gekaufte »Heiligenstädter-Testamenthaus« wurde rechtzeitig zum Geburtstag des Komponisten im Dezember 1970 als Gedenkstätte eröffnet. Wie bereits 1927 wurde das Programm der Festwochen durch tägliche Rundfahrten zu den Beethoven-Gedenkstätten ergänzt, an denen rund 2.600 Besucher*innen teilnahmen.[36] Der österreichische Musikschriftsteller Rudolf Klein, der im selben Jahr den Band *Beethovenstätten in Österreich* veröffentlichte, fragte in einem Vortrag im Verein für Geschichte der Stadt Wien am 11. Dezember 1970 sogar ausdrücklich: »Wo fehlen Beethoven-Gedenktafeln?«[37] In einer Auflistung der seiner Meinung nach fehlenden Gedenkstätten taucht das Theater an der Wien allerdings nicht auf, obwohl sich Klein in einem Beitrag sogar explizit mit dem Theater als Wohn- und Aufführungsort Beethovens befasste.[38]

Obwohl die Anbringung einer neuen Gedenktafel im Zuge des Gedenkjahres 1970 damit durchaus naheliegen mag, fehlen jedoch Beweise hierfür – so ist nicht ausgeschlossen, dass die Tafel sogar noch später entstand.[39]

»LUDWIG VAN BEETHOVEN WOHNTE IM THEATER AN DER WIEN« – DIE NEUE GEDENKTAFEL

Die heutige Gedenktafel tritt zwar in ihrer Platzierung links des Papageno-Tores die Nachfolge der 1927 gestifteten Tafel an, unterscheidet sich in ihrer Gestaltung jedoch grundlegend von dieser. Auf einer schlichten Steinplatte verweist ein gleichmäßig gesetzter Text auf die Verbindung Beethovens zum Theater an der Wien. In ihrer nüchternen Aufmachung ohne figürliche Darstellung hebt sich die Tafel deutlich von der vorhergehenden emphatischen Huldigung ab. Der informative Charakter des Inhalts, der durchgehend Bezug auf den spezifischen Ort nimmt, steht im Vordergrund. Die Tafelinschrift erinnert an drei Wirkungsfelder Beethovens am Theater an der Wien: Das Theater wird als zeitweiliger Wohn-, als Arbeits- und Uraufführungsort markiert. Obwohl *Fidelio* einen prominenten Platz einnimmt, werden mit der Dritten Symphonie und der *Kreutzersonate* noch weitere dort entstandene Kompositionen genannt und ebenso auf die Erstaufführung anderer Werke verwiesen. Damit wird weder Beethoven im Allgemeinen noch eine einzelne Komposition im Speziellen geehrt, sondern im Rahmen der begrenzten Möglichkeiten einer Gedenktafel der konkreten musikkulturellen Wirkungsfelder Beethovens an diesem Ort gedacht. Ein Hinweis auf die Initiator*innen der Gedenktafel fehlt indes komplett, sodass Anlass und (Hinter-)Grund der Stiftung unbestimmt bleiben. Auch eine offizielle Enthüllungsfeier ist nicht bekannt.

FIXPUNKT(E) IM KOLLEKTIVEN GEDÄCHTNIS

Im kollektiven Gedächtnis wachgehalten wird der ›Fixpunkt‹ »Beethoven im Theater an der Wien« durch kulturelle Formung, etwa in Gestalt der Gedenktafel, und institutionalisierte Kommunikation. Im Zusammentreffen dieser beiden Modi entstehen »Zeitinseln« (Jan Assmann), die aus dem Fluss der Alltagskommunikation heraustreten. Im Vergleich der Beethoven-Gedenktafeln werden dabei Veränderungen in der öffentlichen Erinnerungskultur deutlich. Der starken Emotionalisierung der Gedenktafel von 1927 mit ihrer Darstellung bewegter Szenen, ihrem pathetischen Text und der weihevollen Enthüllungsfeier stehen die Nüchternheit der neuen Tafel mit ihrer Schlichtheit in Gestaltung und Ausdruck, das Bemühen um einen möglichst breiten Informationsgehalt und ihre fast schon unscheinbare Präsenz im öffentlichen Raum gegenüber. Die Gedenktafeln geben damit nicht nur Auskunft über ein Moment der Vergangenheit, auf das sie sich beide gleichermaßen beziehen, sondern ebenso über die jeweilige Gegenwart ihrer Anbringung, die bestimmte Aspekte des historischen Ereignisses als für sie relevant festhält.

In der öffentlichen Wahrnehmung steht die Gedenktafel heute im Schatten des allbekannten Papageno-Tores. Die Zeiten heroischer Gedenkakte an Erinnerungsorten für Komponisten sind (weitgehend) vorbei, sodass wohl in erster Linie (musik)historisch interessierte Besucher*innen über Reiseliteratur auf die Tafel aufmerksam werden.[40] Ihr Alleinstellungsmerkmal am Theater an der Wien hat die Beethoven-Gedenktafel jedoch mittlerweile eingebüßt: Rechts des Papageno-Tores erinnern heute drei weitere Tafeln an Maximilian Steiner (1830–1880), Direktor des Theaters (1992), an Ralph Benatzky (1884–1957), Komponist und Textdichter (1997), sowie an Marie Geistinger (1836–1903), »Königin der Operette« und von 1869 bis 1875 gemeinsam mit Steiner als erste Frau Direktorin des Theater an der Wien (2007).

THEATER IN ZEITEN DES KRIEGES

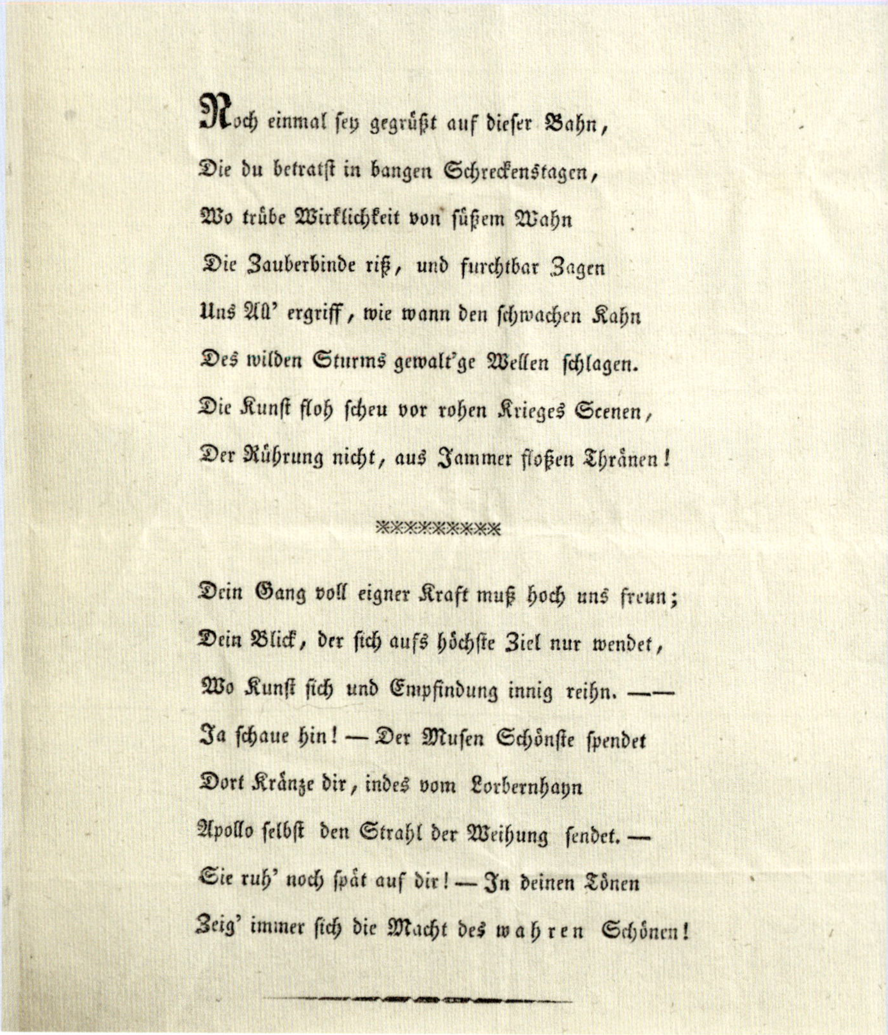
Noch einmal sey gegrüßt auf dieser Bahn,
Die du betratst in bangen Schreckenstagen,
Wo trübe Wirklichkeit von süßem Wahn
Die Zauberbinde riß, und furchtbar Zagen
Uns All' ergriff, wie wann den schwachen Kahn
Des wilden Sturms gewalt'ge Wellen schlagen.
Die Kunst floh scheu vor rohen Krieges Scenen,
Der Rührung nicht, aus Jammer floßen Thränen!

Dein Gang voll eigner Kraft muß hoch uns freun;
Dein Blick, der sich aufs höchste Ziel nur wendet,
Wo Kunst sich und Empfindung innig reihn. ——
Ja schaue hin! — Der Musen Schönste spendet
Dort Kränze dir, indes vom Lorbernhayn
Apollo selbst den Strahl der Weihung sendet. —
Sie ruh' noch spät auf dir! — In deinen Tönen
Zeig' immer sich die Macht des wahren Schönen!

Abb. 14: Stephan von Breuning, *An Herrn Ludwig van Beethoven, als die von ihm in Musik gesetzte, und am 20. November 1805 das erstemal gegebene Oper, jetzt unter der veränderten Benennung Leonore wieder aufgeführt wurde*, [Wien 1806]. Bereits zur Uraufführung hatte von Breuning von der Galerie aus ein Gedicht im Publikum verteilen lassen.

Clemens Kreutzfeldt

»DIE KUNST FLOH SCHEU VOR ROHEN KRIEGES-SCENEN«

ZWEI WIENER THEATERBESUCHER IN ZEITEN FRANZÖSISCHER BELAGERUNG

Oper inmitten von Kriegszeiten: Als Ludwig van Beethovens *Fidelio* im November 1805 im Theater an der Wien uraufgeführt wurde, befand sich die Stadt Wien im Belagerungszustand. Wie nachhaltig dies in Erinnerung blieb, zeigte sich schon wenige Monate später, als am 29. März 1806 *Fidelio* ein zweites Mal auf die Bühne gebracht wurde. Beethovens Freund Stephan von Breuning (1774–1827) ließ ein Gedicht drucken, das flugblattähnlich anlässlich der Wiederaufnahme im Theater verteilt wurde (Abb. 14).

Das Gedicht ruft in Erinnerung, unter welch schwierigen Umständen nur wenige Monate zuvor die Uraufführung am selben Ort stattgefunden hatte. Denn als sich am Abend des 20. Novembers 1805 der Vorhang des Wiener Vorstadttheaters hob und die (heute als *Leonore*-Ouvertüre Nr. 2 op. 72a bekannte) Musik einsetzte, lag eine ereignisreiche Woche hinter der Bevölkerung der Stadt. Nur sieben Tage zuvor, am 13. November, hatten die französischen Truppen Wien besetzt und Napoleon tags darauf in Schloss Schönbrunn Quartier bezogen. Den Winter über blieb Wien belagert, erst am 13. Januar 1806 zog das französische Militär wieder ab.

Nicht nur die Uraufführung selbst fand in diesen »bangen Schreckenstagen« statt, auch bei den Vorbereitungen hatte das Theater mit kriegsbedingten Schwierigkeiten zu kämpfen. Der eigentlich auf den 15. Oktober 1805 angesetzte Premierentermin musste um mehrere Wochen verschoben werden, unter anderem weil der Zensor die Aufführung der Oper wegen ihres politischen Zündstoffs untersagt hatte. Dem Librettisten Joseph Sonnleithner (1766–1835) gelang es schließlich mit Verhandlungsgeschick und dem Versprechen, diverse Änderungen am Libretto vorzunehmen, eine Aufhebung des Verbots zu erwirken. Die Verzögerungen im Vorfeld aber führten schließlich dazu, dass die Uraufführung erst im November zustande kam, in den ersten Tagen der Belagerung – eine für Theatererfolge wenig prädestinierte Zeit inmitten politischer Wirren und konkreter Kriegsgefahr. Zeitungen berichten von leeren Rängen und mäßigem Interesse. Die Leipziger *Zeitung für die elegante Welt* schrieb beispielsweise: »Man gab Fidelio, eine neue Oper von Beethoven; das Theater war gar nicht gefüllt, und der Beifall sehr gering.«[1] Darüber, in welcher Weise sich die Entstehungs- und Umarbeitungsgeschichte der Oper entwickelt hätte, wäre diese Premiere nicht mit den kriegerischen Ereignissen und der Besetzung Wiens kollidiert, ließe sich trefflich spekulieren! Vor allem aber sind die Umstände der Aufführungsgeschichte des *Fidelio* ein weiterer Hinweis darauf, dass die Geschichte des Musiktheaters »kein Ergebnis komponierter Qualität [ist] (wobei es selbstverständlich ohne diese Qualität nicht geht), sondern ein Prozess mit vielen Beteiligten, vielen Mitentscheidenden, vielen Gatekeepern, die wir nicht mitdenken, wenn wir über den Kanon von Opern sprechen.«[2] In diesem Zusammenhang spielt entsprechend auch die politische Lage Wiens im November 1805 eine zentrale Rolle, gespiegelt in jenen Kommentaren, die die Zeitzeugen über die Ereignisse dieser Tage und Wochen festhielten.

Zu diesen Zeitzeugen gehören zwei Tagebuchschreiber, die im Publikum saßen, als *Fidelio* im November 1805 auf die Bühne gebracht wurde: der österreichische Privatier Joseph Carl Rosenbaum (1770–1829) sowie der englische Mediziner Henry Reeve (1780–1814). Beide hielten ihre Beobachtungen und Erlebnisse in ihren Tagebüchern fest:[3] zwar nicht die konkreten Probenabläufe und die spezifisch musikalischen oder Theater-Bedingungen der ersten beiden Aufführungen, aber doch die Perspektive des Publikums und vor allem die politischen Ereignisse in Wien allgemein und im Theater im Besonderen. Denn mit der Belagerung war Vieles für die Bevölkerung ungewiss geworden, auch die zukünftige Entwicklung am Theater an der Wien. Konnte der Spielbetrieb aufrechterhalten werden? Welche Konsequenzen hatte das für die dort tätigen Akteure, für die Solistinnen und Solisten, Instrumentalisten, bis hin zu den Requisiteuren, Billetteuren oder Bühnenarbeitern? Die Aufzeichnungen der beiden Tagebuchschreiber enthalten Gedanken und Informationen, die beide im Augenblick der Niederschrift für relevant und erinnerungswürdig hielten. Selbstverständlich ist dabei die Perspektive von Rosenbaum und Reeve eine, die durch die Lebenswelt der beiden verhältnismäßig gut situierten Männer geprägt ist. Dabei gibt es einen Grundtenor in beiden Tagebüchern: Die täglichen Momentaufnahmen lenken den Blick auf die überall spürbare Ungewissheit über die politische und militärische Zukunft, den stockenden Informationsfluss für die Wiener Bevölkerung, das notwendige Vertrauen in die mündliche Überlieferung, einschließlich des Streuens von Fehlinformationen. Damit bekam das Theater eine unmittelbare und wichtige Funktion: als Ort des Informationsaustauschs. Wer aber waren die beiden Tagebuch-Schreiber, über die wir einen ›Blick ins Publikum‹ der *Fidelio*-Uraufführung werfen können?

HENRY REEVE – EIN ENGLISCHER ARZT AUF REISEN

Henry Reeve, in Hadleigh/Suffolk geboren, war bereits in jungen Jahren der Familientradition gefolgt und strebte eine Karriere als Arzt an. Mit sechzehn Jahren begann er, Chirurgie und Anatomie in Norwich zu studieren, bevor es ihn schließlich im Jahre 1800 an die Universität von Edinburgh zog und die Ernennung zu einem der vier Präsidenten der *Royal Medical Society* folgte. Reeve genoss die Gesellschaft der intellektuellen Szene von Edinburgh, u.a. war er Mitbegründer der *Edinburgh Review*, einer einflussreichen Zeitschrift für Literatur und Politik. Mit Abschluss seines *Medical Doctorate* zog er im Jahr 1803 nach London, wo er seine Studien fortsetzte und sich in der *Medical Society of London* engagierte. Begleitet von einem ehemaligen Kommilitonen aus Edinburgh – einem Schweizer Arzt, der in seine Heimat zurückzukehren beabsichtigte – trat Reeve im Frühjahr 1805 eine einjährige Reise auf den europäischen Kontinent an: zuerst in die Schweiz, wo sein Begleiter sich niederließ, dann nach Wien, wo Reeve am 30. September 1805 eintraf und bis Februar 1806 blieb. Während seiner Reise nutzte er jede Gelegenheit, mit den führenden medizinischen Akteuren und Institutionen in Kontakt zu treten. Reeves Tagebuch zeugt zudem von seinem regen Interesse für Musik, das in vielen seiner ausführlichen Beschreibungen von Theater- und Opernbesuchen hervorscheint. Auch von seinem Besuch bei dem 73-jährigen Joseph Haydn in dessen Wiener Wohnung ist im Tagebuch die Rede. Das Theater an der Wien findet in einem auf den 21. Oktober 1805 datierten Tagebucheintrag erstmals Erwähnung. »This is the most elegant theatre«[4], notierte Reeve, »the stage is very large, and well adapted for a spectacle«[5]. Er zeigte sich in seinen weiteren Schilderungen beeindruckt von den Hunderten Soldaten, die im Rahmen der Inszenierung von Antonio Salieris Oper *Palmyra, Königstochter von Persien* auf der Bühne Platz fanden.

JOSEPH CARL ROSENBAUM – WIENER PRIVATIER UND THEATER-EHEMANN

Auch Joseph Carl Rosenbaum war ein außergewöhnlicher Musikliebhaber, der nahezu täglich die Wiener Theater aufsuchte und im musikkulturellen Leben der Stadt eine bekannte Persönlichkeit war. Der gebürtige Wiener war zunächst in Eisenstadt als Praktikant in der Hauptbuchhaltung von Nikolaus II., Fürst Esterházy tätig, bevor er ab 1797 zu dessen Stallrechnungsführer in Wien ernannt wurde. Eine Liebesaffäre mit der Hofopernsängerin Therese Gassmann

Abb. 15: Joseph Carl Rosenbaum, porträtiert von Carl Hummel (1769–1820), Aquarell und Deckfarbe, 1815.

(1774–1837), die er schließlich 1800 heiratete, führte zu seiner Entlassung. Selbst die Fürsprache des mit ihm befreundeten Joseph Haydn konnte diese Entscheidung nicht aufheben. Die Heirat mit der Sängerin, die u.a. 1801 als Königin der Nacht in Mozarts *Zauberflöte* am Kärntnertortheater Erfolge feierte, galt als unstandesgemäß. Rosenbaum, der nach seiner Entlassung dank seiner Geschäftstüchtigkeit zum wohlhabenden Besitzer mehrerer Häuser in Wien geworden war, besuchte als Privatier regelmäßig Theater- und Konzertaufführungen. Die hier gewonnenen Eindrücke dokumentierte er in seinem Tagebuch. So lässt sich seinen Aufzeichnungen beispielsweise entnehmen, dass er die Bauphase des Theater an der Wien genau verfolgte und sowohl am Eröffnungstag, dem 13. Juni 1801, sowie am darauffolgenden Abend das neu errichtete Haus besuchte.[6]

»KRIEGES-SCENEN« IN DER STADT

Den Tagebuchaufzeichnungen von Reeve und Rosenbaum lässt sich bereits vor dem Einmarsch der Franzosen in Wien ein Umstand entnehmen, der für die Rezeption der Uraufführung *Fidelios* nicht folgenlos bleiben sollte. So notierte Reeve bereits Anfang November: »Several families, foreigners as well as natives, have left the town [...]«[7]. In einem weiteren Eintrag wenige Tage später heißt es: »People are flying in every direction; the road to Presburg and Brünn is crowded with carriages and carts, and all the neighbouring towns are filled with strangers.«[8] Wer die entsprechenden finanziellen Möglichkeiten hatte, versuchte, die Stadt zu verlassen, was den Nebeneffekt eines rasanten Preisanstiegs der Transportmöglichkeiten zur Folge hatte, wie Reeve feststellte. Für ihn selbst hieß das zunächst, in Wien bleiben zu müssen: »The list of impossibilities for getting away is so great, that I am resolved to stay.«[9] Auch Rosenbaum und seine Ehefrau beobachteten die Fluchtszenen. Er notierte in seinem Tagebuch: »Der Hof nimmt Alles [...] mit. Es scheint, als ob er nie mehr nach Wien kommen wollte.«[10] Damit hatte ein Großteil des Adels – und damit auch Beethovens Förderer und Fürsprecher – Wien verlassen, um sich im Umland in Sicherheit zu bringen. Dieser Umstand wirkte sich auch auf die Auslastung der Theater aus, denen nun ein Großteil ihrer Besucherinnen und Besucher abhandengekommen war.

Eine entsprechende Beobachtung hielt Reeve in Verbindung mit dem Besuch von *Othello, der Mohr von Venedig* im Kärntnertortheater am 12. November, dem Vorabend des Einmarsches der französischen Truppen, fest:[11] »Went to see ›Othello‹ performed at one of the great theatres; it was indeed a woeful tragedy. Some excuse may be made for the performers as they acted to empty benches; scarcely a hundred persons were in the whole house.«[12] Seine Enttäuschung über das Schauspiel ergänzte und relativierte er mit dem Hinweis »I was told it is greatly admired when well performed.«[13] Durch Reeves Schilderungen drängt sich die Vermutung auf, dass die Qualität der Darbietung der Schauspielerinnen und Schauspieler auf der Bühne von den politischen Ereignissen und den leeren Publikumsrängen nicht unberührt blieb. Dass der Opern- und Theaterbetrieb in diesen angespannten Zeiten dennoch nicht (zumindest vorübergehend) eingestellt wurde, war anscheinend politisches

Kalkül. Reeve notierte: »The directors of the theatres wished to shut them up during this time of alarm, but the magistrates ordered them to be open, and the people are to be amused whether they will or not.«[14] Die finanziellen Folgen dieser Anordnung werden nicht unerheblich gewesen sein. Mit einem funktionierenden Spielbetrieb sollte Alltag suggeriert und Ablenkung geboten werden, um – soweit möglich – Ruhe in der Stadt zu wahren. Auch folgende, auf den 7. November datierte Notiz Rosenbaums lässt sich vor diesem Hintergrund lesen: »Abends ins K[ärntnertor-]Th[eather]: *Gefangenschaft aus Liebe*. Die Direction muß denken das Publikum immer mit lustigen Stücken aufzuheutern, sie wird kaum eine Spur vom Endzweck erreichen.«[15] Dass diese Ablenkungsmanöver offenbar nur bedingt ihre gewünschte Wirkung erzielten, lässt folgender Eintrag Reeves erahnen: »[...] every child knows the enemy is at the gates, and nothing can hinder their coming.«[16] Dennoch war der genaue Zeitpunkt des Einmarsches der französischen Truppen den Aufzeichnungen von Rosenbaum und Reeve zufolge unbekannt, denn der Informationsfluss war stark eingeschränkt: »Ich wollte mehrere Briefe schreiben, aber alle Communication ist gesperrt, wir sind ganz abgeschnitten«[17], notierte Rosenbaum am Morgen des 13. Novembers. Auch Reeves Lektüre der *Wiener Zeitung* drei Tage zuvor war nicht ergiebig: »The government newspaper, published only twice a week, says not a word of the present state of affairs – the state of ignorance and mystery is almost incredible.«[18]

Am Mittag des 13. Novembers 1805 erfolgte schließlich der Einzug der französischen Armee. »Um ½12 Uhr strömte eine Menge Menschen zum Burg Thor herein, und alles rief, die Franzosen kommen«[19], notierte Rosenbaum. Und Reeve schrieb: »The French troops, cavalry and infantry, marched through Vienna all to-day, and during the night. Many thousands passed through [...].«[20] Beide hoben in ihren Aufzeichnungen den weitgehend friedlichen Verlauf der Besetzung hervor: »The greatest regularity and discipline prevailed, scarcely a word was spoken, and not the slightest affront or injury offered to any person; great politeness on the part of officers and men.«[21] In der Tat schienen Besatzer und Besetzte schnell mit-

Abb. 16: Entrée des français dans Vienne, le 14 Novembre 1805, Radierung, gestochen von Pigeot nach Le Compte, Entstehungszeitpunkt unbekannt. Die Ereignisse der Einnahme Wiens durch das französische Militär fanden auch in der im 19. Jahrhundert florierenden Historienmalerei – hier aus französischer Siegerperspektive – ihren Niederschlag.

einander in Kontakt zu kommen: »Die Franzosen betragen sich sehr artig […]. Man sieht selbe von Bürgern begleitet herumgehen, und überall Bekanntschaft machen!«[22] Die Präsenz marschierender Soldaten prägte auch in den darauffolgenden Tagen das Stadtbild. Wie viele Soldaten tatsächlich in der Stadt waren, blieb allerdings Teil der zahlreichen Spekulationen. Rosenbaum notierte am 16. November: »Viele im Publikum machten die Bemerkung bestimmt, sie hätten einige Regiment[er], sowohl Infant[erie] als auch Caval[erie], schon zweimal durch die Stadt marschieren sehen, weil sie die Offiziere davon kannten. So suchen die Franzosen die Wiener durch Menge zu täuschen.«[23]

Neben den fast pittoresk anmutenden Beschreibungen der Besetzung finden sich in beiden Tagebüchern aber auch Schilderungen von Not, Mangel und Gewalt. Deutlich werden etwa die gravierenden Auswirkungen des Belagerungszustands für die Wiener Bevölkerung: »Auf den [sic] Mehlmarkt bringen sich die Leute um 1/8 Mehl beinahe um, auf den übrigen Märkten ist beinahe nichts zu sehen niemand liefert etwas, die Folgen werden sehr drückend sein«[24], notierte Rosenbaum am 14. November und merkte am Folgetag an: »Auf dem Markt ist nichts zu finden. [...] Niemand wagt etwas hierher zu bringen, weil sie alles wegnehmen, sogar die Pferdten ausspannten. Auf den Dörfern gehen mehrere Excesse vor; sie wollen unwahrscheinlich gut bedient seyn, machen mehrere curiosen Forderungen, wollen öfters des Tages Coffee, Geflügel, besondere Weine und Brod.«[25] Darüber hinaus berichtet Reeve von der Einquartierung und Verpflegung von Offizieren in privaten Wohnhäusern:[26] »[...] the general officers and marshals, instead of having a long train of baggage, carry nothing with them, but put themselves into people's houses and live luxuriously at other people's expense.«[27] Rosenbaum notiert schließlich am 17. November 1805: »Alles fürchtet Hungersnoth mit allen ihren schrecklichen Folgen. Die Last der Einquartierung ist unerschwinglich [...].«[28] Auch seine Beschreibung eines Erlebnisses in einem Wirtshaus veranschaulicht die Spannungen, Konflikte und Gefahren: »Gestern Abends kam ein franz. Infantrist auf die Windmühl zum Lamm, forderte Essen, Trinken und Quartier, und als ihm dieß in Fülle gereicht wurde, auch ein Mensch zur zeitlichen Freude, dieß konnte nicht gleich hergeschafft werden, also ergriff er die Wirthin, und als sie ihm entwischte, schoß er eine Pistolle nach ihr ab [...].«[29] In beiden Tagebüchern spielt nicht zuletzt auch die Sicht- und Hörbarkeit des Krieges eine zentrale Rolle. Das Auftreten von Kriegsgefangenen im Wiener Stadtbild wird ebenso beschrieben wie etwa die Kulisse der Kriegsszenen, die sich zwar außerhalb der Stadtgrenzen abspielten, aber noch deutlich im Zentrum wahrzunehmen waren. So notierte Reeve etwa: »Cannon is heard, and the smoke of some villages burning can be distinctly seen; many hundred wounded Frenchmen are brought and placed in the hospitals. Nothing certain is known.«[30]

DER THEATERBETRIEB GEHT WEITER

Dass trotz dieser Ereignisse und trotz eines zahlenmäßig stark geschrumpften Publikums der Theaterbetrieb samt den Vorbereitungen auf anstehende Premieren fortgeführt wurde, belegen vor allem die Aufzeichnungen Rosenbaums. Seinen Tagebucheinträgen lässt sich entnehmen, dass seine Ehefrau Therese Gassmann in der Woche vor der Uraufführung des *Fidelio* nahezu täglich damit beschäftigt war, sich auf ihre Rolle in Charles-Henri Plantades Oper *Palama oder die Reise nach Griechenland*[31] vorzubereiten, die am 28. November 1805 im Kärntnertortheater gegeben wurde. Auch spielte Therese Gassmann im Burgtheater in der Oper *La capricciosa ravveduta (Die gebesserte Eigensinnige)* – vermutlich aus der Feder des italienischen Komponisten Francesco Bianchi (1752–1810).[32] Zugleich ging Joseph Carl Rosenbaum selbst routiniert seinen Theaterbesuchen weiter nach, er notierte regelmäßig das Theaterprogramm wie auch die Wetterlage in seinem Tagebuch. Seine Einträge zeigen allerdings, dass die Theater ebenso wie der Rest der Stadt sichtbar von der französischen Besetzung geprägt waren. So notierte er noch am 13. November: »In beyden Theat[ern] waren einige Offiziere, sonst sehr leer.«[33] Doch bereits am Folgetag schien sich beispielsweise das Burgtheater bereits zu einem willkommenen Rückzugsort für französische Militärangehörige entwickelt zu haben: »Ich ging mit Therese […] ins Burgtheater ›Horatier‹. Es waren viele Offiziere darin, das Part[erre] noble voll.«[34] Auch für den 15. November findet sich eine Beschreibung der Theater-Präsenz der Besatzer: »Ich war in beyden Theatern […]. In beyden waren Franzosen […].«[35] Aus finanzieller Perspektive dürften die französischen Militärangehörigen nach dem Ausbleiben des lokalen Publikums, welches aus der Stadt geflüchtet war, nicht völlig unwillkommene Gäste gewesen sein. Und dass die Theater auf diese neue Zusammensetzung ihres Publikums reagierten, belegt die Aufnahme ergänzender französischer Bezeichnungen auf den Theaterzetteln. Sowohl Rosenbaum als auch Reeve notierten dies beobachtend in ihren Tagebuchaufzeichnungen: »Heute sind in beyden Hoftheatern die

Zettel französisch – versteht sich Titel – gedruckt, und die Preise beigesetzt«[36], notierte Rosenbaum, und Reeve – dem auch die zweisprachigen Plakate in der Stadt mit Verhaltensanweisungen an die Bevölkerung ins Auge gesprungen waren – schrieb: »These placards are printed in French and German, and so are the play-bills.«[37]

Anhand der Aufzeichnungen Rosenbaums wird zudem deutlich, dass das Theater nicht nur der musikalischen Unterhaltung diente, sondern auch einen wichtigen Ort der Kommunikation bzw. des sozialen Austauschs darstellte. Gerade diese Funktion wurde in Zeiten von wenigen und unsicheren Nachrichten umso wichtiger. So ist einem auf den 15. November 1805 datierten Eintrag Rosenbaums zu entnehmen: »Beym Theat[er] sagte [man] mir [...], daß der Rapport kam, daß auf der grossen Donau viele tote Franzosen herabschwammen; vermutlich ist zwischen Stockerau und Crems etwas vorgefallen.«[38] Die Notiz belegt auch, dass trotz relativer Ruhe in der Stadt das kriegerische Treiben vor den Toren der Stadt keineswegs vergessen, sondern stetig präsent war und für Gesprächsstoff sorgte. Ein Eintrag des Folgetages bestätigt dies: »Im B[urg-]T[heater] hörte ich, Napoleon erwarte hier den Kurfürsten von Bayern, um ihm provisorisch die Regierung zu übergeben [...]. In beyden Theat[ern] leer, besonders im K[ärntnertor-]T[heater], da blieb ich der Comp[agnie] wegen.«[39] Die Bedeutung des Theaters als Ort der Kommunikation und des sozialen Austauschs veranschaulicht auch Rosenbaums nahezu allabendlicher Wechsel zwischen den beiden innerstädtischen Spielstätten. Zu dem in den Theatern aufgegriffenen Gesprächsstoff zählen auch folgende Beschreibungen Reeves von vergnügten und überheblichen französischen Militärangehörigen: »Many French officers are now to be seen at the theatres merry and gay; joking about going to Constantinople and Poland, indulging themselves in all sorts of pleasure [...].«[40]

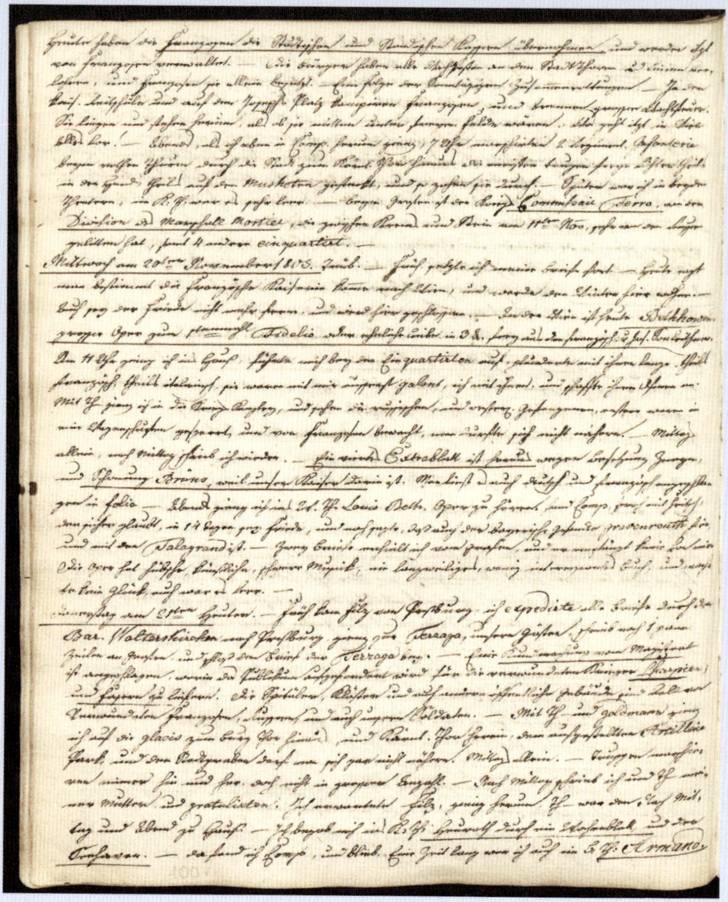

Abb. 17: Joseph Carl Rosenbaum, Tagebuchautograph, Eintrag vom 20. November 1805.

FIDELIO IN DEN TAGEBUCH-AUFZEICHNUNGEN

Rosenbaums und Reeves Tagebucheinträge zu ihren Besuchen der *Fidelio*-Aufführungen am 20. und 21. November 1805 fallen recht unterschiedlich aus. »An der Wien ist heute Beethovens grosse Oper zum 1tenmal Fidelio oder die eheliche Liebe, in 3 A[kten], frey aus dem Französischen v[on] Jos[eph] Sonnleithner«[41], heißt es in einer der ersten Zeilen von Rosenbaums morgendlicher Tagebuchniederschrift (Abb. 17). Es folgt eine Beschreibung seines Tagesablaufs, der einen Besuch der Kriegsgefangenen sowie Unterhaltungen mit den Besatzern »theils auf französisch, theils auf italienisch«[42] enthielt. Über den abendlichen Besuch im Theater berichtet er: »Abends ging ich ins W[ien] T[heater], Louis Be[e]t[hovens] Oper zu hören. Fand Comp[agnie], sprach Fritsch, der sicher glaubt, in 14 Tagen sey Friede, und noch sagte, daß auch der bayrische Gesandte Gravenreuth hier und mit Talayrand [sic!] ist. […] Die Oper hat hübsche, künstliche, schwere Musick, ein langweiliges, wenig interessantes Buch und machte kein Glück; auch war es leer.«[43] Die Abfolge der Sätze verrät nicht nur eine gewisse Routine im Niederschreiben der Theaterereignisse, sondern lässt auch erahnen, wie Rosenbaum die Details gewichtete: Nach dem einleitenden Satz zu seinem Theaterbesuch widmet Rosenbaum seine Gedanken zunächst den sozialen Begegnungen im Theater an der Wien (»Fand Compagnie«), gefolgt von den neuesten Erkenntnissen bzw. Vermutungen über die Entwicklung der politischen Lage, die er aus dem Kreise anderer Theaterbesucher erhielt. Erst im letzten Satz seiner Tagebuchaufzeichnung für den 20. November schrieb er seine persönliche Beurteilung von *Fidelio* nieder.

Reeve widmet sich in seinen Tagebuchaufzeichnungen ausführlicher dem Besuch der *Fidelio*-Aufführung. Zugleich aber ist die Notiz keine unmittelbare Aufzeichnung, sondern ein Rückblick, denn Reeve schrieb seinen Tagebucheintrag für den 21. November mit der Beschreibung des Besuchs im Theater an der Wien vermutlich erst einige Tage später. Offenbar kam er erst am 27. November dazu, über die Theater-Ereignisse zu berichten.

> Went to the Wieden Theatre to the new Opera »Fidelio«, the music composed by Beethoven. The story and plan of the piece are a miserable mixture of low manners and romantic situations; the airs, duets, and choruses equal to any praise. The several overtures, for there is an overture to each act, appeared to be too artificially composed to be generally pleasing, especially on being first heard. Intricacy is the character of Beethoven's music, and it requires a well-practised ear, or a frequent repetition of the same piece, to understand and distinguish its beauties. This is the first opera he ever composed, and it was much

> applauded; a copy of complimentary verses was showered down from the upper gallery at the end of the piece. Beethoven presided at the pianoforte and directed the performance himself. He is a small dark young-locking man, wears spectacles [...]. Few people present, though the house would have been crowded in every part but for the present state of public affairs.[44]

Unmittelbar scheint der Eindruck durch die Lektüre des Tagebucheintrags zu sein: die romantische Szenerie der Rettungsoper auf der Bühne, wenige Menschen im Publikum, von der Galerie regnet es von Breunings Flugblatt mit der ersten Fassung seines *Fidelio*-Gedichts.[45] Doch die Aufzeichnungen des Zeitzeugen Reeve sind das, was sie sind: Erinnerungen. Dass Beethoven vom Klavier aus dirigiert haben soll, widerspricht den Angaben des Kapellmeisters Ignaz von Seyfried, der schrieb: »Die Oper studirte ich selbst nach seiner Angabe mit dem Sänger-Personale ein, hielt alle Orchesterproben und leitete persönlich die Vorstellungen.«[46] So sind die Tagebuchaufzeichnungen, neben unmittelbaren, intimen Einblicken in die Lebenswelten, immer auch Erinnerungen, die sich – gerade in Kriegszeiten – verformen.

Anke Charton

FRANCESCA, LEONORE, ELEONORE

WEIBLICHKEITSENTWÜRFE ZWISCHEN FRANZÖSISCHER REVOLUTION UND WIENER KONGRESS

ZEITLÄUFTE

Im Januar 1804 erwähnte Beethoven zum ersten Mal brieflich seine Auseinandersetzung mit dem *Fidelio*-Stoff für eine Oper. Im selben Jahr heiratete Francesca Scanagatta, Oberleutnant im Ruhestand der k.k. Armee und Absolventin der Theresianischen Militärakademie, den Leutnant Coelestin Spini; im November krönte sich Napoleon zum Kaiser aller Franzosen.

Im Frühjahr 1814 erlebte die dritte und letzte Fassung des *Fidelio* ihre Uraufführung am Wiener Kärntnertortheater, mit Friedrich Rückerts *Gesammelten Sonetten* erschien im selben Jahr auch *Auf das Mädchen aus Potsdam, Prochaska* vom Lützower Jägercorps. Im Herbst begann der Wiener Kongress, der das postnapoleonische Europa restaurativ festschrieb.

In der bewegten Zeit zwischen Französischer Revolution und den Eroberungs- und Befreiungskriegen um Napoleon, bis hin zur Zäsur des Wiener Kongresses, waren Frauenfiguren wie Beethovens Leonore, die in Männerkleidung heroische Taten vollbringt, offenbar ein Vexierbild, das sowohl auf der Bühne als auch in der sozialen Realität die Umbrüche in den Gesellschafts- und Geschlechtervorstellungen zu Beginn des 19. Jahrhunderts zu verhandeln vermochte.

Abb. 18: Anonymes Porträt der Eleonore Prochaska.

Abb. 19: Francesca Scanagatta, Lithographie.

Die Klammer dieser zehn Jahre – von 1804 bis 1814 – lässt sich in Bezug auf Beethoven und das Theater an der Wien noch ein wenig weiter spannen: Früher schon erfolgte der Theaterbau, 1801. Im gleichen Jahr nahm Scanagatta, noch unerkannt, ihren Abschied aus der Armee. Und auch als Wohnsitz Beethovens diente das Haus bereits während seiner Auseinandersetzung mit Heroismus in seiner *Eroica*. Deren erste Skizzen entstanden 1802, dem Sterbejahr einer weiteren Soldatin der k.k. Armee, Johanna Sophia Kettner.

Der emblematische Trauermarsch des zweiten Satzes der *Eroica*, dessen Verwendung im symphonischen Zusammenhang eine Neuerung darstellte, ist ein Format, auf das Beethoven 1815, nach der Uraufführung der dritten und endgültigen Fassung des *Fidelio*, erneut zurückgriff: Ein Trauermarsch ist Teil der Schauspielmusik (WoO 96) zum verschollenen und vermutlich nie gespielten Drama *Leonora Prohaska* (1815) des preußischen Geheimsekretärs Friedrich Duncker um die preußische Soldatin Eleonore Prochaska. Bereits 1814 war Rückerts *Auf das Mädchen aus Potsdam* veröffentlicht worden, ebenso wurde in Wien 1814 eine Variante des Stoffs, *Das Mädchen aus Potsdam*, gespielt.

Es lassen sich hier zwei zeitliche Pole markieren: auf der einen Seite der Zeitraum des Kompositionsauftrags und der Uraufführung sowie der napoleonischen Machtausdehnung bis Wien, auf der anderen Seite der Zeitraum der Premiere der dritten Fassung am Kärntnertortheater und des Wiener Kongresses. Zwischen diesen beiden zeitlichen Polen liegen mit den Befreiungskriegen gegen Napoleon, die große Teile Europas überzogen, auch immer wieder Auseinandersetzungen um gesellschaftliche Normvorstellungen, die insbesondere auch die Aushandlung eines primär bürgerlichen Geschlechterbildes betrafen. Hier wurde um Eigenschaften wie Opferbereitschaft, Patriotismus, Heldenhaftigkeit und Empfindsamkeit vor dem Hintergrund einer männlichen oder weiblichen Zuordnung gerungen. Das Auftreten von Frauen in Männerkleidung, häufig auf Reisen, war dabei ein bekanntes Bild; ebenso sind Fälle einzelner, als Männer dienender Soldatinnen auch aus früheren Jahrhunderten bekannt, wobei die Dunkelziffer deutlich höher liegen dürfte.

Scanagatta und Kettner wurden beide in Ehren entlassen und von Franz II./I. bzw. Maria Theresia auch nach dem Bekanntwerden ihres Geschlechts mit einer Pension versorgt. Im Rahmen einer frauentypischen Biographie erreichten beide ein fortgeschrittenes Alter. Anders Eleonore Prochaska: Sie starb an den Folgen einer Verletzung in der Schlacht bei Danneberg 1813 im Militärdienst. Im Zuge der tödlichen Verletzung wurde ihre Verkleidung als Mann enttarnt. Prochaskas Biographie wurde umgehend zu einer Projektionsfläche im Narrativ der Befreiungskriege, auf der sich Geschlechtergrenzen überschreitendes Handeln ebenso abbilden ließ wie eine als weiblich inszenierte Aufopferung. Es ist dabei bezeichnend, dass die starke Resonanz dieser Figur – die der unerkannt dienenden Soldatin – auf die Zeit des frühen 19. Jahrhunderts begrenzt scheint. Spätere Auseinandersetzungen mit Prochaska und Scanagatta – bis hinein in die gegenwärtige Geschlechterforschung wie auch Belletristik – lösten nicht dasselbe Echo aus. Auch andere Fälle von Soldatinnen des späteren 19. und frühen 20. Jahrhunderts wurden nicht in derart populäre Narrative umgewandelt.

ELEONORE PROCHASKA UND FRIEDERIKE KRÜGER: DIE SOLDATIN ALS FIKTION

Prochaskas Biographie wurde über konfessionelle und nationale Grenzen hinweg auch in Wien künstlerisch rezipiert. Sie fiel in eine Zeit, in der Weiblichkeit vor dem Hintergrund sich verändernder Klassenhierarchien und nationaler Narrative neu verhandelt wurde: Patriotismus oder überindividuelle Empathie (wie bei Beethovens Leonore) machten in der Extremsituation des Krieges auch für Frauen ein Verhalten vertretbar, das eigentlich als exklusiv männlich galt. Dies stellte einen Unterschied zu bis dahin im Theater präsenten weiblichen Figuren in Männerkleidung dar und ist damit zu unterscheiden von geschlechterbezogenen Besetzungspraxen wie der Hosenrolle, die keine Verkleidung innerhalb der Handlung umfassen. Eine Frauenfigur, die sich innerhalb der Handlung als Mann ausgab und dabei eine positiv bewertete Figur blieb, war bis dahin nahezu ausschließlich die junge Liebende – die *Innamorata* – gewesen, die entweder aus Zuneigung oder aus sozial erforderlicher Wiederherstellung der eigenen Ehre einem Mann hinterherreiste, der sie verlassen hatte oder durch äußere Umstände von ihr getrennt worden war. Dieses Muster gehört zur klassischen Dramaturgie u.a. der sogenannten Commedia dell'arte wie auch zur spanischen *comedia*, in denen es in unzähligen Varianten auftritt. Dieses Plotmuster war jedoch nahezu ausschließlich auf den persönlichen Lebensentwurf hin ausgerichtet und nicht auf überindividuelle Ziele wie Gerechtigkeit oder gesamtgesellschaftliche Entwürfe: Das Handeln war – auch in der Öffentlichkeit, für die eine männliche Maskerade sinnfällig war – stets ein privates und kein politisches. Auch war ein militärisches Setting eher die Ausnahme: Die Verkleidung als Soldat, wenn sie vorkam, enthielt nur selten tatsächliches Mitwirken am Kampfgeschehen an der Waffe.

Das kulturelle Unbehagen, aber auch die Faszination, die um 1800 durch das Bild der kämpfenden, bewaffneten Frau ausgelöst wurden, finden sich exemplarisch in Friedrich Rückerts Hommage an Prochaska. Erkennbar ringt Rückert hier um eine Männlichkeitsvorstellung, welche von einer ebenfalls kämpfenden Frau angegriffen wird: »Ich müsste mich schämen, ein Mann zu heißen, / Wenn ich nicht könnte führen das Eisen, / Und wollte Weibern es gönnen, / Daß sie führen es können«.[1] Die Ausdifferenzierung der Geschlechtscharaktere, die grundlegend für die Konstruktion einer bürgerlichen Hegemonie war, musste eine »männliche That« durch eine Frau unmöglich machen. »Doch unter den männlichen Thaten / Wer konnte das Weib erraten?«, fragt Rückert weiter und verweist auf das Manko, das in der Geschlechterdichotomie des 19. Jahrhunderts vorhanden sein muss: »das glatte Kinn« und der »feinere Ton« entlarven die Maskerade in ihrer Unmöglichkeit. Ohnehin ist es nur der Ausnahmezustand des patriotischen Krieges, der die Maskerade erlaubt. Prochaskas Sterben, jenseits des Schlachtfelds, aber an den dort erlittenen Wunden, erfolgt für Rückert mit dem Wiedereintritt in die gesellschaftliche Ordnung: »Jetzt kannst du ein Weib wieder werden.«[2]

Rückert setzte sich auch, diesmal noch offener spottend, mit einer weiteren preußischen Soldatin der Befreiungskriege auseinander: *Der Unteroffizier Auguste Friederike Krüger* (1814/15) bringe ein eisernes Kreuz als Brautschatz, es werde daher einen »tüchtigen Hauptmann brauchen«, um diesen Unteroffizier zur »Subordination« zu bringen.[3] Deutlich wird hier erneut das Ringen um eine Geschlechterordnung, die durch eine (männlich) kämpfende Frau ins Wanken gebracht wird.

Friederike Krüger, die von 1813 bis 1815 zuletzt offen als Frau in der preußischen Armee diente, trat nach ihrem Abschied ebenfalls in ein langes Zivilleben über; sie heiratete wie auch Scanagatta einen Offizier. Das Bild Eleonore Prochaskas, geprägt durch den Tod auf dem Schlachtfeld bzw. an auf dem Schlachtfeld erlittenen Verletzungen, eignete sich ungleich mehr zur politischen und sozialen Instrumentalisierung, was sich auch in der künstlerischen Bearbeitung ihrer Biographie zeigt.

Auch Beethovens Beschäftigung mit Prochaska lässt sich hierunter fassen. Die Anfrage zur Komposition der Schauspielmusik dürfte weniger lukrativ als ein diplomatischer Gefallen für den preußischen Beamten Friedrich Duncker gewesen sein. Beethovens Komposition war also vielleicht – wie auch schon seine Initiative bei der Bearbeitung von *L'amour conjugal* für das Theater an der Wien – von Interesse am Stoff motiviert. Beethovens Schauspielmusik zu Friedrich Dunckers Drama *Leonore Prohaska* beläuft sich auf vier Teile – einen Kriegerchor, eine Romanze, ein Melodram und einen Trauermarsch. Sie entstand im Umfeld des Wiener Kongresses, bei dem Soldatinnen keinen nennbaren Einfluss hatten. Als skandalträchtige Trägerinnen von Waffen – Waffen, die umgangssprachlich als »Eisenbräute« bezeichnet wurden und damit bereits suggerierten, dass sie als eine Art kriegerische Gefährtinnen in Männer-, nicht aber in Frauenhände gehörten – waren sie in diesem Zusammenhang nicht mehr als ein Kuriosum, das zu politisch nutzbarer Fiktion, nicht aber zum Gestalter politischer Realität taugte. Es waren hier vielmehr die Salonnièren, die fernab männlich-martialischer Inszenierungen politisch und gesellschaftlich Einfluss nahmen.

Friedrich Duncker lernte Beethoven in Wien persönlich kennen, als er als Beamter in der Entourage des preußischen Königs am Wiener Kongress teilnahm. Er bat ihn – wahrscheinlich bereits 1814 – um die Schauspielmusik für sein Drama, an der Beethoven im Frühjahr 1815 arbeitete. Ungeachtet dessen, ob Beethoven die Anfrage aus rein diplomatischen Gründen annahm oder auch aus Interesse, ist die Auseinandersetzung mit der zeitgenössischen Biographie der 1813 verstorbenen Prochaska nicht die erste und einzige Beschäftigung Beethovens mit dem Bild der kämpfenden Frau in Männerkleidung: denn auch mit der Leonore im *Fidelio* hatte Beethoven bereits eine solche Frauenfigur vertont. Die Uraufführung der dritten Fassung lag zu Beginn des Wiener Kongresses, der Duncker nach Wien brachte, erst wenige Monate zurück.

Auch wenn die Figur der Leonore keine Soldatin ist, sondern sich als Gefängniswärter verdingt, so ist die vielfach ikonografisierte Kernszene des Stücks dennoch genau der Moment, in dem Fidelio sich mit der Waffe in der Hand als Leonore zu erkennen gibt, mit dem Ausruf »Töt' erst sein Weib!«[4]. In der Figur der Leonore und in ihrem Wiener Umkreis treffen verschiedene Bühnen- und Erzähltraditionen einerseits und die soziale Wirklichkeit andererseits aufeinander: Auf der Bühne kannte man den ursprünglich rituell-karnevalesken Geschlechtertausch der Komödientraditionen, den Topos der Kriegerjungfrau und aktuell auch die Dramaturgie der Revolutionsoper. Die sich durch die Revolutionsjahre und Befreiungskriege verändernde soziale Wirklichkeit brachte einzelne Soldatinnen ebenso ins Bewusstsein wie bürgerliche Gegenentwürfe zur aristokratischen *femme forte.* An diesen Figuren wurden auf den Bühnen der Theater und des Alltags die Handlungsräume von Frauen in Restauration und Vormärz neu vermessen.

Dabei spielte das Theater in doppelter Hinsicht eine wesentliche Rolle: Einerseits konnten auf der Bühne sowohl affirmative als auch unkonventionelle Frauenfiguren präsentiert werden, andererseits machten die Biographien von Schauspielerinnen und Prinzipalinnen reale emanzipierte Lebensentwürfe von Frauen greifbar. Dem Theater an der Wien kommt dabei durch seine Repertoiregeschichte eine Spezifik zu, die hier einen Raum eher im Bereich nichtaffirmativer Rollenbilder eröffnet. Durch ein einerseits sehr breites Repertoire, das auch Grenzformate wie Zirkusaufführungen einschloss, und das andererseits einen erkennbaren Fokus auf parodistische, nicht-affirmative Genres wie Possen und Harlekinaden legte, gab es hier verstärkt die Gelegenheit, über soziale Schichten hinweg soziale Realität und damit auch Geschlechterrollen zumindest innerhalb der Aufführungszusammenhänge zu hinterfragen. Der später an der Wien häufig gesehene und gespielte Johann Nestroy ebenso wie die früheren sogenannten Bernardoniaden des Joseph Felix von Kurz stecken hier theatrale Spielräume ab, in denen es nicht oder nicht ausschließlich um eine einzuübende Vorbildfunktion ging. In einen ähnlichen Aktionsradius fällt die aus dem marginalisierten *théâtre de la foire* entwickelte Opéra comique, als deren Ableger die Rettungs- und Revolutionsoper wiederum auch den *Fidelio* miteinschließt.

Der Plot zu *Fidelio*, den der am Terreur beteiligte Librettist Jean-Nicolas Bouilly einer wahren Begebenheit zuschrieb – eine als Mann verkleidete Frau habe ihren Mann aus dem Gefängnis befreien können – eignet sich entsprechend für eine Rettungs- und Revolutionsoper. Die Verbindung zur älteren Tradition der Opéra comique ist aber eine weitere Erklärung dafür, weshalb das Muster der als Mann verkleideten Frau in der Tradition der Komödie in *Fidelio* Eingang gefunden hat, was sich vor allem im Handlungsstrang um Marzelline abbildet, die sich in den vermeintlichen Fidelio verliebt. In ähnlichen Varianten kommt es in vielen Komödienszenarien vor und löst sich mit der Enthüllung des tatsächlichen Geschlechts der Protagonistin auf, indem entweder ein früherer Werber (so wie im *Fidelio* Jaquino) oder passender Zwillingsbruder präsentiert werden (eine Variante, die sich z.B. in Shakespeares *Twelfth Night*, aber auch in Ariosts *Orlando furioso* in der Episode um Fiordispina und Ricciardetto findet). Auch ein magischer Geschlechterwechsel ist eine gängige Lösung, damit sich der am Ende obligate Reigen an Hochzeitspaaren findet. Dass dieses Plotmuster aus einer Zeit vor einem dichotomen Geschlechterbild stammt, macht seine Verwendung im 19. Jahrhundert schwerer fassbar.

Auch Rückerts bereits zitiertes Spottgedicht auf die mit einem »eisernen Brautschatz« versehene Friederike Krüger spielt eingangs auf ein solches Szenario durch Verkleidung fehlgeleiteten Begehrens an:

> Dieser Unteroffizier,
> Mädchen, wie gefällt er dir?
> Seine Farben stehn ihm gut,
> Und sein kriegerischer Hut;
> Und er schaut so mutig drein:
> Mädchen, hast ihn Lust zu frein?
> Mädchen, laß es bleiben.[5]

Abb. 20: Wilhelmine Schröder-Devrient in der Rolle des Fidelio, Lithografie von Wilhelm Santer um 1825.

DIE POLITISCHE TAT EINER EHEFRAU

Was *Fidelio* von dieser Komödientradition unterscheidet, ist, dass es sich hier nicht um die unverheiratete *Innamorata* handelt, die in Männerkleidern einem Mann hinterherreist. Bekannte Beispiele dieser *Innamorata errante* in der Wiener Operngeschichte um 1800 finden sich beispielsweise bei Mozart: Donna Elvira im *Don Giovanni* (1787) reist einem Mann hinterher, der sie verlassen hat; es gibt Inszenierungen, die sie zunächst in männlichen Reisekleidern zeigen. Auch Fiordiligi in *Così fan tutte* (1790), im Rahmen des Plots der Treueprobe, möchte Guglielmo in Uniform auf das Schlachtfeld nachreisen: »sconosciuta a lui davanti« (II/12). In II/11 weist sie Despina an, Uniformen und Waffen zu besorgen, was Despina mit der Seitenbemerkung quittiert, dass Fiordiligi den Verstand verloren haben müsse.[6]

Fidelio weicht von diesem Muster ab, da hier mit Leonore eine militärisch und physisch aktive Frauenfigur gezeigt wird. Leonore ist stoffgeschichtlich, ebenso wie die *mujer varonil* der *comedia*, zusätzlich an den Topos der Kriegerjungfrau angelehnt – allerdings mit dem Unterschied, dass es sich bei ihr um eine bereits verheiratete Frau handelt. Diese führt aber mit ihrem transgressiven Verhalten exemplarische Tugenden einer Ehefrau wie weiblich konnotierte Empathie und Opferwillen vor. Die geschlechterüberschreitende und damit als unnatürlich geltende Verkleidung wird dabei nur zwangsweise (und nur temporär) in Kauf genommen: die Trennung vom Ehemann, die die Verkleidung notwendig macht, gilt gleichzeitig als ihre Rechtfertigung. Auch in der namensgleichen Fidelio-Verkleidung in Shakespeares *Cymbeline* wird die Ehefrau Imogen erst in Lebensgefahr durch Anraten von außen zu Fidelio und verdingt sich, auch hier in Nähe zu militärischer Bildlichkeit, als Page eines Feldherrn.

Die politische Tat der Ehefrau – einen Gefangenen zu befreien und einen Umsturz auszulösen – wird als positive Tat dadurch möglich, dass sie sich nur als Nebeneffekt einer angemessen weiblichen Motivation ereignet: nämlich der Motivation, den Ehemann zu befreien. Die Verkleidung und die damit auch erfolgende Usurpation männlich konnotierter Macht, die sich am Bild der Frau mit der Waffe auf und jenseits der Bühne immer wieder neu entzündete, musste in einen als weiblich begriffenen Sinnzusammenhang einzuordnen sein: Nur die Abwesenheit des Ehemannes – und damit ein Zustand, der die Frau in eine Position außerhalb der gesellschaftlichen Ordnung versetzt, in der ihre Zugehörigkeit nicht deutlich fixiert ist – löst die Maskerade aus und rechtfertigt sie.

Das Muster des fehlgeleiteten Begehrens, das der Subplot mit Marzelline abdeckt (und das in der dritten Fassung weiter zurücktritt als in den früheren), ist im *Fidelio*, anders als im Komödienplot, kein zentraler Inhalt. Vielmehr wird die Brüchigkeit der Männlichkeits-Inszenierung im Ausstellen von als naturgemäß weiblich kodierten Eigenschaften gezeigt: Im Mitgefühl mit den Gefangenen – auch denen, zu denen Leonore keine persönliche Beziehung hat – und im Entsetzen gegenüber Pizarros Plan wird Leonore unter der männlichen Maskerade als Frau sichtbar: »der Gesell, so fein und jung«,[7] kann kein Mann sein. Es ist unter dieser Prämisse sicherlich kein Zufall, dass die Mythenbildung um Eleonore Prochaska betont, dass sie als anfeuernde Trommlerin verwundet wurde oder auch, dass sie sich die tödliche Verwundung bei dem Versuch zuzog, einen Kameraden aus der Schusslinie zu ziehen – nicht aber bei einem Ausfall, bei dem sie gegnerische Soldaten tötete.

Nach dem Wegfall eines aristokratischen Machtanspruchs, der die *femme forte* charakterisiert hatte, die aufgrund der ihr qua Geburt zustehenden gesellschaftlichen Position auch als Frau einen Machtanspruch hatte, wird Macht – und insbesondere militärische Macht – an einem Frauenkörper zum Destabilisator für eine Gesellschaftsordnung, die sich auf eine universale und naturgegebene Geschlechterdifferenz beruft. Die bewaffnete und zum Töten bereite Leonore muss daher durch das Motiv der Rettung ihres Ehemannes legitimiert werden.

Die mehrfache Vertonung von Bouillys *L'amour conjugal* im Umfeld der Befreiungskriege kann als Hinweis darauf gelesen werden, dass das Bild der Frau an der Waffe sich in der Figur der Leonore in die postrevolutionäre Aushandlung eines bourgeoisen Frauenbildes konform einpassen ließ. Nach Gaveauxs Vertonung als *Léonore, ou L'amour conjugal* (1798) für das Théâtre Feydeau in Paris waren es Ferdinando Paër und Johann Simon Mayr, die weitere Versionen vorlegten: Paër für den sächsischen Hof in Dresden als *Leonora ossia L'Amor conjugale* (1804), Mayr, mit der Gattungsbezeichnung *farsa sentimentale*, für das damals noch habsburgisch regierte Padua als *L'amor coniugale* (1805).

Der Plot dieser Rettungsoper erlangte sicherlich auch vor dem Hintergrund der napoleonischen Kriege Popularität, gerade in den Jahren nach der Terreur und vor dem Wiener Kongress. Er verband das auch in der Realität präsente Bild der kämpfenden Frau an der Waffe mit dem Aushandeln weiblicher Tugendvorstellungen als Ehefrau und Gefährtin. Der am Ende des *Fidelio* beschworene Jubel über das »holde Weib« verdeutlicht mit dem Nachsatz, dass es wie ein Besitz »errungen« sei,[8] bereits die Vorstellung einer Partnerschaft nach dem vorromantischen Ergänzungsmodell, bei dem die Frau als komplementäre Ergänzung des Helden, nicht aber als eigenständige Heldin selbst gedacht wird. *Fidelio* ist damit aber auch, zwischen den verhallten Forderungen einer Olympe de Gouges, dem frauenrechtlich regressiven *Code civil* von 1804 und kurz vor der heraufziehenden Restauration nach dem Wiener Kongress, Zeugnis eines von Unsicherheit und Unbehagen durchsetzten Aushandlungsprozesses um gesellschaftlich akzeptable Weiblichkeitsentwürfe vor allen Dingen der Oberschicht. Helen Watanabe-O'Kelly, in ihrer Untersuchung literarischer Auseinandersetzungen mit dem Bild der bewaffneten und kämpfenden Frau, betont, dass diese politische Umbruchzeit auch von gesellschaftlichen Umbrüchen geprägt war. Autorinnen – aber eben auch Autoren – stellten anhand von Figuren wie Leonore Weiblichkeitsbilder zur Diskussion:

> What women writers do most often is to invent completely fictitious women warriors, dress them in trousers, and place them in a war zone in a realistic setting, whether contemporary or historical. This enables them to meditate on women's role in a time of national upheaval,

> to consider woman's capacity not just for agency, but for leadership and even for violence, to depict woman's survival in a disordered world, and to think about how a woman reconciles her destiny as wife, mother, daughter, sister within the exceptional situation that is war and to examine the question of heroism.[9]

Nach dem Wiener Kongress verlor das Bild der bewaffneten Frau an Popularität. Schon während des Wiener Kongresses waren die Frauen, die gesellschaftlich und politisch Einfluss nahmen, nicht die vereinzelten Soldatinnen wie Francesca Scanagatta oder Eleonore Prochaska, sondern die in zweiter Reihe agierenden Ehefrauen, in deren Salons und an deren Tafeln die politisch aktiven Männer des öffentlichen Lebens saßen. Auch Leonore, als Ehefrau des rehabilitierten Politikers Florestan, würde in dieses Szenario passen und als Salonnière ohne Männerkleidung und Pistole, stattdessen in Musselin und zwischen Pasteten, vielleicht erneut entscheidende Fäden ziehen.

WAS BLEIBT? REPERTOIRE UND REZEPTION

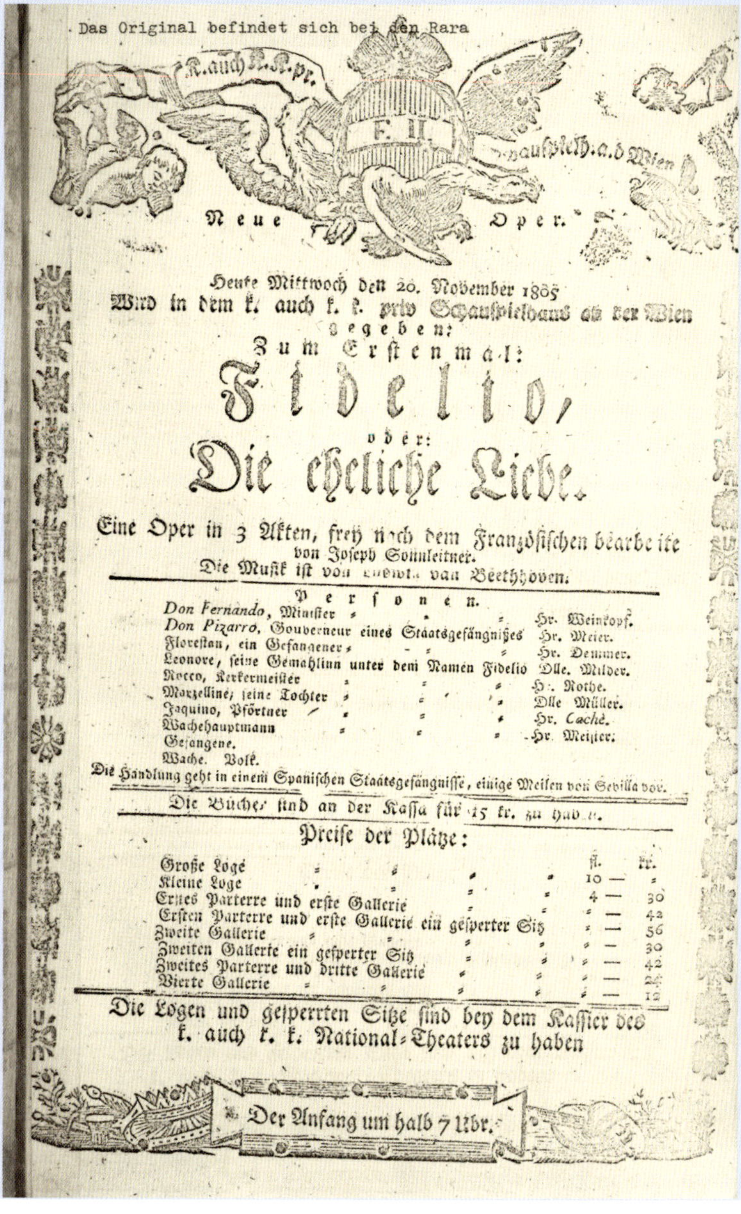

Das Original befindet sich bei den Rara

K. auch K. K. pr. Schauspielh. a. d. Wien

F. II.

Neue Oper.

Heute Mittwoch den 20. November 1805
Wird in dem k. auch k. k. priv. Schauspielhaus an der Wien
gegeben:

Zum Erstenmal:

Fidelio,

oder:

Die eheliche Liebe.

Eine Oper in 3 Akten, frey nach dem Französischen bearbeitet
von Joseph Sonnleitner.
Die Musik ist von Ludwig van Beethoven.

Personen.

Don Fernando, Minister	Hr. Weinkopf.
Don Pizarro, Gouverneur eines Staatsgefängnißes	Hr. Meier.
Florestan, ein Gefangener	Hr. Demmer.
Leonore, seine Gemahlinn unter dem Namen Fidelio	Dlle. Milder.
Rocco, Kerkermeister	Hr. Rothe.
Marzelline, seine Tochter	Dlle Müller.
Jaquino, Pförtner	Hr. *Caché*.
Wachehauptmann	Hr. Meister.
Gefangene.	
Wache. Volk.	

Die Handlung geht in einem Spanischen Staatsgefängnisse, einige Meilen von Sevilla vor.

Die Bücher sind an der Kassa für 15 kr. zu haben.

Preise der Plätze:

	fl.	kr.
Große Loge	10	—
Kleine Loge	4	30
Erstes Parterre und erste Gallerie	—	42
Ersten Parterre und erste Gallerie ein gesperrter Sitz	—	56
Zweite Gallerie	—	30
Zweiten Gallerie ein gesperrter Sitz	—	42
Zweites Parterre und dritte Gallerie	—	24
Vierte Gallerie	—	12

Die Logen und gesperrten Sitze sind bey dem Kassier des k. auch k. k. National-Theaters zu haben

Der Anfang um halb 7 Uhr.

Abb. 21: Theaterzettel zur Uraufführung des *Fidelio* vom 20. November 1805.

Julia Ackermann

THEATER TAG FÜR TAG

DAS REPERTOIRE AM THEATER AN DER WIEN RUND UM *FIDELIO*

»HEUTE MITTWOCH DEN 20. NOVEMBER...«

Stand ein Besucher oder eine Besucherin im Jahr 1805 vor dem Papageno-Tor des Theater an der Wien, fiel sein bzw. ihr Blick wahrscheinlich schnell auf den am Theaterportal angeschlagenen Programmzettel. »Heute Mittwoch den 20. November...« war dort vielleicht zu lesen, und darunter die Ankündigung der Premiere von Beethovens Oper *Fidelio*.

Mit diesen Theaterzetteln wurde Tag für Tag die jeweils am Abend laufende Vorstellung im Theater an der Wien bekannt gegeben. Heute sind die Zettel u.a. der Spielzeiten 1805/06 fast lückenlos in der Bibliothek des Theatermuseums Wien erhalten.[1] Sie stellen eine theaterhistorisch bedeutende Quelle dar, denn über sie lässt sich der tägliche Spielplan des Theaters in der Zeit von Beethovens dortigem Wirken rekonstruieren, und sie liefern auch darüber hinaus wertvolle Informationen über den Theateralltag der Zeit. So können wir uns ein Bild davon machen, welche Musik, welche theatralen Formen und auf der Bühne verhandelten Themen Beethoven während seiner Arbeit am *Fidelio* tagtäglich umgaben. Aus seiner Dienstwohnung im Theatergebäude ging er regelmäßig die paar Schritte in den Zuschauerraum und besuchte die Vorstellungen, wie der Chronist und Kapellmeister des Theaters, Ignaz von Seyfried berichtet:

> Als Beethoven noch nicht mit seinem organischen Gebrechen behaftet war, besuchte er gerne und wiederholt Opernvorstellungen; besonders jene in dem damahls so herrlich florirenden Theater an der Wien; mitunter wohl auch der lieben Bequemlichkeit zu Nutz und Frommen, da er gewissermaßen nur den Fuß aus seiner Stube und ins Parterre hinein zu setzen brauchte. Dort fesselten ihn vorzugsweise Cherubinis und Mehuls Schöpfungen, die in selber Epoche gerade anfingen, ganz Wien zu enthusiasmiren.[2]

Seyfried ist auch der Autor einer weiteren wichtigen Quelle, die uns über die Theaterzettel hinaus genaueste Auskunft über den täglichen Spielplan des Theater an der Wien sowie dessen Vorgängerinstitution, das Freihaustheater auf der Wieden, gibt. Seyfried führte zwischen 1795 und 1829 ein *Theater-Journal*, in dem er Tag für Tag die jeweilige Aufführung und ggf. Besonderheiten hierzu (z.B. zur Besetzung) notierte.[3] In einigen Punkten sind die Angaben im *Journal* noch genauer als jene auf den Theaterzetteln, nämlich wenn nach dem Druck des Theaterzettels noch eine kurzfristige Spielplanänderung nötig war, z.B. wegen Krankheit eines Darstellers. In solchen Fällen trug Seyfried das tatsächlich aufgeführte Stück ein, während der Theaterzettel noch das ursprünglich geplante Stück angibt. Einige der erhaltenen Theaterzettel weisen in solchen Fällen handschriftliche Korrekturen mit Rotstift auf, bei denen der Titel durchgestrichen und durch den neuen Titel ersetzt wurde. Darüber hinaus liefert Seyfried neben Datum, Titel und bei Premieren den Autoren der Werke noch eine weitere interessante Angabe zu jedem Stück, indem er vermerkte zum wievielten Mal ein Stück jeweils aufgeführt wurde. Er begann seine Zählung 1795, sodass sich hier z.B. für die *Zauberflöte* beachtliche Aufführungszahlen im dreistelligen Bereich (z.B. im November 1805 die 287. Aufführung!) ergeben. So kann man schon auf den ersten Blick die erfolgreicheren und häufig aufgeführten Stücke identifizieren.

Beide Quellen zusammengenommen ermöglichen die genaue Rekonstruktion des Repertoires am Theater an der Wien. Für die Ausstellung BEETHOVEN|AN der Wien|DENKEN und den Kern

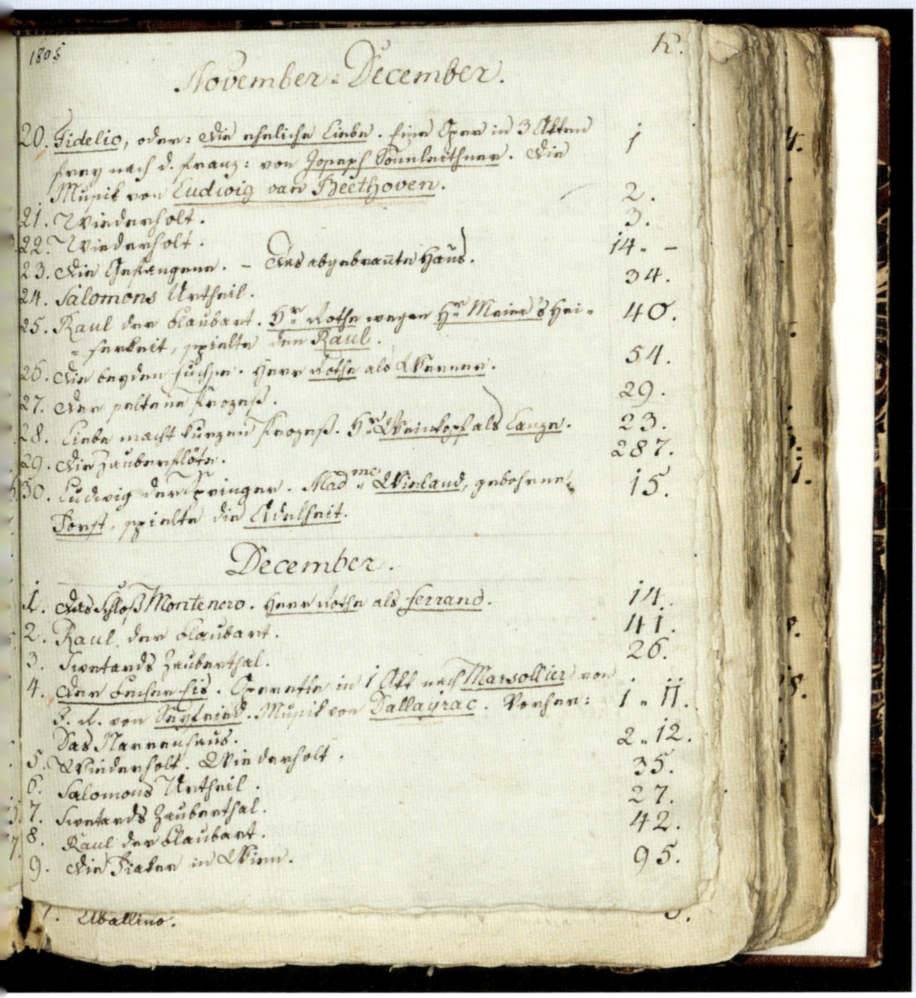

Abb. 22: Ignaz von Seyfried: *Theaterjournal des Freihaustheaters (Wiedner Schauspielhaus) und des Theaters an der Wien*, November/Dezember 1805.

dieser Untersuchungen wurden die Theaterzettel und entsprechenden Eintragungen in Seyfrieds *Theater-Journal* zu allen Stücken ausgewählt, die zwischen der *Fidelio*-Premiere am 20. November 1805 und der Derniere der zweiten Fassung am 10. April 1806 im Theater an der Wien aufgeführt wurden. Der *Fidelio* bildet also den Rahmen, um den Blick explizit auf das *dazwischen* liegende Bühnenrepertoire zu lenken.

THEATERZETTEL UND *THEATER-JOURNAL* ALS OBJEKTE DER ERINNERUNGSKULTUR

Was ändert sich aber, wenn wir den *Fidelio* nur am Rande sehen und den Fokus auf die übrigen zeitgleich aufgeführten Stücke richten? Zum einen können wir uns so die historische Situation vergegenwärtigen, in der die *Fidelio*-Aufführungen stattfanden. Mit diesem Perspektivwechsel erscheint der *Fidelio* eben nicht als die *einzige* Oper Beethovens, sondern als eines von *vielen* Stücken im Repertoire des Theater an der Wien. Aspekte wie die Wahl des Stoffes oder die Bearbeitung der Vorlage erscheinen in neuem Licht, wenn man die zeitgleich auf dem Spielplan stehenden Stücke beachtet. Die Bewertung von Erfolg oder Misserfolg (► Fischerauer) wird relativiert, wenn man sich die Aufführungsgeschichte des übrigen Repertoires vergegenwärtigt und im Kontext des Theateralltags der Zeit betrachtet. Zum anderen machen wir uns damit bewusst, dass die Herauslösung *Fidelios* aus diesem Repertoire nicht historisch gegeben, sondern Ergebnis eines Erinnerungsprozesses ist. Dem einen Werk, das in Erinnerung und Repertoire verankert wird, stehen viele andere gegenüber, die vergessen werden.

Abbild dieses Prozesses ist nicht zuletzt die historische Quelle der Theaterzettel selbst, in denen die Erinnerung materiell sichtbar wird: Zunächst wurden nämlich zur Archivierung alle originalen Theaterzettel jahrgangsweise in dicken Bänden zusammengebunden. Später aber, vermutlich um die Mitte des 20. Jahrhunderts, trennte man aus dem Band von 1805 ausgerechnet die Theaterzettel des *Fidelio* heraus, verbrachte sie in den Rara-Schrank der Bibliothek und ersetzte sie im Band selbst durch Kopien (Abb. 21). Zu den Aufführungen der zweiten Fassung im Frühjahr 1806 verblieben dagegen die originalen Theaterzettel im entsprechenden Band. Darin offenbart sich eine erinnerungskulturelle Praktik, die zum einen die Uraufführung als herausragendes Ereignis vor die Aufführungen der zweiten Fassung stellt, und die zum anderen Beethovens Oper über alle anderen zeitgleich aufgeführten Stücke erhebt, sie förmlich von ihnen absondert. Beethoven wird in diesem Zusammenhang als Heroe von den anderen Komponisten seiner Zeit abgegrenzt und als so bedeutsam erachtet, dass ihn betreffende Dokumente gesondert aufbewahrt werden müssen. Auch in Seyfrieds *Journal* können wir verschiedene Schichten der Erinnerungskultur ablesen, denn die mit Rotstift vorgenommenen Unterstreichungen der Komponistennamen stammen vermutlich aus einer späteren Bearbeitungsschicht der Quelle durch eine andere Person. Wie aber können wir die Unterstreichungen und das Herauslösen der Zettel aus dem Band als Praktiken des Gedenkens reflektieren und als Ausdruck der Erinnerungskultur ihrer jeweiligen Zeit verstehen?

THEATERZETTEL ALS THEATERHISTORISCHE QUELLE

Sind die Theaterzettel vordergründig reine Träger sehr knapper, sachlicher Informationen, verraten sie uns auf den zweiten Blick doch viele Details über den Theateralltag ihrer Zeit und lassen diesen vor dem inneren Auge lebendig werden. Wir erfahren darin ebenso viel über die Akteur*innen auf und hinter der Bühne wie über das Publikum. Schauen wir uns die Theaterzettel noch einmal genauer an (Abb. 21): Die Zettel wurden mit dem immer gleichen Rahmen gedruckt, der die Funktion eines Logos oder einer Corporate Identity besitzt. Am oberen Bildrand halten ein (etwas verrenkter) Doppeladler und zwei Putten Blumenkränze und ein Banner, das den Namen des Theaters trägt: »K. auch K. K. pr[ivilegiertes] Schauspielh[aus] a[n] d[er] Wien«, hinter einem gekrönten Schild mit den Initialen von Kaiser Franz II. Bei Premieren wurde unter dem Adler jeweils noch der Hinweis »Neue Oper« oder »Neues Schauspiel« gedruckt. Die Seitenränder werden von Ornamenten geziert und am unteren Bildrand sind Theaterrequisiten wie Maske, Laute und Dolch abgebildet. Der Aufbau der Theaterzettel war jeden Tag gleich: Unter dem Datum wird in großen Lettern der Stücktitel gedruckt, außerdem werden Genre sowie Autoren bzw. Komponisten oder Bearbeiter des jeweiligen Stückes genannt. Darunter listet der Zettel auch die jeweilige Besetzung auf.

BESETZUNGSANGABEN

Die auf den Theaterzetteln abgedruckten Besetzungslisten sind aus heutiger Sicht besonders aufschlussreich, da sich hierüber sowohl das gesamte Ensemble als auch die jeweiligen Rollen- bzw. Stimmfächer der einzelnen Schauspieler*innen und Sänger*innen rekonstruieren lassen. Die Ensembleverzeichnisse in den gedruckten Theater-Almanachen und -Journalen der Zeit bilden nämlich jeweils nur eine Momentaufnahme in der ständig wechselnden Ensemblezusammensetzung ab und differenzieren zudem auch nicht zwischen Schauspieler*innen und Sänger*innen. Anhand der Theaterzettel lässt sich daher genauer rekonstruieren, wann genau beispielsweise eine Sängerin oder ein Schauspieler aus dem Ensemble ausschied oder wer vornehmlich im Sprech- oder Musiktheater besetzt wurde. So sang beispielsweise Anna Milder nicht nur die Leonore bzw. Fidelio, sondern spielte auch in anderen Produktionen gelegentlich Hosenrollen – wie den Knaben Karl in Paërs *Sargines oder der Triumph der Liebe* – sowie erste Rollen wie z.B. Antonie in *Die beiden Füchse* von Méhul oder Donna Elvira (► Charton) in *Don Juan.* (Diese Oper von Wolfgang Amadeus Mozart ist uns heute unter dem italienischen Titel *Don Giovanni* geläufiger, doch damals war die Aufführung in deutscher Sprache üblich, zumal das Theater an der Wien ohnehin nur ein Privileg für deutschsprachige Opernaufführungen besaß; die italienische Oper war dem Hoftheater vorbehalten.) War ein Schauspieler des Ensembles erkrankt und daher eine Umbesetzung des Stückes notwendig, wurde dies auf dem Theaterzettel gesondert angekündigt, z.B. im November 1805 anlässlich der Vorstellungen von *Die beiden Füchse* und *Raul der Blaubart*: »Wegen Heiserkeit des Hrn. Meier hat Hr. Rothe oben angezeigte Rolle übernommen.«[4] Besondere Aufmerksamkeit für einzelne Darsteller*innen erregte man zusätzlich zu ihrer Auflistung in der Besetzungsliste mit der Formulierung »...wird die Ehre haben, in obenangezeigter Rolle aufzutreten«. Auf diese Weise wurde beispielsweise der Sänger Joseph August Röckel als neues Ensemblemitglied bei seinem Debüt am Theater an der Wien angekündigt.[5] Röckel übernahm in der zweiten Fassung des *Fidelio* die Rolle des Florestan und wurde ein enger Vertrauter Beethovens. Er berichtete nach Beethovens Tod den verschiedenen Biographen über seine Begegnungen mit dem Komponisten und prägte damit die Erinnerung an ihn (▶ Erinnerungen an die *Fidelio*-Soirée). Auch Gastspiele von durchreisenden oder auswärtigen Darsteller*innen wurden solcherart angekündigt, etwa als der damalige ›Star-Tenor‹ Wilhelm Ehlers sich im Jänner 1806 in Wien aufhielt und im Theater an der Wien als *Don Juan* in Mozarts gleichnamiger Oper auftrat.[6] Gesonderte Erwähnung auf dem Theaterzettel fanden auch Schauspieler*innen, die sonst am Hoftheater engagiert waren und am Theater an der Wien Gastrollen übernahmen. So heißt es auf dem Theaterzettel zu *Die Schwestern von Prag*: »Hr. Baumann, k. auch k. k. Hofschauspieler wird die Ehre haben, in oben angezeigter Rolle aufzutreten.«[7] Ein solches Gastspiel war für das Theater an der Wien eine Auszeichnung und konnte werbewirksam kommuniziert werden. Teilweise lassen sich über solche Informationen auch die Karrierewege einzelner Schauspieler*innen verfolgen. So wurde beispielsweise der k. k. Hofschauspieler Joseph Weidmann in der Öffentlichkeit beinahe dafür angefeindet, eine Gastrolle im *Neusonntagskind* am Theater an der Wien übernommen zu haben. »Der Schritt, mit dem Herr Weidmann, als einer der Senioren der Hofbühne das Eis brach, und auf der Bühne an der Wien gastere [gastierte?], hatte ihm manchen unverdienten Vorwurf, manches Hohnnecken, und vielleicht wohl gar, seines Honorars wegen, manchen Neid zugezogen«.[8] Herr Weidmann scheint mit

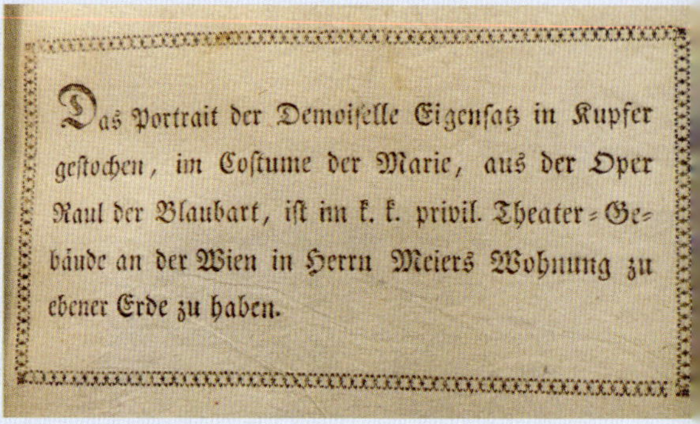
Das Portrait der Demoiselle Eigensatz in Kupfer gestochen, im Costume der Marie, aus der Oper Raul der Blaubart, ist im k. k. privil. Theater-Gebäude an der Wien in Herrn Meiers Wohnung zu ebener Erde zu haben.

Abb. 23 und 24: Christine Dorothea Eigensatz als Marie in *Raul der Blaubart*, sowie die hierfür gedruckte Werbeanzeige im Bestand der Theaterzettel.

seinem Gastspiel im *Neusonntagskind* 1804 tatsächlich »das Eis gebrochen« zu haben, denn in unserem Untersuchungszeitraum 1805/06 finden sich sehr regelmäßig Ankündigungen von k. k. Hofschauspieler*innen in Gastspielrollen am Theater an der Wien und auch lassen sich einige der Schauspieler*innen und Sänger*innen in den Ensembles beider Häuser nachweisen, so z.B. Anna Milder oder Christine Dorothea Eigensatz. Letztere ließ sich gleich zweimal in ihren Paraderollen am Theater an der Wien porträtieren: als Marie in der Oper *Raul der Blaubart*[9] (Abb. 23) sowie als Sena in *Salomons Urteil*[10].

EIN »DRITTES HOFTHEATER« IN DER VORSTADT

Das Beispiel der am Theater an der Wien gastierenden k. k. Hofschauspieler*innen bietet die Gelegenheit, die Position des Theater an der Wien im Kontext der Wiener Theaterlandschaft näher zu betrachten. Wie das Zitat zeigt, riskierte der Schauspieler Weidmann mit seinem Gastspiel an der Wien zwar einen Verlust an Ansehen (»Hohnnecken«), jedoch hält der Autor des Artikels dies für »unverdient«, schließlich wurde das künstlerische Niveau der Aufführungen am Theater an der Wien oft als gleichwertig mit den

Hoftheatern bezeichnet. Nicht zuletzt konnte der gastierende Weidmann eine nicht unerhebliche Gage erwarten. Schließlich war das Theater an der Wien auch das größte Theater der Stadt, was die Maße der Bühne und das Fassungsvermögen des Zuschauerraums betraf. Zwar zählte das Theater an der Wien durch seine Lage außerhalb der Stadtmauern in der Vorstadt Laimgrube offiziell zu den Vorstadttheatern, doch nominell verliehen dem Theater zahlreiche institutionelle wie personelle Überschneidungen mit den Hoftheatern – von der Leitung des Direktors von Braun über zahlreiche Sänger*innen bis hin zu den Theatermalern – die Position eines »dritten Hoftheaters«[11]. Dies schlug sich auch in der Spielplangestaltung nieder. So wetteiferten beispielsweise das Theater an der Wien und das Kärntnertortheater im August 1802 darum, wer zuerst die deutsche Bearbeitung von Cherubinis Oper *Les Deux Journées, ou Le Porteur d'eau* auf die Bühne bringen konnte. Das Theater an der Wien gewann ganz knapp: Schmieders Bearbeitung als *Graf Armand oder die zwey unvergeßlichen Tage* hatte nur einen Tag vor der Bearbeitung des Kärntnertortheaters unter dem Titel *Der Wasserträger* Premiere. In der Bewertung der Inszenierungen hielten sich beide Produktionen übrigens die Waage.

PREISE UND PUBLIKUM

Ein zunächst unscheinbarer Aspekt der Theaterzettel verweist auf die äußeren politischen Umstände in Wien: Ab Ende November 1805 wurden für einige Wochen die Preise der Plätze mit auf den Theaterzettel gedruckt. Dies hing mit der französischen Besetzung Wiens zusammen (▸ Kreutzfeldt). Zum einen war der Abdruck der Eintrittspreise vor allem eine französische Tradition, zum anderen sollten die neuen Publikumsgruppen der französischen Militärs über die Preise informiert werden – dem Wiener Stammpublikum waren diese ohnehin bekannt. Die hier angegebenen Eintrittspreise sind für uns heute aufschlussreich im Hinblick auf die Sozialstruktur des Publikums. Eine große Loge war mit 10 fl. die teuerste

Platzkategorie (fl. ist die Abkürzung für Florentiner Gulden, 1 fl. entsprach 60 Kreuzer); eine kleine Loge kostete 4 fl. 30 kr. In der mittleren Preiskategorie für 42 kr. konnte man beispielsweise einen Stehplatz im ersten Parterre oder einen Sitzplatz in der zweiten Galerie erwerben. Die günstigsten Plätze waren in der vierten Galerie für 12 kr. zu haben. Damit verweisen die ausdifferenzierten Eintrittspreise auf die unterschiedlichen sozialen Schichten, die sich im Theater an der Wien versammelten.

Zum Vergleich: ein Kilo Brot kostete damals ungefähr 10 kr. Ein Wochenlohn eines ungelernten Arbeiters betrug circa 2 fl. Eine Loge konnte er sich damit sicher nicht leisten; ein Sonntagsbesuch (nach einer durchschnittlichen Wochenarbeitszeit von 70–80 Stunden) in der vierten Galerie des Theaters war aber gelegentlich möglich. So beobachtete der Zeitgenosse Johann Pezzl eine sehr unterschiedliche Publikumsstruktur des Theaters an Wochen- gegenüber Sonntagen, was auch in der Spielplanung berücksichtig wurde:

> Auch dieses Publicum ist nicht immer das nähmliche: ein anderes an Wochentagen, und ganz ein anderes an Sonntagen und Feyertagen. […] An solchen Tagen gehen nämlich die geringeren Bürgersleute, die kleineren Beamten und Hausofficiere, und mancherley Menschenclassen hinein, für die das Theater nicht bloßer Conversations-Platz oder Asyl gegen die Langeweile ist, wie für das reichere Publicum, sondern wirklicher Genuß und hinreissende Täuschung, ohne viele Bekanntschaft mit dem ästhetischen Werthe der Stücke. Auch benützen die Herren Schauspielunternehmer diesen Umstand: sie geben an solchen Tagen gewöhnlich Sachen, wo recht viel zu schauen ist, oder gräßliche Ritterstücke, wundersame Zauberstücke, auch Lustspiele mit hochderben Späßchen durchspickt. Diese Spielwerke, welche das Publicum der Wochentage mit Achselzucken und Naserümpfen aufnimmt, geben an Sonntagen ein köstliches Schaugericht für das Publicum des Tages.[12]

Jenes »Publicum der Wochentage« ist daher eher im höheren Bürgertum und Adel zu verorten, teilweise identisch mit dem Publikum der Hoftheater. Aus diesen Schichten stammten vermutlich auch

K. auch K. K. pr. Schauspielh. a. d. Wien

F. II.

Heute Sonntag den 19 Jäner 1806
Wird in dem k. auch k. k. priv. Schauspielhaus an der Wien
gegeben

Der erste Theil vom

Tyroler = Wastel.

Eine Oper in 3 Akten, von Emanuel Schikaneder.

Personen.

Wastel, ein Tyroler	Hr. Schikaneder.
Lisei, deßen Weib	Mad. Wieland
Tiffinn, ein quiescirter Amtssekretair	Hr. Neukäufler.
Deßen zweyte Frau	Mad. Meier.
Luise, Tochter erster Ehe	Mlle. Milder.
Therese, Stubenmädchen	Mad. Pfeiffer.
Mariane, eine Köchin	Mad. Otto.
Tulipan, ein Kanzleypraktikant	Hr. Schmidtmann.
Joseph, ein junger Bäckenmeister	Hr. Teimer.
Jodel, ein Bäckenknecht	Hr. Hasenhut.
Ein Wirth	Hr. Stegmayer.
Fürstlicher Buchhalter	Hr. *Duprée*
Ein Kutscher	Hr. Sexatta.
Ein Harfenist	Hr. Weiß.
Ein Hausknecht	

Am 15. d. ist in diesem Theater eine Brieftasche mit Banknoten von beiläufig 47 fl. verloren worden. Dem redlichen Finder werden bei der Theater Kassa 5 fl. Belohnung zugesichert. Am nähmlichen Tage ist eine zweyte Brieftasche, worin sich Geld und verschiedene Schriften befanden, verloren worden. Der redliche Finder wird ersucht selbe gegen gute Belohnung in die Theater=Kanzley zu überbringen.

Die Logen und gesperrten Sitze sind bey dem Kassier des k. auch k. k. National=Theaters zu haben.

Der Anfang um halb 7 Uhr.

Abb. 25: Theaterzettel zum *Tyroler Wastel* vom 19. Januar 1806 mit einer Verlustanzeige zu zwei verlorenen Brieftaschen.

jene Personen des Publikums, die den Theaterzettel an einzelnen Tagen für persönliche Verlustanzeigen nutzten. Wenn ein Zuschauer am Vortag bei der Vorstellung seine Brieftasche oder eine Taschenuhr verloren hatte, ließ er über den Theaterzettel einen Finderlohn ausschreiben. Ein üblicher Finderlohn für eine verlorene Brieftasche lag bei 5 fl. Manchmal wurden aber auch sehr viel wertvollere Gegenstände verloren, wie z.B. »ein Bindzeug mit chyrurgischen Instrumenten von Silber [...]. Dem redlichen Finder werden bei der Uibergabe desselben an die Theater-Kassa 15 fl. Belohnung zugesichert.«[13] Ärzte, die ihre »chyrurgischen Instrumente«[14] verloren, oder Eigentümer von mit 47 fl. gut bestückten Brieftaschen[15] gehörten eher dem vermögenden Teil des Publikums an. Ein weiteres Vergleichsmoment bieten die Gagen der am Theater engagierten Künstler*innen: Die Einstiegsgage von Anna Milder am Theater an der Wien betrug 1803 noch 500 fl. pro Jahr. Eine große Loge im Zuschauerraum des Theaters hätte sie demnach mehr als einen Monatslohn gekostet. Wenige Jahre später erhielt sie im Kärntnertortheater schon den vierfachen Betrag als Jahresgage.

REGIE UND INSZENIERUNG

Vergleicht man das Medium des Theaterzettels mit heutigen Äquivalenten zur Information des Publikums – etwa mit der Theater-Homepage oder einem Plakat im öffentlichen Raum – fällt aus heutiger Sicht eine Leerstelle auf: die Funktion des Regisseurs oder der Regisseurin. Das für uns selbstverständliche Konzept einer Inszenierung, die einem Stück eine eigene Bildsprache und szenische Interpretation verleiht, gab es damals noch nicht. Zwar wurden einzelne Schauspieler des Ensembles auch als Regisseure benannt, deren Aufgabe war jedoch vielmehr die Koordination der Auf- und Abtritte, um einen flüssigen Ablauf des Stückes zu gewährleisten. Der in diesem Sinne so genannte Regisseur des *Fidelio*, Friedrich Sebastian Mayer, übernahm vielfältige Aufgaben am Theater an der Wien: als Schauspieler, Sänger, Regisseur aber vor allem auch als Dramaturg, indem er neue Stücke sichtete, für den Spielplan des Theaters auswählte und einrichtete, sowie ggf. die Übersetzung und Bearbeitung beauftragte. Der zeitgenössische Autor Ignaz Franz Castelli beschrieb die Funktionen Mayers folgendermaßen:

> Sebastian Meyer [sic]. Dieser Mann war als Sänger (Baß) nicht sehr bedeutend, aber ein wackerer Schauspieler, und als Opernregisseur ein ganz ausgezeichneter Schützer und Verbreiter des wahrhaft Guten und Schönen. Niemand hat in Wien für die Verbesserung der Opernmusik, und daher auch für die Verbesserung des Geschmackes in musikalischer Hinsicht so Bedeutendes gewirkt als er. Mit tiefen musikalischen Kenntnissen ausgestattet, war es weniger die Pflicht, die ihm als Regisseur oblag, sondern mehr seine Liebe für die Kunst, daß er im Theater an der Wien eine Oper zustande brachte, die nicht nur mit der Hofoper wetteifern konnte, sondern diese bei weitem übertraf. Er war es, welcher die bessern französischen Opern verschrieb, sie übersetzen ließ und dann mit großer Sorgfalt in die Scene setzte.[16]

Von einem Regiekonzept im heutigen Sinne ist bei mit »Sorgfalt« in Szene gesetzten Stücken also nicht die Rede. Wenn überhaupt, waren es dagegen die Bühnenmaler, die einem Stück eine eigene Bildsprache verleihen konnten und daher auch namentlich auf den Theaterzetteln genannt wurden. Ohnehin kam den Dekorationen und Bühneneffekten am Theater an der Wien eine wichtige Rolle zu. Die drei Theatermaler jener Zeit waren Mathias Joseph Gail, Johann Ulbrich (der auch eine Dienstwohnung im Theater bewohnte) sowie Vincenzo Sacchetti. Letzterer war der Bruder von Lorenzo Sacchetti, der als Theatermaler an den Hoftheatern engagiert war. Bei einzelnen Produktionen haben die Brüder im Sinne einer Werkstatt wohl auch gemeinsam an den Dekorationen für das Theater an der Wien gearbeitet. Dabei ist es wichtig sich zu vergegenwärtigen, dass damals mit sogenannten Typendekorationen gearbeitet wurde, also mit standardisierten Bühnenbildern wie z.B. »Kerker« »Garten« oder »bürgerliches Zimmer«, die jeweils in mehreren Stücken wiederverwendet wurden. Wenn allerdings für ein Stück die Dekorationen extra angefertigt wurden, fand dies besondere

Abb. 26: Lorenzo Sacchetti, Bühnenbildentwurf für einen Kerker, Tusche und Tinte laviert auf Papier, undatiert.

Ankündigung auf dem Theaterzettel. Beispielsweise vermerkt der Theaterzettel zur Premiere von *Vestas Feuer*: »Die Dekorationen sind theils von Hrn. Lorenz und Hrn. Vinzenz Sachetti, und theils von Hrn. Gail gemalt.«[17] Dieses Stück aus der Feder Schikaneders wurde in den Rezensionen besonders für den Aufwand an Dekorationen und Ausstattung gelobt. Das Publikum bekam hier also auch visuell etwas Neues geboten – und nicht etwa die schon aus zahlreichen anderen Stücken bekannten Ansichten des immer gleichen Gewölbes o.ä. Die neu angefertigten Bühnenbilder gingen anschließend vermutlich in den Fundus der Typendekorationen ein und wurden in den folgenden Produktionen weiter eingesetzt.

AKTUALITÄT UND ABWECHSLUNG: DIE SPIELPLANGESTALTUNG

Unser heutiger Bedarf nach anregenden Regiekonzepten liegt auch darin begründet, dass uns viele Stücke des Bühnenrepertoires schon geläufig sind; eine neue Inszenierung bietet jeweils eine neue Deutung von bereits bekannten Stücken an. Anders zu Beginn des 19. Jahrhunderts. Damals war vor allem die Neuheit der Stücke das entscheidende Kriterium für die Spielplangestaltung und galt als wichtigstes Werbeargument und Anziehungsmittel für das Publikum. In einer Zeit ohne multimediale Reproduzierbarkeit von Musik und Bild war das Live-Erlebnis im Theater – neben den verschiedenen Formen häuslicher Kammermusik (▸ Lindmaier) – der wichtigste Ort der Unterhaltung, der Kurzweil und des kulturellen Erlebnisses. Das Publikum forderte daher in erster Linie Vielfalt und Aktualität im Programmplan. Diesen Bedarf schildert beispielsweise ein anonymer Redakteur der *Zeitung für die elegante Welt* in seiner Beschreibung der »Wiener Herbstunterhaltungen« 1805. Der Beitrag beschreibt sehr treffend die Atmosphäre des kulturellen Lebens in Wien während der Wochen vor der *Fidelio*-Uraufführung:

> Aber wie sollte man jetzt die Abende hinbringen? […] Die Theater bieten freilich manche Abhülfe, da es aber zum hiesigen Tone gehört, über alles Neuere Dramatische loszuziehen, und höchstens einige Opern und Ballets, die Schauspiele aber viel seltener zu besuchen, so langte man damit nicht aus. Cherubini war zwar in Wien angekommen, aber gleich Anfangs konnte er nichts Neues geben, seine vorigen Komposizionen aber, so schön sie wären, hatte man doch gar zu oft gehört. Die Joseph Weiglsche Musik zu Vestas Feuer war auch schon oft theuer durch die Langeweile erkauft worden, welche dieß Schikanedersche Produkt sonst erregt; auch die Scherze in Perinets travestirtem Telemach mußten bei ihrer Wiederholung das Sarkastische verlieren.[18]

Der Autor erwähnt damit die jeweils charakteristischen Stücke der wichtigsten Wiener Bühnen: das Hoftheater mit Opern Cherubinis, das Theater an der Wien mit Weigl/Schikaneders Oper *Vestas Feuer* sowie das Theater in der Leopoldstadt mit dessen Hausdichter Joachim Perinet.

Der im Zeitungsbericht ausgedrückten »Langeweile« versuchte der Spielplan des Theater an der Wien mit 43 verschiedenen Stücken

Abb. 27: Die zwischen dem 20. November 1805 (*Fidelio*-Uraufführung) und de 10. April 1806 (*Fidelio*-Derniere) am Theater an der Wien aufgeführten Stücke

Titel	Autor / Übersetzer bzw. Bearbeiter	Komponist / Bearbeiter	Titel der Vorlage	Uraufführung
Albrecht der Streitbare, Landgraf von Thüringen	Stegmayer			29.1.1806
Alexis	Marsollier / Jos. Seyfried	Dalayrac	Alexis ou L'Erreur d'un bon père	24.1.1798
Das abgebrannte Haus	Schikaneder			23.8.1792
Das Fischermädchen von Neustadt	Stegmayer			16.8.1805
Das Narrenhaus	Chatillon / Schildbach		La Maison des fous	6.9.1801
Das neue Sonntagskind	Hafner / Perinet	Müller	Der Furchtsame	1.9.1764
Das Schloß von Montenero	Hoffman / Ihlée	Dalayrac	Léon ou Le Château de Monténéro	15.10.1798
Der Becher Eis oder: Die Zurechtweisung	Marsollier / Jos. Seyfried	Dalayrac	La Leçon ou La Tasse de glaces	24.5.1797
Der Hausfriede (2. Teil zu: Das abgebrannte Haus)	Schikaneder			12.12.1795
Der redliche Landmann	Schikaneder	Henneberg		24.4.1792
Der Schatzgräber	Hoffmann / Jos. Seyfried	Méhul	Le Trésor supposé ou Le Danger d'écouter aux portes	29.7.1802
Der seltene Prozeß	Gewey			22.10.1801
Der Tiroler Wastel	Schikaneder	Haibel		14.5.1796
Die beiden Füchse	Bouilly / Jos. Seyfried	Méhul	Une folie	5.4.1802
Die beiden Geizigen	Falbaire / Jos. Seyfried	Grétry / Fischer	Les deux avares	27.10.1770

Ort der Uraufführung	Erstaufführung Theater an der Wien	Gattung	Anzahl der Aufführungen Nov. 1805–April 1806	Anzahl der Aufführungen am Theater an der Wien (gesamt)
Wien	29.1.1806	Schauspiel	8	22
Paris	17.9.1805	Operette	2	10
Wien	20.6.1801	Lustspiel	2	65
Wien	16.8.1805	Lustspiel	2	10
Paris	31.12.1803	Lustspiel	2	14
Wien	12.7.1804	Singspiel	2	15
Paris	1.12.1804	Oper	2	21
Paris	4.12.1805	komische Oper	2	2
Wien	20.6.1801	Lustspiel	1	8
Wien	27.12.1801	Familiengemälde [mit Gesang]	1	8
Paris	10.8.1803	komische Oper	1	67
Wien	22.10.1801	Schauspiel	1	34
Wien	21.6.1801	Oper	2	18
Paris	24.5.1803	komische Oper	3	76
Paris	9.1.1805	komische Oper	1	16

Titel	Autor / Übersetzer bzw. Bearbeiter	Komponist / Bearbeiter	Titel der Vorlage	Uraufführung
Die beiden Halsketten, oder: Argwohn und Nekerey	Berger			31.12.1805 (?)
Die bürgerlichen Brüder oder: Die Frau aus Krems	Schikaneder			24.5.1797
Die Eisenkönigin	Schikaneder	Henneberg		12.1.1793
Die Fiaker in Wien	Schikaneder			30.11.1792
Die Gefangene	Jouy, Longchamps, Saint-Just / Jos. Seyfried	Cherubini [+Boieldieu]	La Prisonnière	12.9.1799
Die Karawane von Kairo	Chédeville / Huber	Grétry	Le Caravane de Caire	30.10.1783
Die Kurgäste am Sauerbrunn	Schikaneder	Diabelli		19.3.1806
Dienst und Gegendienst (Graf Walltrons 2. Teil)	Meisl / Schildbach			20.7.1804
Die Samniterinnen	Rosoi n. Marmontel / ?	Grétry / I. Seyfried	Les Mariages samnites	12.6.1776
Die Schwestern von Prag	Hafner / Perinet	Müller	Der von dreyen Schwiegersöhnen geplagte Odoardo, oder Hannswurst und Crispin die lächerlichen Schwestern von Prag	1761 / 1794
Die Verwandlungen	Segur / Baber	Fischer	Adèle, ou les Métamorphoses	5.12.1799
Die Zauberflöte	Schikaneder	Mozart		30.9.1791
Don Juan oder Die redende Statue	Da Ponte / Großmann (?)	Mozart	Don Giovanni	29.10.1787

Ort der Uraufführung	Erstaufführung Theater an der Wien	Gattung	Anzahl der Aufführungen Nov. 1805–April 1806	Anzahl der Aufführungen am Theater an der Wien (gesamt)
Wien	31.12.1805	Lustspiel	1	1
Wien	9.5.1803	bürgerliches Familiengemälde	2	77
Wien	15.2.1806	Zauberspiel mit Gesang	7	29
Wien	24.6.1801	Lustspiel	2	33
Paris	31.12.1803	komische Oper	1	16
Fontainebleau	4.10.1804	Oper	2	24
Wien	19.3.1806	Lustspiel (mit Musik)	5	5
Wien	20.7.1804	Schauspiel	2	21
Paris	15.3.1806	heroische Oper	6	8
Wien	9.2.1806	Singspiel	10	46
Paris	9.5.1805	Operette	1	17
Wien	4.1.1802	Oper	4	156
Prag	5.10.1802	Oper	4	158

Titel	Autor / Übersetzer bzw. Bearbeiter	Komponist / Bearbeiter	Titel der Vorlage	Uraufführung
Fidelio oder: Die eheliche Liebe	Bouilly / Sonnleithner	Beethoven	Léonore ou L'amour conjugal	20.11.1805
Hauptmann Palmer	Lebrun / Herklots	Bruni	Le Major Palmer	26.1.1797
Keinen Schwiegersohn ohne Amt	Duprée			21.9.1804
Laura	Gotter / ?			?
Liebe macht kurzen Prozeß oder: Heirat auf gewisse Art	Rautenstrauch / Perinet	Seyfried, Stegmayer, Süßmayr, Haibel u.a.	Der Jurist und der Bauer	26.3.1798
Lodoiska	Fillette-Loraux / ?	Cherubini	Lodoiska	18.7.1791
Ludwig der Springer	Hagemann / Mayer			2.1.1794
Lumpen und Fetzen oder: Die Caprice	Schikaneder			13.1.1795
Palmyra, Königstochter von Persien	Gamerra / Ihlée	Salieri	Palmira, regina di Persia / La Princesse de Babylone	14.10.1795
Raul der Blaubart	Sedaine	Grétry / Fischer	Raoul, Barbe-bleue	2.3.1789
Salomons Urteil	Caigniez / Stegmayer	Quaisain	Le Jugement de Salomon	1802
Sargines oder: Der Triumph der Liebe	Foppa / Heigel	Paër	Sargino ossia l'allievo dell'amore	26.5.1803
Swetards Zauberthal	Schikaneder	Fischer		3.7.1805
Vestas Feuer	Schikaneder	Weigl		10.8.1805
Zufall und List	Stegmayer	Süßmayr		11.1.1806

Ort der Uraufführung	Erstaufführung Theater an der Wien	Gattung	Anzahl der Aufführungen Nov. 1805–April 1806	Anzahl der Aufführungen am Theater an der Wien (gesamt)
Wien	20.11.1805	Oper	5	6
Paris	28.9.1805	Oper	1	7
Wien	21.9.1804	Lustspiel	1	27
?	19.12.1805	Schauspiel	1	1
Wien	24.7.1802	ländliches Gemälde mit Gesang	2	9
Paris	23.3.1802	Oper	3	70
Wien	22.1.1803	Schauspiel	1	3
Wien	7.8.1803	Lustspiel	2	18
Wien	24.2.1803	heroisch-komische Oper	2	59
Paris	14.8.1804	Oper	4	81
Paris	27.10.1804	musikalisches Drama / Melodram	6	76
Dresden	4.2.1806	heroisch-komische Oper	9	34
Wien	3.7.1805	Oper	9	41
Wien	10.8.1805	große heroische Oper	7	27
Wien	11.1.1806	komische Oper	1	1

zwischen November 1805 und April 1806 zu begegnen. Dreiviertel davon waren am Theater an der Wien uraufgeführt oder eigens für das Haus neu bearbeitet worden, konnten also als neu und exklusiv beworben werden. Auf die gesamte Spielzeit, von April 1805 bis April 1806 übertragen, waren fast die Hälfte der Stücke, nämlich 36 der insgesamt 76 aufgeführten Stücke Neuproduktionen, die übrigen 40 stellten Repertoirestücke aus vorherigen Spielzeiten dar.

Dass nicht nur Neuheit, sondern auch Abwechslung als wichtiges Kriterium der Programmplanung galt, können wir der Fülle der am Theater an der Wien aufgeführten Genres und Gattungen entnehmen. Heute würde man das Haus als ›Mehrspartentheater‹ bezeichnen, auf dessen Bühne sich Schauspiele und Melodramen, Opern und Singspiele, bis hin zu Intermezzi und Gastspielen von Varieté, Ballett und Pantomime abwechselten – oftmals auch an einem Abend, wenn etwa zwei Einakter hintereinander gegeben wurden. Ergänzt wurde das Programm durch zahlreiche Konzerte: die großen Akademien in der Fastenzeit, in denen u.a. Beethoven einige seiner Symphonien uraufführte oder einzelne Musiker des Theaters als Solisten und Organisatoren auftraten, sowie kleinere Konzerte während der Spielzeit, etwa in den Aktpausen. Das Musiktheater war dabei insgesamt die publikumswirksamste und am häufigsten aufgeführte Sparte, wie auch der oben zitierte Zeitungsartikel belegt. Die Anzahl der Aufführungen von komischen und heroischen Opern, Singspielen und Operetten machte dabei am Theater an der Wien etwa drei Viertel des Gesamtrepertoires aus, war also durchaus beliebter – zumal die Anzahl der Stücke nur etwas mehr als die Hälfte ausmachte, d.h. Opern und Singspiele wurden jeweils häufiger aufgeführt als Sprechtheaterstücke.

STOFFE, THEMEN UND TENDENZEN IM REPERTOIRE

Die am häufigsten aufgeführten Stücke im Zeitraum zwischen den beiden *Fidelio*-Fassungen waren: *Die Schwestern von Prag, Swetards Zauberthal* und *Sargines oder der Triumph der Liebe*. Wertet man die

Aufführungszahlen für die gesamte Spielzeit (jeweils von April bis April) aus, sind außerdem die Stücke *Vestas Feuer, Salomons Urteil,* sowie *Die Zauberflöte* als besonders häufig aufgeführt zu erwähnen. Der Spielplan wurde im ersten Jahrzehnt des 19. Jahrhunderts noch deutlich vom Gründer und künstlerischen Leiter des Theaters, Emanuel Schikaneder, dominiert. Gut ein Viertel der zwischen den beiden *Fidelio*-Fassungen aufgeführten Stücke entstammt seiner Feder (12 von 43). Und von den zehn am häufigsten aufgeführten Stücken dieses Zeitraums stammen allein vier von ihm. Seine Schauspiele und Libretti wurden zwar nicht für ihre literarische Qualität gelobt (eher im Gegenteil), vielmehr schätzte man an seinen Stücken die aufwändigen Bühnenspektakel und märchenhaften Stoffe. *Swetards Zauberthal* und *Die Eisenkönigin* entsprechen beide dem Genre der aufwändig dekorierten Zauberoper. Unter Schikaneders Stücken verdient *Vestas Feuer* besondere Beachtung. Mit dem Kompositionsauftrag zu diesem Libretto holte er Beethoven 1803 ans Theater an der Wien. Beethoven ließ das Projekt jedoch nach der Vertonung der ersten Szene fallen und wandte sich bekanntlich dem Leonore-Stoff zu. Schikaneder gab das Textbuch daraufhin an den Komponisten Joseph Weigl weiter. Am 10. August 1805 erfolgte die Uraufführung, und *Vestas Feuer* wurde im darauffolgenden Jahr 27 Mal aufgeführt. Die Besetzung war fast identisch mit der des *Fidelio*: alle Sänger*innen aus dem *Fidelio* – mit Ausnahme von Joseph Caché (Jaquino) – traten auch in *Vestas Feuer* auf. In einer Rezension heißt es zu dem Stück: »Der Aufwand an Dekorationen, Kleidungen, Aufzügen u.s.f. war ausserordentlich, aber er konnte die elende Dichtung doch nicht halten.«[19] Und schließlich sei auch noch Schikaneders *Zauberflöte* als absoluter ›Dauerbrenner‹ im Repertoire des Theater an der Wien erwähnt, mit 15 Aufführungen in der Spielzeit 1805/06.

Mit einigen seiner Stücke bediente Schikaneder auch das Genre des Wiener Volksstücks, z.B. *Der Tiroler Wastel, Die Fiaker in Wien, Die bürgerlichen Brüder oder die Frau aus Krems* mit deutlichem Lokalkolorit und dem Auftritt der typischen komischen Figuren der lokalen Theatertradition. Hierzu zählt auch das erfolgreichste Stück des untersuchten Zeitraums, *Die Schwestern von Prag*. Das Stück basiert

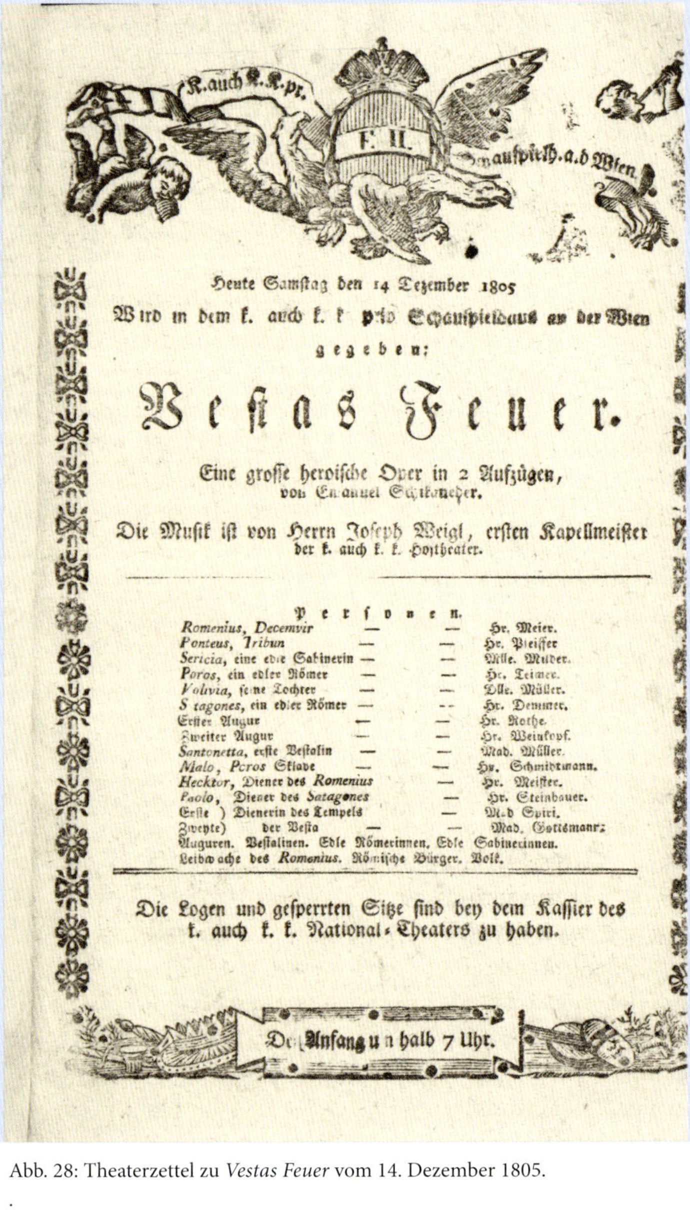

Abb. 28: Theaterzettel zu *Vestas Feuer* vom 14. Dezember 1805.

auf einer Komödie von Philipp Hafner von 1761 und wurde 1794 von Joachim Perinet für das Leopoldstädter Theater neu bearbeitet und von Wenzel Müller vertont. In der Leopoldstadt war das Stück mit über 100 Aufführungen in der ersten Hälfte des 19. Jahrhunderts so erfolgreich, dass es – möglicherweise auch vermittelt durch die zeitweilige Anstellung Perinets am Theater an der Wien – ab Februar 1806 auch hier übernommen wurde. Das Stück lebt vor allem von der burlesken Unterhaltung der verschiedenen Dienerfiguren Kaspar, Crispin und Johann (in anderen Fassungen: Hanswurst). Mit Colombine (hier: Lorchen) und Odoardo treten weitere Figurentypen auf, die, ursprünglich aus der Commedia dell'Arte stammend, zum klassischen Personal des Wiener Volksstücks gehören. Die Musik der *Schwestern von Prag* von Wenzel Müller hatte Gassenhauer-Potenzial: das Stück »Ich bin der Schneider Wetz und Wetz«, später mit dem Text »Ich bin der Schneider Kakadu«, war bald stadtbekannt. Beethoven komponierte auf diese Melodie sein Klaviertrio op. 121a, die sogenannten »Kakadu-Variationen«. Darin zeigt sich ein weiterer Beleg dafür, wie das alltägliche Bühnenrepertoire des Theater an der Wien Beethoven auch abseits des *Fidelio* nachhaltig prägte.

Beliebt waren daneben auch historisierende Stoffe, wie zum Beispiel das im antiken Rom verortete *Vestas Feuer,* oder das Melodram *Salomons Urteil,* das einen biblischen Stoff verarbeitet. Auch die als mittelalterliches Ritterspiel angelegte Oper *Sargines oder der Triumph der Liebe* ist dieser Kategorie zuzuordnen.

Etwa 40% der Stücke im Untersuchungszeitraum gehen auf französische Vorlagen zurück und basieren auf Kompositionen von Cherubini, Grétry, Dalayrac oder Méhul, etwa mit Werken wie *Lodoiska, Raul der Blaubart* oder *Die beiden Füchse.* Die Begeisterung hatte nicht nur Beethoven erfasst, über den Kapellmeister Seyfried schrieb, ihn haben »vorzugsweise Cherubini's und Mehul's Schöpfungen [gefesselt], die in selber Epoche gerade anfingen, ganz Wien zu enthusiasmiren«[20]. Die französischen Opern instrumentierte Seyfried z.T. selbst neu und sein Bruder Joseph übersetzte viele von ihnen. Obwohl alle Stücke in deutscher Übersetzung aufgeführt wurden, kann man den Einfluss der französischen Oper auf das Wiener Musiktheaterrepertoire in dieser Zeit kaum unterschätzen. Allein in den rund 30 Jahren zwischen 1790 und 1819 wurden über 120 französische Opern in Wien aufgeführt, davon eine große Anzahl auch im Theater an der Wien. Allerdings lässt sich – wie vielleicht zu vermuten wäre – nicht beobachten, dass zur Zeit der französischen Besetzung Wiens deutlich mehr französische Opern im Theater an der Wien aufgeführt worden wären. Vielmehr machten diese konstant einen entscheidenden Anteil am Repertoire aus. Der Theaterdirektor Peter Freiherr von Braun fungierte dabei als wichtiger Mittler des Kulturtransfers, indem er von seinen Parisreisen die neuesten Stücke nach Wien mitbrachte. So berichtete die *Allgemeine musikalische Zeitung* im Jahr 1802:

> Auch erwartet man eine Menge neuer theatralischer Vorstellungen aus Paris. Baron Braun, welcher von dort zurück erwartet wird, bringet die vorzüglichsten Ballette und Singspiele mit sich hierher, welche auf's genaueste nach dem Geschmacke des französischen Theaters hier aufgeführt werden sollen.[21]

Der oben erwähnte Regisseur Friedrich Sebastian Mayer war mit der Sichtung und Auswahl der französischen Opern betraut, woraufhin der Theaterdichter Joseph von Seyfried und gelegentlich auch Ignaz Franz Castelli die Stücke aus dem Französischen übersetzten. Die Musik der französischen Kompositionen wurde meist übernommen, wobei der Kapellmeister Ignaz von Seyfried und seine Kollegen gelegentlich die Instrumentierung der Stücke an die Wiener Gegebenheiten anpassten oder Einlagearien für einzelne Sänger*innen komponierten. Dabei wurde unterschiedlich umfangreich in die französischen Werke eingegriffen. Die Grenzen zwischen Übersetzung und Bearbeitung verliefen dabei fließend. Die Anpassung an die Wiener aufführungspraktischen Gegebenheiten standen jedenfalls im Vordergrund, eine Idee von ›Werktreue‹ existierte noch nicht. Dass aber Stücke auch aufeinander mehr oder weniger Bezug nahmen – in Sujets, die sich als besonders erfolgreich erwiesen hatten, in beliebter Genretypik oder auch mit populären Figurenkonstellationen – fällt immer wieder ins Auge. So war auch von Cherubinis Opern, die am Theater an der Wien erfolgreich waren, *Lodoiska* gegeben worden. Das Stück ist – wie *Fidelio* – eine Rettungsoper; ein vor allem in der französischen Oper der späten Revolutionszeit beliebtes Genre, bei dem eine zu Unrecht gefangen gehaltene Person meist durch den treuen und heldenhaften Geliebten – zuweilen auch von einer entsprechenden Geliebten – befreit wird. Eine besondere Aufführung der *Lodoiska* fand am 27. August 1805 statt, nämlich unter der Leitung des Komponisten selbst, der zu diesem Anlass auch noch zwei Nummern zur Oper hinzu komponiert hatte.[22] Ob Beethoven dieser Aufführung beiwohnte, wissen wir nicht – wohl aber ist seine außerordentliche Verehrung für Cherubini und dessen Opern belegt.

Verorten wir einmal den *Fidelio* innerhalb dieses kurz angerissenen Repertoire-Überblicks: Als Bearbeitung eines französischen Librettos mit einem historischen Handlungsort (um für die Zensur weniger angreifbar zu sein) und dem Handlungsmodell einer Rettungsoper fügt sich der *Fidelio* in das alltägliche Repertoire des Theater an der Wien von 1805/06 bestens ein. Anders als spätere Zuschreibungen, die den *Fidelio* als deutsche Oper bezeichnen, betrachtete Beethoven selbst das Libretto übrigens als französisches Textbuch. Der Dirigent Sir Julius Benedict erinnerte sich Alexander Wheelock Thayer gegenüber an eine Unterhaltung mit Beethoven in dessen Konversationsheft:

> Darauf sagte Beethoven: »Immer dieselbe Geschichte! Die Deutschen können kein gutes Libretto schreiben.« Benedict nahm das Konversationsbuch und schrieb: »Und Fidelio?« – worauf Beethoven antwortete: »Das ist ein französisches und italienisches Buch.«[23]

»Heute, Montag, den 16. März 2020 ...« Theaterzettel als Gebrauchsmedien und Erinnerungsobjekte

Für den Wiener Theaterbesucher um 1800 war der einzelne Theaterzettel vor allem ein Informationsmedium mit knappen, sachlichen Daten und Namen. Die meisten Exemplare dieser täglich wechselnden Gebrauchsdrucke wurden vermutlich weggeworfen. Dass aber dennoch jemand die Zettel für erinnerungswürdig hielt, sie sammelte, ordnete und archivierte, ermöglicht es uns heute, sie in einem größeren Zusammenhang zu betrachten und verschiedene Fragestellungen an sie heranzutragen. So ergeben die Theaterzettel des Zeitraums zwischen den *Fidelio*-Aufführungen 1805/06 in der Zusammenschau – zumal in Korrespondenz mit Seyfrieds *Theater-Journal* – einen lebendigen Eindruck des Theaterlebens um 1800. Sie berichten über das Ansehen und die Qualitäten einzelner Darsteller*innen, erzählen von kleinen ›Alltagsdramen‹ wie heiseren Schauspielern oder verlorenen Brieftaschen, verweisen gleichzeitig auf große politische Zusammenhänge wie die Französische Besatzung Wiens. Und nicht zuletzt liefern sie in ihrer Gesamtheit ein Panorama eines äußerst vielfältigen Spielplans, der sich zwischen dramatischer Oper und burlesker Komödie, zwischen französischen Vorlagen und Wiener Lokaltraditionen bewegte.

Steht ein Besucher oder eine Besucherin im Jahr 2020 vor dem Eingang des Theater an der Wien, wird sein oder ihr Blick wiederum auf ein *Fidelio*-Plakat fallen. Ebenso wie die Theaterzettel von 1805 und 1806 wird dieses Plakat die Funktion eines Informationsmediums mit Werktitel, Aufführungsdaten und den Namen der Mitwirkenden erfüllen. Und ebenso wie die Theaterzettel des frühen 19. Jahrhunderts verrät das Plakat auf einer zweiten Ebene Vieles über unsere heutige Zeit: Es verweist auf eine bestimmte Form des Gedenkens anlässlich eines Jubiläumsjahrs. Es geht von *Fidelio* als selbstverständlichem Bestandteil eines Kanons von regelmäßig aufgeführten Opern aus. Und mit der Aufführung der Fassung von 1806 erinnert es an die (Ur-)Aufführungsgeschichte des Hauses. Der Blick auf die zeitgenössische Rezeption *Fidelios,* auf Beethovens Arbeitsumfeld am Theater an der Wien und die seinerzeit aufgeführten Werke zeigt uns jedenfalls, dass ein heute aufgehängtes Theaterplakat die Geschichte eines über 200 Jahre andauernden Prozesses des Erinnerns und Gedenkens in sich tragen kann.

Alexander Fischerauer

»VON KEINEM EFFEKTE« BIS ZUM »HAUCH DES GENIES«

ZEITGENÖSSISCHE REZENSIONEN ZU BEETHOVENS *FIDELIO*

Die eine Oper *Fidelio* gibt es nicht: Drei unterschiedliche Fassungen fordern zum Abwägen, Vergleichen und Forschen auf: Der Fassung von 1805 folgte die nach nur zwei Aufführungen abgesetzte zweite Fassung von 1806, sowie die umjubelte und später kanonisierte Fassung von 1814. Erst diese letzte Bearbeitung, die am Kärntnertortheater ihre Premiere feierte, wurde weithin als phänomenaler Erfolg ausgerufen und wahrgenommen. Die Aufführungen von 1805 und 1806 wurden dagegen weder vom Publikum, noch von der Presse mit besonderem Interesse bedacht. Lange Zeit galt die Oper *Fidelio* in der Fassung von 1814 als unanfechtbarer Maßstab, vor allem angesichts einer Anzeige, die der Verleger Artaria im Namen Beethovens am 1. Juli 1814 in der *Wiener Zeitung* abdrucken ließ:

> Die gegenwärtige musikalische Bearbeitung ist von einer früheren wohl zu unterscheiden, da beinahe kein Musikstück sich gleich geblieben, und mehr als die Hälfte der Oper ganz neu componiert worden ist. Partituren, in allein rechtmäßiger Abschrift sammt dem Buche im Manscript, sind von mir oder dem Bearbeiter des Buches, Herrn F. Treitschke, K.K. Hof-Theater-Dichter, zu bekommen. Andere Abschrif-

ten auf unerlaubten Wegen werden durch die Gesetze geahndet werden. Wien, den 28sten Juni 1814.[1]

Mit den verschiedenen Fassungen der Oper korrespondieren eine Reihe von Rezensionen aus den entsprechenden Aufführungsjahren. Diese Rezensionen dokumentieren die Wirkungsgeschichte eines wandelbaren Werkes, die einen Beethoven von 1805/06 vom begabten Komponisten, jedoch ohne erkennbares Talent auf dem musikdramatischen Feld schließlich zu dem als gottgleich wahrgenommenen (Opern-)Heros von 1814 heranwachsen lassen. Wenn sich die Rezensenten hinsichtlich des 1814 eintretenden plötzlichen Erfolges auf die von Beethoven selbst so stark propagierten einschneidenden Änderungen berufen, kann man mit dem heute möglichen Vergleich der Textbücher und der musikalischen Struktur entgegenhalten: »›Mehr als die Hälfte der Oper‹ ist nun allerdings nicht neu komponiert worden. Hier hat Beethoven gewaltig übertrieben. Wirkliche Neukompositionen sind lediglich der Chor *Leb wohl, du warmes Sonnenlicht*, der Allegroteil der Florestan-Arie und der größte Teil des letzten Finales. Alles übrige betraf Kürzungen und Veränderungen bereits vorhandener Musikstücke.«[2] Selbst die nach außen hin scheinbar so tiefgreifende Veränderung in der Kürzung von drei Akten auf zwei beruht lediglich auf einer »Umbenennung: Der II. Akt wurde wieder (wie in Bouillys Libretto) zur zweiten Hälfte des ersten.«[3] Die Kritik der Oper durch zeitgenössische Rezensenten unterlag also starken Wandlungen, die zu den tatsächlichen textlichen und musikalischen Veränderungen durchaus nicht proportional verläuft: Das Schreiben und Sprechen über die Veränderungen an Text und Musik der Oper scheinen für den Erfolg wesentlicher gewesen zu sein, als die tatsächlichen, überschaubaren Veränderungen selbst. Dies lässt sich nicht erst anhand des durchschlagenden Erfolges von 1814 nachvollziehen: Bereits in den so nah beieinander liegenden Aufführungen von 1805 und 1806 am Theater an der Wien wird die Diskrepanz deutlich: »1805 hatte der Berichterstatter der AmZ noch ›Eigenthümlichkeit, Neuheit und einen gewissen originellen Schöpfungsglanz‹ vermisst. Und nun, vier Monate später entdeckte man plötzlich den ›Hauch des Genies‹. Dabei war — außer der bemängelten Ouvertüre — ja gar nicht viel Neues hinzugekommen!«[4]

Ein Vergleich der verschiedenen Rezensionen kann demnach kaum die Erkenntnis über etwaige Qualitäten einzelner Opern-Fassungen befördern. Was man aber an ihnen schrittweise nachvollziehen kann, ist die Herausbildung, Fortschreibung und letztlich unumstößliche Befestigung bestimmter Narrative. Beethoven und seine Bedeutung als Opernkomponist rücken damit jeweils in ein bestimmtes Bild bzw. in eine bestimmte Erzählung, die ganz unterschiedliche Motivationen erkennen lässt.

In diesem Zusammenhang sind politische Umstände der Entstehungs- und Aufführungszeiten von besonderer Bedeutung. Nicht nur die Wahrnehmung in den Rezensionen war durch den politischen Blickwinkel geprägt, auch Beethoven selbst positionierte sich – in der Öffentlichkeit deutlich wahrnehmbar – politisch:

> *Der glorreiche Augenblick*, op. 136, wurde am 29. November 1814 im Großen Redoutensaal zu Wien erstmals dargeboten und unmittelbar danach zweimal wiederholt (am 2. und 25. Dezember). 6000 Hörer sollen der Uraufführung beigewohnt haben, darunter das österreichische Kaiserhaus sowie die Monarchen, die samt Gefolge zum Kongress angereist waren. Schon der Kantatentitel bringt zum Ausdruck, dass das Werk einen großen geschichtlichen Moment thematisiert. Man darf die Komposition als offizielle Kongress-Kantate betrachten, in dem sich die Akteure des politischen Ereignisses feiern lassen. Bereits vor dem Kongress erweckte Beethoven mit der Erstaufführung des *Fidelio* (Uraufführung der dritten Fassung am 23. Mai 1814 und Wiederholung am 26. Mai) Aufsehen, und mit der Aufführung vom 18. Juli 1815 – am Ende des Wiener Kongresses – erreichte er ein europäisches Publikum. […] Dass die Kantate *Der glorreiche Augenblick* trotz Beethovens großer Bemühungen zu seinen Lebzeiten nicht im Druck erscheinen konnte, ist ein Symptom dieser Diskrepanz zwischen Biographie und Rezeptionsgeschichte.[5]

Die Bearbeitungsschritte der drei *Fidelio*-Fassungen waren einer etablierten Theaterpraxis geschuldet (Kürzungen, Zusammenfassungen, Neukompositionen), über die Beethoven öffentlich nicht spricht, stattdessen vielmehr diejenigen Narrative bedient, die den erhofften Erfolg der Oper bestmöglich befördern: Darin beweist er sich als kundiger Akteur innerhalb des Wiener Musiklebens. Wenn die Rezensenten vom Erfolg bzw. Misserfolges des Werkes *Fidelio* sprechen ist die Kritik am Libretto und an der Musik wesentlich der politischen Stimmungslage geschuldet, d.h. sie ist von der Frage abhängig ob dieses oder jenes Werk gerade in ein entsprechendes Verhältnis zur politischen und gesellschaftlichen Situation gebracht werden kann, auch wenn dieser springende Punkt oft nur im Subtext zum Ausdruck kommt.

DIE REZENSIONEN VON 1805

Gemessen an der späteren Berühmtheit des *Fidelio*, markieren die ersten publizistischen Reaktionen auf die Uraufführung eine bemerkenswerte Leerstelle: Erst am 4. Januar 1806 erschien in der Leipziger *Zeitung für die elegante Welt* eine Besprechung der Uraufführung – wohlgemerkt nicht in Form einer Theaterrezension, sondern innerhalb eines Artikels mit dem Titel »Wien von den Franzosen besetzt«. Der unbekannte Autor ist erstaunt über die beinahe ruhige Atmosphäre in der Stadt angesichts der politischen Ausnahmesituation der Belagerung. Lediglich die »Blauen Röcke« der Franzosen würden das Stadtbild verändern, im Vergleich zu den gewohnten Uniformen der »Wiener Polizeisoldaten«. Erst der Theaterbesuch führt dem Rezensenten die Veränderungen des Alltagslebens vor Augen:

> Abends besuchte ich das Theater, und hier fühlte ich zum ersten Male, daß nicht alles wie vorher war. Man gab Fidelio, eine neue Oper von Beethoven. Das Theater war gar nicht gefüllt, und der Beifall sehr gering. In der That ist der dritte Act sehr gedehnt, und die Musik, ohne

> Effect und voll Wiederholungen, vergrößerte die Idee nicht, die ich nach Beethoven's Cantate mir von seinem Talente zur Gesangescomposition gebildet hatte; daß doch so viele, sonst gute Componisten gerade an der Oper scheitern, bemerkte ich ganz leise meinem Nebenmanne, dessen Mienen mein Urtheil zu billigen schienen. Er war ein Franzose und suchte die Ursache darin, daß die Composition die höchste Kunststufe sei, und auch sonst eine ästhetische Ausbildung fordere, die man, wie er höre, bei deutschen Musikern selten finde. — Ich zuckte die Achseln und schwieg.[6]

Auch die Rezension in Kotzebues *Der Freimüthige* vom 14. Januar 1806 spricht von enttäuschten Erwartungen:

> Man hat in den letzten Zeiten wenig Neues von Bedeutung gegeben. Eine neue Beethovensche Oper: Fidelio, oder Die eheliche Liebe, gefiel nicht. Sie wurde nur einigemale aufgeführt und blieb gleich nach der ersten Vorstellung ganz leer. Auch ist die Musik wirklich weit unter den Erwartungen, wozu sich Kenner und Liebhaber berechtigt glaubten. Die Melodien sowohl als die Characteristik vermissen, so gesucht auch manches darin ist, doch jenen glücklichen, treffenden, unwiderstehlichen Ausdruck der Leidenschaft, der uns in Mozartschen und Cherubinischen Werken so unwiderstehlich ergreift. Die Musik hat einige hübsche Stellen, aber sie ist sehr weit entfernt ein vollkommenes, ja auch ein gelungenes Werk zu sein. Der Text, von Sonnleithner übersetzt, besteht aus einer Befreiungsgeschichte, dergleichen seit Cherubinis *Deux Journées* in Mode gekommen sind.[7]

In den beiden Rezensionen lassen sich zwei Narrative besonders verdeutlichen: Erstens die speziell erforderliche Begabung zum Opernkomponisten, die Beethoven hier eindeutig abgesprochen wird. Zweitens der (abwertende) Vergleich mit anderen Komponisten. Beethoven als Opernkomponist wird mit einer enttäuschten Erwartungshaltung in Verbindung gebracht. *Fidelio* wird lediglich als *ein* Beitrag innerhalb einer Ansammlung von Werken verstanden, die gerade »in Mode gekommen« seien. Hierzu bilden die

Rezensionen von 1814 (und später) einen starken Gegensatz, indem sie beflissen die Alleinstellungsmerkmale des *Fidelio* gegen andere zeitgenössische Komponisten und Werke herausarbeiten, d.h. den *Fidelio* aus jeder Art von »Mode« herauszulösen bestrebt sind. Mehr noch: man versucht 1814 bereits, ihn kanonisierten Opern von Mozart, Cherubini u.a. an die Seite zu stellen.

Solange jedoch Beethovens überragende Bedeutung als Komponist (und damit auch: *Opern-Komponist*) noch keine sich von selbst verstehende Angelegenheit war, konnten sein Stil und seine Wirkung auch nicht als mustergültig beschrieben werden. Von diesem Blickwinkel zeugt eine längere Rezension der *Leipziger Allgemeinen Zeitung* vom 8. Januar 1806, in der neben dem bereits den enttäuschten Erwartungen an die Oper zusätzlich das Miss- und Spannungsverhältnis zum *Schönen* thematisiert wird:

> Das merkwürdigste unter den musikalischen Produkten des vorigen Monats war wohl die schon lange erwartete Beethoven'sche Oper: Fidelio oder Die eheliche Liebe. Sie wurde am 20. November gegeben, aber sehr kalt aufgenommen. Ich will etwas ausführlicher darüber sprechen. Wer dem bisherigen Gange des Beethoven'schen sonst unbezweifelten Talentes mit Aufmerksamkeit und ruhiger Prüfung folgte, mußte etwas ganz anderes von diesem Werke hoffen als gegeben wurde. Beethoven hatte bis jetzt so manchesmal dem Neuen und Sonderbaren auf Unkosten des Schönen geopfert; man mußte also vor allem Eigenthümlichkeit und einen gewissen originellen Schöpfungsglanz von diesem seinem ersten theatralischen Singproducte erwarten — und gerade diese Eigenschaften sind es, die man am wenigsten darin antraf. Das Ganze, wenn es ruhig und vorurtheilsfrei betrachtet wird, ist weder durch Erfindung noch durch Ausführung hervorstechend. [...] Den Singstücken liegt keine neue Idee zu Grunde, sie sind größtentheils zu lang gehalten, der Text ist unaufhörlich wiederholt und endlich auch zuweilen die Characteristik auffallend verfehlt [...]. Die Chöre sind von keinem Effekte und einer derselben, der die Freude der Gefangenen über den Genuß der freyen Luft bezeichnet, ist offenbar mißrathen: Auch die Aufführung war nicht vorzüglich. Dem. Milder hat trotz ihrer schö-

> nen Stimme doch für die Rolle des Fidelio viel zu wenig Affekt und Leben, und Demmer intoniret fast immer zu tief. Alles das zusammen genommen, auch wohl zum Theil die jetzigen Verhältnisse machten, daß die Oper nur dreymal gegeben werden konnte.[8]

Es ist auffallend, dass in den Rezensionen zur Uraufführung von 1805 an keiner Stelle vom *Genie* des Komponisten die Rede ist, jenem so schlagkräftigen und wirkungsvollen Narrativ, das Beethoven später wie kaum einem anderen Komponisten zugeschrieben wurde und wird. Die Anforderungen, die an ein »geniales« Werk gestellt wurden, waren in der Zeit um 1800 eng am Narrativ des *Schönen* orientiert. Während dem *Fidelio* des Jahres 1805 diese Eigenschaften noch ausdrücklich abgesprochen wurden, setzte bereits mit der zweiten Fassung 1806 diesbezüglich ein Wandel ein. Besonders ab 1814 gab es jedoch in dieser Hinsicht kein Halten mehr: Die Werke Beethovens wurden gleichermaßen zu Musterbildern vollendeter Schönheit als auch zu Produktionen eines außerordentlichen Genies (v)erklärt.

DIE ÜBERARBEITETE FASSUNG VON 1806

Vier Monate nach den Aufführungen der ersten Fassung des *Fidelio* legte Beethoven eine neue Bearbeitung der Oper vor. Diese zweite Fassung wurde erstmals am 29. März 1806 aufgeführt und am 10. Mai noch einmal wiederholt; danach wurde *Fidelio* abgesetzt. Die Gründe hierfür sind aufgrund der dürftigen Quellenlage nicht mehr zu rekonstruieren: »Offenbar gab es ein Zerwürfnis mit Peter von Braun, wobei Beethovens Empfindlichkeit und Stolz eine Rolle spielten.«[9] Die zweite Fassung wurde mehrfach besprochen, wobei die Rezensenten vor allem auf die (teilweise nur scheinbaren) Kürzungen und Veränderungen eingehen. Kurz und bündig wird am 2. April 1806 in der *Allgemeinen musikalischen Zeitung* berichtet: »Beethoven hatte seine Oper: Fidelio, mit vielen Veränderungen und Abkürzungen wieder auf die Bühne gebracht. Ein ganzer Akt ist dabei eingegangen, aber das Stück hat gewonnen und nun auch besser gefallen.«[10]

Eine ausführliche Rezension wird in der *Zeitung für die elegante Welt* am 10. Mai veröffentlicht:

> Beethoven's Oper Fidelio erschien neu umgearbeitet im Theater an der Wien. Die Umarbeitung besteht in der Zusammenziehung dreier in zwei Acte. Es ist unbegreiflich, wie sich der Compositeur entschließen konnte, dieses gehaltlose Machwerk Sonnleithners mit der schönen Musik beleben zu wollen, und daher konnte — die niedrigen Kabalen des ehrenvesten — — nicht mitgerechnet — der Effect des Ganzen unmöglich von der Art sein, als sich der Tonkünstler wohl versprochen haben mochte, da die Sinnlosigkeit der rezitirenden Stellen den schönen Eindruck der abgesungenen ganz oder doch größtenteils verwischte. Es fehlt Hrn. B. gewiß nicht an hoher ästhetischer Einsicht in seine Kunst, da er die in den zu behandelnden Worten liegende Empfindung vortrefflich auszudrücken versteht, aber die Fähigkeit zur Uebersicht und Beurtheilung des Textes in Hinsicht auf den Totaleffect scheint ihm ganz zu fehlen. Die Musik ist jedoch meisterhaft, und B. zeigte, was er auf dieser neu betretenen Bahn in der Zukunft wird leisten können. Vorzüglich gefallen das erste Duett und die zwei Quartetten. Die Ouvertüre hingegen mißfällt wegen der unaufhörlichen Dissonanzen und des überladenen Geschwirres der Geigen fast durchgehends, und ist mehr eine Künstelei als wahre Kunst. Mlle. Milder als verkleideter Fidelio singt die für ihre liebliche, obwohl wenig gebildete Stimme genau berechnete Partie recht brav; nur kann sie zuletzt aus den Umarmungen ihres geretteten Gemahls sich gar nicht loswinden. Auch Mlle. Müller that ihr Möglichstes.[11]

Die Narrative des (Un-)*Schönen,* weil Dissonanten, werden hier genauso fortgeschrieben wie die Feststellung, dass Beethoven die Begabung zur Oper hinsichtlich der Beurteilung des »Totaleffects« fehle, gleichwohl er auf dem Gebiet der Musik »meisterhaft« und zukunftsfähig sei.

Mit der herben Ablehnung Sonnleithners, des offiziellen Librettisten der Fassungen von 1805 und 1806, wird zugleich ein neues Narrativ eingeführt: Der seinen (unfähigen) Librettisten zum Opfer gefallene Komponist ist ein willkommenes Bild, dessen man sich bedienen kann, um etwa vorhandene Schwächen der Oper zu externalisieren. Während die Rezensenten der Uraufführung darin übereinzustimmen scheinen, dass die Oper »ohne Effect« und von mangelnder »Characteristik« sei, klingt in den Rezensionen zur zweiten Fassung von 1806 bereits eine deutliche Verschiebung an, die dem Werk eine positivere Würdigung angedeihen lässt. Von einem Rezensenten des *Journales des Luxus und der Moden* wird sie gar als Erfolg gewertet: »Beethoven, dessen Arbeiten von vielen als zu schwierig, zu tiefsinnig, gelehrt und transcendent verschrieen sind, zeigte in dieser Oper, daß er die lieblichste Grazie mit Stärke und einem unerschöpflichen Reichthume von Ideen in das schönste Ebenmaas zu bringen verstehet. Der Hauch des Genies belebt das ganze Werk.«[12]

Während hier bereits vom »schönsten Ebenmaas«, »Genie« und »unerschöpflichen Reichthume« gesprochen wird, pocht ein anderer Rezensent noch deutlich auf »unaufhörliche Resonanzen« und »Künstelei statt wahre[r] Kunst«. Die Narrative des *Genies* und des *Schönen* werden in engem Zusammenhang verhandelt, das eine wird ohne das andere nicht ganz zugestanden.

DIE AUFFÜHRUNG VON 1814: DER AUFSCHWUNG IN HIMMLISCHE SPHÄREN

Beethovens Bedeutung im Wiener Musikleben hatte sich in den Jahren von 1805 bis 1814 rasant entwickelt, ein regelrechter Kult um den Komponisten war bereits eingetreten: »Beethovens Musik erfreute sich in diesen adligen und in den aufstrebenden bürgerlichen Kreisen weiterhin allgemeiner Beliebtheit. Seine Oper Fidelio [...] wurde allein im Oktober 1814 siebenmal im Kärntnertortheater gegeben, einmal davon am Jahrestag der Schlacht bei Leipzig am 18. Oktober. [...] Im November stand Fidelio noch dreimal und ab

Dezember bis Juni ein- bis zweimal monatlich auf dem Programm.«[13]

Die *Wiener Theaterzeitung* berichtet am 28. Mai 1814 in überschwänglichen Worten:

> Am 23. May wurde zum ersten Mahl aufgeführt: *Fidelio*, eine Oper in zwei Aufzügen, nach dem Französischen neu bearbeitet. Die Musik ist von Ludwig van *Beethoven*. Die Einnahme war für die Herrn Opern-Regisseure *Saal*, *Vogel* und *Weinmüller* bestimmt. — Wie uns der Anschlagzettel bekannt machte, erschien diese Oper heute in einer ganz neuen Gestalt. Der Componist war bemüht sie umzuarbeiten, sie war mit neuen Musikstücken auszuschmücken, und so gleichsam den letzten Pinselstrich ans Gemälde anzulegen. Wir erfreuten uns daher eines Genusses, der in seiner Art einzig war. Wir bewunderten Beethoven in seiner ganzen Größe, und was noch mehr als dieß war — wir bewunderten den Meister mit einer Zahl von Anbethern, die noch vor der *Schlacht von Vittoria* zu seinen Antagonisten gehört hatten. — Endlich hat das große Genie einmahl durchgedrungen, und vermag es noch bei seinem Leben, sich seiner Werke zu erfreuen. Eine große Seltenheit! Eine seltene Größe unserer tonangebenden Republik im Gebiethe der Kunst! Wie viel große Männer lebten, von denen man erst sprach, wenn sie nicht mehr waren, deren Werke man nach dem Tode mit Tausenden bezahlte, indeß sie bei ihrem Leben nicht so viel erübrigen konnten, sich eine frugale Mahlzeit zu verschaffen! Die Musik zu dieser Oper ist ein tiefgedachtes, reinempfundenes Gebilde der schöpferischsten Phantasie, der lautersten Originalität, des göttlichsten Aufschwung des Irdischen in das unbegreifliche Himmlische. Beethoven besitzt die Gewalt, seine Töne mit einem solchen Zauber zu verbinden, daß sie wie eine Ode von Klopstock, das Herz mächtig erweitern, wenn man sie genießt, und die Seele mit einer Reihe von Gedanken und Bildern beschäftigen, denen man vorher nie nachging. Der Rezensent, der sie nach ihren Tonarten zergliedern wollte, wäre er noch so aufgeblasen und thörigt wie Herr Sperling aus Krähwinkel, er würde nur einen Maikäfer dem Fluge eines Adlers nachsenden![14]

Die *Einzigartigkeit* und das *Exklusive* dieser Oper durchziehen die Rezension wie ein roter Faden. Nicht nur, dass Beethoven als »große[s] Genie« gewürdigt wird, er wird zur »Leitfigur unserer tonangebenden Republik im Gebiethe der Kunst« erklärt. Die »inzwischen verbreitete Bewunderung für die Originalität und Schaffenskraft Beethovens«[15] rührt damit nicht zuletzt von einem politischen Motiv her: Die politisch höchst wirksame *Schlachtensymphonie* wird in der Rezension vom 28. Mai 1814 besonders hervorgehoben: »[…] wir bewunderten den Meister mit einer Zahl von Anbethern, die noch vor der *Schlacht von Vittoria* zu seinen Antagonisten gehört hatten.«[16] Die politische Konformität geht damit Hand in Hand mit der künstlerischen: Beide Narrative, das *politisch-nationale* sowie das *genial-künstlerische*, ergänzen sich zu einem Beethoven-Bild, dessen Tenor auch die heroisierenden Biographien des 19. und 20. Jahrhunderts beherrschen wird. Eine weitere, um sachlicheren Tonfall bemühte Rezension erschien am 18. Juli 1814 im *Morgenblatt für gebildete Stände*:

> Fidelio ist schon ehemals gegeben worden und der Inhalt allgemein bekannt. Es hat Alles in derselben einen sehr einfachen Gang, und von einer großen Verwicklung ist die Rede nicht. Das Verdienst des Hrn. Treitschke bey der Bearbeitung besteht darin, daß er die Szenen besser ordnete, die Finale abänderte und die Musikstücke ausbesserte. Die Musik, als solche betrachtet, ist ächt klassisch, und hat ungemeine Wirkung gemacht. Die Musiker von Metier verstummten vor Bewunderung; auch enthält sie eine vortreffliche Instrumentirung und Ideen voller Originalität. Die Sänger wollen dagegen behaupten, daß sie zu reich instrumentirt sey, und ihre Stimmen nicht durchdringen können. Immerhin! man versteht ja selten vom Gesange Etwas, und es war kein ungereimter Vorschlag, zu Probe die Oper ›Lodoiska‹ ein Mal ganz ohne Gesang zu geben!! Die Besetzung ließ Manches zu wünschen übrig, doch verdienen Hr. Vogel (Pizarro) und Weinmüller (Kerkermeister) alles Lob. Mad. Milder (Fidelio) sang sehr schön, aber ihr Spiel stand in gar keinem Verhältnisse mit dem Gesange. Es ist kalt und eckigt. Der Compositeur ist mehrmals lärmend hervorgerufen worden.[17]

Der Wandel von einer *durchgefallenen Oper* hin zu einem *Meisterwerk* war im Publizistischen damit vollzogen. Die parallel zu den jeweiligen Fassungen entwickelten Narrative trugen wirksam dazu bei, lediglich der letzten Fassung von 1814 uneingeschränkte Gültigkeit zu erteilen: »Dann aber musste die *Leonore* nicht nur durchweg der Fassung letzter Hand weichen, sondern geriet auch gegenüber der *Urleonore* ins Hintertreffen. Letzterer Fassung nämlich wurde eine unverfälschte Originalität zugesprochen, während die 1806er-Version zur bloßen Strichfassung degradiert wurde. Eine Rehabilitierung der 1806er-Version erfolgte erst 1997, als die *Leonore* unter dem Dirigat von Marc Soustrot erklang.«[18]

Beethoven selbst tat sein Bestes, die Exklusivität dieser neuesten Fassung zu unterstreichen: durch die erwähnte Zeitungsannonce, die zügige Herausgabe eines Klavierauszuges im August 1814 (► Lindmaier), sowie fortgesetzte Aufführungen am Kärntnertortheater. Sowohl in den Rezensionen der zweiten Fassung von 1806 als auch der letzten Fassung 1814 wurde die Erzählung von der maßgeblich überarbeiteten Oper bereitwillig aufgegriffen. Die Aufnahme Beethovens in den Kanon der großen, »seltenen«, ja »himmlischen« Genies stellt ein weiteres Narrativ dar, das alle Ansprüche der Schönheit, der Schöpferkraft und der Originalität in sich vereint. Die »ächt klassische« Eigenart des *Fidelio* ist letztlich nicht an der Musik, am Text oder an der Qualität einer Darbietung festgemacht worden: Sie entstand erst durch entsprechende Zuschreibungen, zunächst in einer Rezension, dann in Lehrbüchern, in Vorträgen und Besprechungen. Das Vertrauen in die Richtigkeit dieses Narrativs, d.h. der Glaube an den unbedingten Wert jener dritten Fassung des *Fidelio*, hat dazu geführt, dass die Fassungen von 1805 und 1806 bis heute mehr oder weniger ein Schattendasein führen.

Hannah Lindmaier

ORTSWECHSEL: OPER IM SALON MUSIZIEREN

BEARBEITUNGEN ALS TEIL DER FRÜHEN *FIDELIO*-REZEPTION IN WIEN

Eine stilisierte Hügellandschaft mit Bienenkorb im Hintergrund, mittig durch das Bild fliegt eine Biene, die Nektar aus einer fantasievoll gestalteten Blumenlandschaft im Bildvordergrund sammelt. Eine Biene ist ein fleißiges Wesen, sie sammelt unermüdlich Nektar, um diesen ebenso unermüdlich zu Honig zu machen. Damit war die Biene schon im 18. Jahrhundert ein Symbol für die *industria*, die Betriebsamkeit. Was aber hat man sich unter einer »musikalischen Biene« vorzustellen? Mit diesem Titel versah der Wiener k.k. Hoftheater-Musik-Verlag eine Serie von Notensammlungen für das Pianoforte, die er zwischen 1819 und 1821 druckte und vertrieb. Darin wurden einfach gesetzte Arrangements bekannter Werke für die häusliche Musizierpraxis angeboten. Zum gleichbleibenden Markenkern dieser 30-bändigen Sammlung gehörte das Titelblatt (Abb. 29).

Erst auf den zweiten Blick erkennbar sind zahlreiche Komponistennamen, die in die Blätter und Blüten eingeschrieben sind, darunter Händel, Haydn, Mozart, Salieri, Cherubini, Boieldieu, Weigl, Paisiello, Spontini, Rossini, Beethoven, Gyrowetz, Paër, Gluck und Zingarelli. Die emsige (weibliche) Biene kehrt also stets zur Blume – zu ihrer (Inspirations-)Quelle – zurück, um sich neuen Nektar zu holen. Beethoven wird hier als einer von vielen Komponisten genannt, deren Musik als Quelle ›angezapft‹ und ganz selbstver-

Abb. 29: *Die musikalische Biene. Ein Unterhaltungs Blatt für das Piano Forte.* Titelkupfer. Wien: k.k. Hoftheater-Musik-Verlag 1819.

ständlich für die Hausmusik bearbeitet wird; so taucht etwa sein *Fidelio* in sechs Ausgaben der *Musikalischen Biene* auf. Es ist also gut vorstellbar, dass *Fidelio* in diesen Bearbeitungen auf den Pianofortes der Wiener Wohnstuben und Salons gespielt wurde. *Fidelio* im Salon? Diese Bearbeitungen dienten einer wesentlichen Musizierpraxis der Zeit: dem Erinnern und Wieder-Hören des im Theater Erlebten. Wer aber kaufte solche Notensammlungen und wer spielte sie? Wo erklangen diese Bearbeitungen?

EIN PUBLIKUM, DAS MUSIZIERT

> [E]inige Mitglieder unseres Kreises und ich selbst waren musikalisch, es wurde also Abends die Zeit sehr oft mit Musik verkürzt; denn damals waren die Forderungen an die Leistungen der Dilettanten nicht so hoch gespannt als jetzt, und man konnte sich mit Beifall unter seinen Freunden hören lassen, wenn man auch nicht imstande war, eine Bravour-Arie zu singen oder sich im Theater auf dem Fortepiano zu produciren.[1]

Mit diesen Worten beschreibt die österreichische Schriftstellerin Caroline Pichler das gesellige Musizieren im hoch angesehenen Salon ihrer Mutter. In ihren Memoiren *Denkwürdigkeiten aus meinem Leben* zeichnet die Literatin ein Bild reger kultureller Aktivität in der Wiener bürgerlichen Gesellschaft zu Beginn des 19. Jahrhunderts: Einerseits nahm man am öffentlichen Kulturleben als Publikum von Konzerten, Theater- und Opernaufführungen teil, andererseits wurde im halbprivat-halböffentlichen Raum des Salons selbst aktiv musiziert, Theater gespielt, wurden Gedichte rezitiert, philosophische oder politische Gespräche geführt sowie kulturelle und gesellschaftliche Ereignisse diskutiert. Welchen Stellenwert das häusliche Musizieren und die musikalische Betätigung in größeren oder kleineren Abendgesellschaften als wesentliche kulturelle Praxis der Zeit einnahm, mag die Einschätzung des Musikkritikers Eduard Hanslick in seiner *Geschichte des Concertwesens in Wien* verdeutlichen:

> Der Dilettantismus zog sich an den häuslichen Herd zurück, hier aber arbeitete er mit einer liebevollen Emsigkeit, die hinter dem Eifer der Vorgänger nicht zurück blieb. Ja, wenn man die große Zahl dieser regelmäßig thätigen Musikkreise überschaut, darf man das Decennium 1810–1820 wohl für den Höhenpunkt des musikalischen Dilettantismus in Wien erklären.[2]

Welche Musik in den Salons gespielt wurde, lässt sich nur teilweise rekonstruieren. Da keine Programme veröffentlicht wurden und in der Regel auch keine Rezensionen in den Zeitungen erschienen, liefern hierfür Tagebücher oder Memoiren wie die von Caroline Pichler Anhaltspunkte, und vor allem auch die vielen Notendrucke der Wiener Musikverlage, die für diese Formen des häuslichen Musizierens gedacht waren. Neben Originalkompositionen waren Bearbeitungen aktueller Werke aus dem Opern- und Konzertleben ein wesentlicher Bestandteil des Repertoires. Diese Arrangements für unterschiedliche Besetzungen ermöglichten einem musikalisch aktiven Publikum, die erlebten Opernaufführungen zu Hause nachzuspielen, sich mit populären Bühnenwerken vertraut zu machen oder eine neue Oper vielleicht schon vorab kennenzulernen (manchmal gelang es den Verlagen sogar, Klavierauszüge bereits vor der Premiere zu veröffentlichen). Bearbeitungen konnten auch pädagogische Funktionen einnehmen und dienten vor allem – das Spielrepertoire um populäre Stücke erweiternd – der Unterhaltung.

BEARBEITUNGEN ALS SPIEGEL DES (MISS-)ERFOLGES?

Es liegt nahe, den Erfolg einer neuen Oper primär an Aufführungszahlen, Rezensionen und anderen zeitgenössischen Berichten festzumachen. Doch Schriftzeugnisse als Ausdruck des Publikumsgeschmacks geben nur einen Teil der öffentlichen Meinung wieder. Die »Theater-Freunde« – also jene anonyme Gruppe von Musikliebhaber*innen, denen Anton Diabelli etwa die zwölf Hefte seines *Neuesten Journals für 2 Flöten* widmete,[3] – äußerten sich in der Regel nur indirekt, etwa durch das Kaufen, Spielen und Zirkulieren(lassen) von Opern-Bearbeitungen. Musikverlage stimmten ihre Produktionen maßgeschneidert auf dieses Publikum und die Nachfrage am Markt ab. So können Bearbeitungen als Gradmesser für die Popularität einer Oper gelten.

Joseph Sonnleithner, der Librettist des *Fidelio*, stellte in seinem *Theater Almanach für das Jahr 1794* einen Zusammenhang zwischen der Bearbeitungspraxis und der Beliebtheit aktueller Opern her:

> Wie viele Dilettanten es hier gebe, zeigt sich [...] überdies an dem großen Absatze der Clavierauszüge aus Opern und Operetten. Wie hier eine Oper, entweder auf den Hoftheatern, oder auf dem Marinellischen und Schikaneder'schen Theater [...] erscheint, so findet man schon in wenigen Wochen die Stücke welche am meisten gefallen haben, in den Zeitungsblättern im Clavierauszuge angekündigt. Die melodischen Stücke sind dann sehr bald in jedermanns Munde.[4]

Auch Beethovens *Fidelio* wurde dem Publikum von den Wiener Verlagen durch Bearbeitungen zum Musizieren angeboten. Angesichts der divergierenden Rezeption der drei Fassungen ist es lohnend, diese Oper im Spiegel der Bearbeitungspraxis zu betrachten: Wie populär war Beethovens Oper in den Wiener Musikzirkeln? Welche Arrangements waren unmittelbar im Umfeld der – als gescheitert geltenden – Uraufführung 1805 verfügbar? Und wie schlug sich die weitere Rezeptionsgeschichte, insbesondere nach dem Erfolg der dritten Fassung 1814, in der Bearbeitungspraxis nieder?

ZWEI OPERN DER SAISON 1805/06: ›EINTAGSFLIEGEN‹ IM WIENER THEATERLEBEN

Den Sprung ins etablierte Repertoire der Wiener Theater schafften nur wenige neukomponierte Opern. Im Versuch, den ausbleibenden Erfolg des *Fidelio* aus der Zeit heraus zu erklären, attestiert der frühe Beethoven-Biograph Alexander Wheelock Thayer dem Theater an der Wien in der Spielzeit 1805/1806 angesichts der Kriegswirren und finanzieller Schwierigkeiten eine krisenhafte Phase. Er setzt *Fidelio* in den Kontext anderer Neuproduktionen:

> Im Theater an der Wien hatte keine der in dieser Saison neu aufgeführten Opern sich längere Zeit auf der Bühne behauptet, obgleich zwei derselben, »Swetards Zauberthal« von Schikaneder [?], Musik

Abb. 30: Ausschnitt aus dem *Journal für Quartetten Liebhaber auf zwey Violinen Alt et Basso,* Heft 6, Sommer 1807, S. 2–3. Wien: k.k. priv. chemische Druckery, 1807.

> von Fischer, und »Vestas Feuer« von Schikaneder, Musik von G. Weigl, »mit ganz ungewöhnlicher Pracht an Dekorationen und Kleidungen« zur Aufführung kamen.[5]

Thayers Vergleich lässt sich auf die Bearbeitungspraxis ausweiten, um der Erzählung vom Misserfolg des *Fidelio* in einer unmittelbaren Gegenüberstellung nachzuspüren: Joseph Weigls Singspiel *Vestas Feuer* beruht auf einem Libretto Emanuel Schikaneders, das dieser 1803 zunächst Beethoven angeboten hatte. Beethoven begann mit der Vertonung, legte das Libretto aber zur Seite. Weigls Fassung wurde am 10. August 1805 am Theater an der Wien uraufgeführt und 27 Mal gegeben, bevor sie im Juli des Folgejahres vom Spielplan verschwand. Im direkten Vergleich zu *Fidelio* sind dies zwar mehr Aufführungen, beide Opern wurden allerdings zunächst ausschließlich in dieser einen Spielzeit am Theater an der Wien gegeben. Wie aber wurden nun *Vestas Feuer* und *Fidelio* in die häusliche Musizierpraxis übertragen? Waren beide Werke ähnlich populär in den Wiener Musiksalons?

Blätterten »Quartetten Liebhaber« – also Dilettant*innen, die sich gerne dem Streichquartett widmeten – im Sommer 1807 das aktuelle Heft des *Journals für Quartetten Liebhaber auf zwey Violinen Alt et Basso* auf, fanden sie gleich zu Beginn auf zwei gegenüberliegenden Seiten ein Terzett aus *Fidelio* und ein Duett aus *Vestas Feuer* (Abb. 30). Die Noten sind so gesetzt, dass die kurzen Einzelnummern ohne allzu viel Probenarbeit unmittelbar vom Blatt gespielt werden konnten. Man erfreute sich an den populären Melodien und ersetzte sie vermutlich schon bald durch das nächste Heft des *Journals* oder andere Reihen mit aktueller Musik. Zwar druckte die k.k. priv. chemische Druckerey die Bearbeitungen aus *Vestas Feuer* und *Fidelio* im Sommerheft 1807 mit erkennbarer Verzögerung zum Theater-Spielplan, aber offenbar konnte der Verlag darauf setzen, dass die Melodien aus den beiden Produktionen bei der Zielgruppe dieser Bearbeitungen noch in Erinnerung waren.

Das *Musikalische Wochenblatt* aus dem Verlag Johann Cappi war etwas mehr ›up to date‹ und brachte schon im Herbst 1806 einige Nummern aus *Vestas Feuer* – ähnlich wie im *Journal* immer in Kombination mit drei bis fünf Nummern aus anderen Werken. Der aus-

Abb. 31: Quartett »Mir ist so wunderbar«, in: *Musikalisches Wochenblatt*, Heft 52 (26. September 1807), S. 412. Wien: Giovanni Cappi.

führliche Untertitel des *Wochenblatts* beschreibt ziemlich präzise, um was es geht: eine *Sammlung der besten Arien, Duetten, Terzetten, Maersche, Rondo's und Ouverturen aus den vorzüglichsten Opern und Balleten, für Gesang und Forte-Piano.* Das *Wochenblatt* erschien zwischen 1806 und 1810, was für diese Art von Verlagsprodukt durchaus eine lange Laufzeit war. Die Reihe muss sich für den Verlag also gelohnt haben, denn viele vergleichbare Sammlungen wurden nach ein paar Ausgaben wieder eingestellt. Auch Auszüge aus dem *Fidelio* finden sich 1807 im *Wochenblatt*. Dabei zeigt der quantitative Vergleich mit *Vestas Feuer*, dass für das populäre Medium des *Wochenblatts* beide Opern etwa gleich wichtig waren: Insgesamt fünf Nummern aus *Vestas Feuer* stehen drei Nummern aus dem *Fidelio* gegenüber.[6]

Eine davon ist der Kanon »Mir ist so wunderbar«. Bei Betrachtung der ersten Seite im *Musikalischen Wochenblatt* (Abb. 31) fällt ins Auge, dass das Quartett in Form eines Klavierauszugs bearbeitet wurde: Das Arrangement verlangt vier Sänger*innen, die Rollen sind bezeichnet und auch die Regieanweisung »für sich« wurde mitgedruckt. Ist also eine (halb)szenische Aufführung im Salon denkbar? Zumindest scheint der ursprüngliche Bühnenkontext durch, und es läge beim Musizieren dieses Kanons nahe, sich die Rollen der Marzelline und Leonore, des Jaquino und Rocco zu vergegenwärtigen.

Im Frühjahr 1813 erschien mit der *Ouverture der Oper: Leonore (Fidelio)* eine weitere *Fidelio*-Bearbeitung, diesmal im Kunst- und Industrie-Comptoir, für Pianoforte bearbeitet von Maximilian Joseph Leidesdorf.[7] Diese Bearbeitung fällt zeitlich gewissermaßen aus dem Rahmen und lässt sich in das Bild der dynamischen Verknüpfung von Aufführungszeitpunkt und Verlagsproduktion nicht einordnen. Zwischen 1807 und 1813 aber war es stiller um *Fidelio* geworden – zumindest was die Bearbeitungen als Maßstab für die Popularität des Werkes anbelangt.

Auch *Vestas Feuer* verschwand übrigens aus den Publikationen der Musikverlage. Einzelne Nummern aus dem Singspiel fanden zwar noch in weiteren Veröffentlichungen den Weg zum Publikum – Bearbeitungen für Gitarre, Gesang und Pianoforte sowie Pianoforte solo, darunter auch eine Klavierbearbeitung der Ouvertüre – aber nach 1807 gab es wohl auch bei dieser Oper keine Veranlassung mehr, weitere Bearbeitungen auf den Markt zu bringen. Damit spiegelt die Bearbeitungspraxis beider Opern auch die Kurzlebigkeit ihrer Erstproduktionen wider – als Eintagsfliegen am Theater.

VOM MISSERFOLG ZUM ERFOLG? 1805/1814

Gemessen an der geringen Zahl von Bearbeitungen des *Fidelio* im Umfeld der Aufführungen von 1805/1806 führten die Vorstellungen der dritten Fassung ab 1814 im Kärntnertortheater zu einer verhältnismäßigen Fülle von Veröffentlichungen. Doch zunächst die reinen Aufführungszahlen: Bis 1819 verschwand *Fidelio* nicht mehr vom Spielplan des Hoftheaters, in der Spielzeit 1822/1823 gab es eine Neuinszenierung, und nach längerer Pause etablierte sich die Oper ab 1831 endgültig als fester Bestandteil des Repertoires – und blieb es bis heute. 22 Mal wurde *Fidelio* alleine im Jahr 1814 gespielt, 1815 waren es zehn Aufführungen. Bei diesen Vorstellungszahlen kann man davon ausgehen, dass das operninteressierte Publikum (auch mehrfach) die Gelegenheit hatte, *Fidelio* ›live‹ auf der Bühne zu erleben. Vielleicht hatten sogar schon manche melodischen Wendungen oder Motive Wiedererkennungswert erlangt und boten sich so für ein (Nach-)Musizieren zu Hause an.

Von den insgesamt rund 30 auffindbaren Bearbeitungen erschien mehr als die Hälfte unmittelbar in dieser Zeit. Jedenfalls erkannten viele der Wiener Verlage das Potenzial, aus der positiv aufgenommenen dritten Fassung Kapital zu schlagen. Sie legten entweder einzelne bearbeitete Nummern vor oder widmeten *Fidelio* ganze ›Themenhefte‹ in ihren Verlagsserien. Nach diesem Höhepunkt aber nahm das Interesse an *Fidelio*-Bearbeitungen offenbar ab. Zwar tauchten auch in den Folgejahren vereinzelt Bearbeitungen auf, aber schon die Neuinszenierung von 1822 brachte keinen ähnlich intensiven Schub an Verlagsproduktionen. In Beethovens Todesjahr erschien lediglich ein Nachdruck einer früheren Bearbeitung.

Auf diese Weise gingen nun die Stränge der Rezeptionsgeschichte auseinander: Während die Oper selbst einen Prozess der Kanonisierung durchlief, einen festen Platz in den Spielplänen erhielt und zunehmend als ›Meisterwerk‹ Anerkennung erfuhr, stagnierte die Bearbeitungspraxis rund um *Fidelio*. Was mag es für Gründe gegeben haben, dass die Verlage von weiteren Bearbeitungen absahen? Waren frühere Bearbeitungen nicht erfolgreich genug, um neue Produktionen erfolgversprechend auf den Markt zu bringen? War der Markt mit rund 30 Bearbeitungen schlicht gesättigt? Oder eignete sich die Musik des *Fidelio* weniger als etwa die Melodien aus Gioachino Rossinis Opern für das häusliche Musizieren? Denkbar wäre auch ein Zusammenhang mit dem Image Beethovens, das schon zu seinen Lebzeiten einsetzte: Er galt, gerade im Vergleich zu Rossini, vor allem als Instrumental- und weniger als Opernkomponist. Für diese Erklärung würde sprechen, dass Beethoven mit seinen Instrumentalwerken deutlich prominenter am Bearbeitungsmarkt vertreten war als mit seiner einzigen Oper.

ROSSINI VS. BEETHOVEN – WER IST WIRKLICH EIN OPERNSTAR?

Ein Vergleich mit den Bearbeitungen, die einer der beliebten Opern Gioachino Rossinis im Wiener Umfeld zuteil wurden, mag hier ein wenig Licht in die Sache bringen: Rossinis *Tancredi* wurde 1813 in Venedig uraufgeführt, in Wien fand die erfolgreiche Erstaufführung am 17. Dezember 1816 am Kärntnertortheater statt. Siebzehn weitere Vorstellungen folgten, und ab 1818 etablierte sich die Oper in deutscher Übersetzung mit durchschnittlich zehn Aufführungen im Jahr. *Tancredi* wurde zwar etwas öfter aufgeführt als *Fidelio*, bewegte sich aber doch in einer ähnlichen Größenordnung. Ein Blick in die Verlagsverzeichnisse offenbart ein großes Interesse des Musikalienmarkts an *Tancredi*; kaum ein Verlag ließ es sich nehmen, populäre Melodien aus der Oper zu bearbeiten, allen voran die zum ›Gassenhauer‹ avancierte Arie »Di tanti palpiti«. Und auch wenn *Tancredi* nicht die meistbearbeitete Oper Rossinis in den Wiener Verlagen ist, bewegen sich die Publikationszahlen doch in ganz anderen Dimensionen als im Falle des *Fidelio*. Zeitgleich mit der Wiener Erstaufführung konkurrierten zwei Verlage um Kund*innen für ihre Verlagsprodukte: Als Artaria elf Tage nach der Erstaufführung begann, eine ganze Serie von Bearbeitungen in der *Wiener Zeitung* anzukündigen, hatte der k.k. Hoftheater-Musik-Verlag sein erstes Angebot schon unmittelbar auf die Theaterzettel der Premiere gedruckt: ein Klavierauszug der Ouvertüre, sechs Nummern für Gesang und Pianoforte und »Di tanti palpiti« für Gesang und Gitarre.[8] Der Verlag setzte die Werbung auf den Theaterzetteln bei den nächsten Vorstellungen unmittelbar fort, auch mit weiteren Arrangements. Artaria konterte in schneller Abfolge unter anderem mit einer vierhändigen Pianoforte-Bearbeitung der Ouvertüre und mit

Variationswerken verschiedener Komponisten für diverse Besetzungen.[9] Der Verlag Pietro Mechetti quondam Carlo beteiligte sich im Januar 1817 mit einer kleinen Publikationsserie *Pezzi favoriti del Opera Tancredi,* Tranquillo Mollo steuerte unter anderem einen vollständigen Klavierauszug bei, Thadé Weigl veröffentlichte ebenfalls etliche Nummern für Gesang und Pianoforte und die vollständige Oper als Streichquartett[10] – um nur wenige Beispiele zu nennen.

Drei Dinge fallen im Vergleich mit Beethovens *Fidelio* auf. Erstens: Wenngleich die Produktion neuer Arrangements nie gänzlich aufhörte, ebbten auch bei *Tancredi* die Neuveröffentlichungen nach einiger Zeit ab, verdrängt von anderen Rossini-Opern. Spätere Publikationen aus den 1820er Jahren platzierten *Tancredi* häufig in Anthologien oder Serien, z. B. in Sammlungen von Rossini-Ouvertüren. Zweitens fallen sowohl Ähnlichkeiten als auch Unterschiede im Besetzungsspektrum der Bearbeitungen von *Tancredi* und *Fidelio* auf: Neben den omnipräsenten Klavierauszügen und Ouvertüren-Arrangements für zwei- oder vierhändiges Klavierspiel liegen von beiden Opern vollständige Streichquartett-Bearbeitungen von Franz Alois Pössinger vor. Beide wurden auch für Harmoniemusik arrangiert sowie auch für Besetzungen ›à la mode‹ wie Flötenduett oder Duo von Flöte/Violine und Gitarre bearbeitet. Namentlich Anton Diabelli spielte hier als Arrangeur und später als Verleger eine zentrale Rolle. Dennoch sind die Besetzungsvarianten bei Rossini breiter: Ein Arrangement des *Fidelio* für Csakan – eine damals populäre Blockflöte, die in einen Spazierstock eingebaut wurde – sucht man beispielsweise vergeblich, während bei Diabelli & Comp. ab 1821 in der Reihe *Mon Plaisir. Ouvrage périodique pour le Csakan seule* der *Tancredi* und weitere Rossini-Opern vollständig für dieses Instrument bearbeitet wurden. Die dritte Auffälligkeit betrifft die Gattungen der Bearbeitungen: *Tancredi* diente häufig als Vorlage für Variationswerke, Fantasien oder Potpourris. Diese Genres, die Hand in Hand mit weit verbreiteten Improvisationspraktiken gingen, bauten auf populären (Opern-)Melodien auf, die entweder lose aneinandergereiht im Laufe eines Stücks auftauchten (und wiedererkannt werden konnten) oder als Ausgangspunkt für mehr oder minder virtuose Abwandlungen dienten. Beethovens *Fidelio* wurde zwar auch vereinzelt für diese Gattungen herangezogen, etwa mit Wenzel Plachys *Variations sur un thême favori de l'Opéra Fidelio* (1819, Neuauflage 1829)[11], insgesamt war diese Praxis aber bei Rossinis Opern viel mehr verbreitet.

»BEYNAHE KEIN MUSIKSTÜCK SICH GLEICH GEBLIEBEN«: VERMARKTUNGSSTRATEGIEN

Bearbeitungen wurden strategisch kalkuliert auf den Musikalienmarkt gebracht. Die Verlage bemühten sich, auf die Neigungen des Publikums möglichst schnell zu reagieren und im besten Fall sogar zu antizipieren, bei welchen Produktionen sich der Aufwand des Bearbeitens und Notendruckens lohnen könnte. Durch entsprechende Werbung wurde das Publikum über die Verlagsprodukte

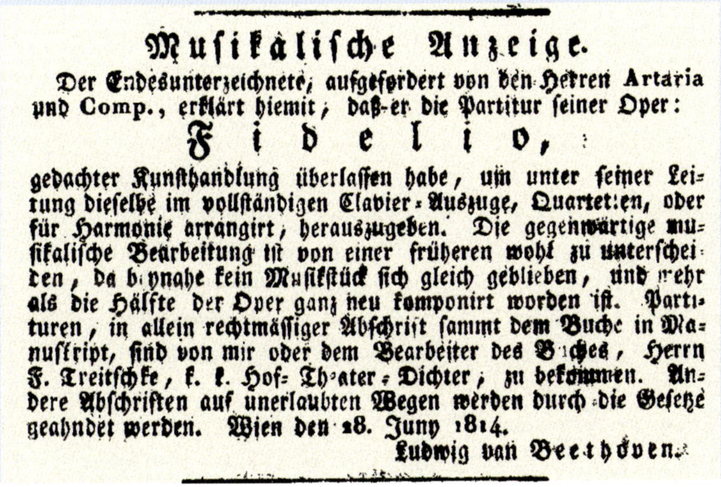

Musikalische Anzeige.

Der Endesunterzeichnete, aufgefordert von den Herren Artaria und Comp., erklärt hiemit, daß er die Partitur seiner Oper:

Fidelio,

gedachter Kunsthandlung überlassen habe, um unter seiner Leitung dieselbe im vollständigen Clavier-Auszuge, Quartetten, oder für Harmonie arrangirt, herauszugeben. Die gegenwärtige musikalische Bearbeitung ist von einer früheren wohl zu unterscheiden, da beynahe kein Musikstück sich gleich geblieben, und mehr als die Hälfte der Oper ganz neu komponirt worden ist. Partituren, in allein rechtmässiger Abschrift sammt dem Buche in Manuskript, sind von mir oder dem Bearbeiter des Buches, Herrn F. Treitschke, k. k. Hof-Theater-Dichter, zu bekommen. Andere Abschriften auf unerlaubten Wegen werden durch die Gesetze geahndet werden. Wien den 28. Juny 1814.

Ludwig van Beethoven.

Abb. 32: Werbeannonce von Artaria, in: *Allgemeines Intelligenzblatt zur Österreichisch-Kaiserlichen privilegierten Wiener Zeitung* (01. Juli 1814), S. 5. (► Fischerauer)

Abb. 33: Klavierauszug des *Fidelio*, Titelblatt. Bearbeitung von Ignaz Moscheles. Wien: Artaria und Comp. 1814.

informiert. Während der k.k. Hoftheater-Musik-Verlag, der unmittelbar dem Hoftheater angehörte, Verlagsneuheiten einfach direkt auf die Theaterzettel drucken ließ, veröffentlichten die meisten anderen Wiener Verlage Annoncen in den Journalen und Zeitungen.

Im Unterschied zu den *Fidelio*-Aufführungen am Theater an der Wien von 1805/1806, die nur vereinzelt und mit zeitlicher Verzögerung von den Verlagen mit Bearbeitungen ›kommentiert‹ wurden, positionierte sich parallel zur Erstaufführung der dritten Fassung vor allem ein Wiener Verlag prominent mit Bearbeitungen: Artaria kündigte am 1. Juli 1814, also knapp sechs Wochen nach der erfolgreichen Erstaufführung, in einer wortreichen Annonce in der *Wiener Zeitung* eine Reihe von Produktionen rund um *Fidelio* an (Abb. 32 ► Fischerauer).

Aus dieser Anzeige lassen sich gleich mehrere Strategien ablesen: An der Bemerkung, es sei im Vergleich zu den früheren Fassungen der Oper »beynahe kein Musikstück […] gleich geblieben« und der Übertreibung, dass »mehr als die Hälfte der Oper neu komponiert« sei, wird das Bemühen um eine Abgrenzung zur ersten Fassung deutlich. Auch auf dem Titelblatt des Klavierauszugs findet sich der Hinweis »für die jetzigen Aufführungen des kais. kön. Hoftheaters neu vermehrt und verändert« (Abb. 33). Das Publikum sollte *Fidelio* als ›neue‹ Oper wahrnehmen. Geschickt ist die Anzeige als eine Erklärung Beethovens formuliert, der scheinbar persönlich die zu erwartenden Bearbeitungen anpreist und sich für deren Qualität verbürgt – Verlagstaktik oder Komponistenattitüde?

Ignaz Moscheles, der den Klavierauszug anfertigte, erinnerte sich jedenfalls in seinem Tagebuch an eine enge Zusammenarbeit mit Beethoven. Charlotte Moscheles, Witwe des 1870 verstorbenen Ignaz, zitiert aus dessen Tagebuch:

> Um dieselbe Zeit tritt er in nähere Berührung mit Beethoven. »Es ist mir der Antrag gemacht, den Clavierauszug des Meisterwerks Fidelio zu bearbeiten. Was kann erwünschter sein?«
> Nun finden wir wiederholte Tagebuchnotizen, wie er zwei und wieder zwei Stücke zu Beethoven brachte, der sie durchsah; und dazu abwechselnd die Bemerkung: »er änderte wenig« oder »er änderte nichts«, auch wieder »er vereinfachte« oder »er verstärkte«.[12]

Beethoven war mit dem Resultat offenbar zufrieden, denn bereits am 20. August war der Klavierauszug gedruckt, und Beethoven ließ zumindest zwei Sängern aus der aktuellen Produktion ein Exemplar mit persönlicher Widmung zukommen:

> lieber Pizarro
> denken Sie zuweilen mit ihrer lieben frau bey durchgehung des klawierauszuges an ihren
> aufrichtigen freund Beethowen[13]

Mit einer eher zahnlosen Drohung versucht Artaria, sich in der Anzeige der Rechte an *Fidelio* zu versichern und sich vor Nachdrucken und anderen Produktionen der eifrigen Konkurrenz zu schützen: »Andere Abschriften auf unerlaubten Wegen werden durch die

Abb. 34: *Musikalischer Sammler für das Pianoforte*. Titelblatt. Wien: Pietro Mechetti quondam Carlo 1815.

Gesetze geahndet werden.« Leer war diese Warnung deshalb, weil sich das Urheberrecht im modernen Sinne noch nicht etabliert hatte, Nachdrucke gang und gäbe waren, und sich die Verlage meist jenseits der Gerichte mit bilateralen Verträgen untereinander arrangierten. Diese Annonce hielt den Hoftheater-Musik-Verlag jedenfalls nicht davon ab, 1814 oder 1815 ein komplettes Heft aus der Serie *Pot-Pourri für das Piano Forte* ausschließlich mit Nummern aus dem *Fidelio* zu gestalten, und auch der *Musikalische Sammler* aus dem Verlag Pietro Mechetti quondam Carlo wurde 1815 mit Nummern aus der Oper bestückt (Abb. 34).[14]

VIELFALT *FIDELIO*: FLÖTENDUETT, STREICHQUARTETT UND FÜRSTLICHE HARMONIEMUSIK

Artaria produzierte mit seiner strategisch geplanten Serie an Bearbeitungen den breitesten Fundus an zeitgenössischen *Fidelio*-Arrangements. Der Verlag engagierte durchaus prominente Figuren

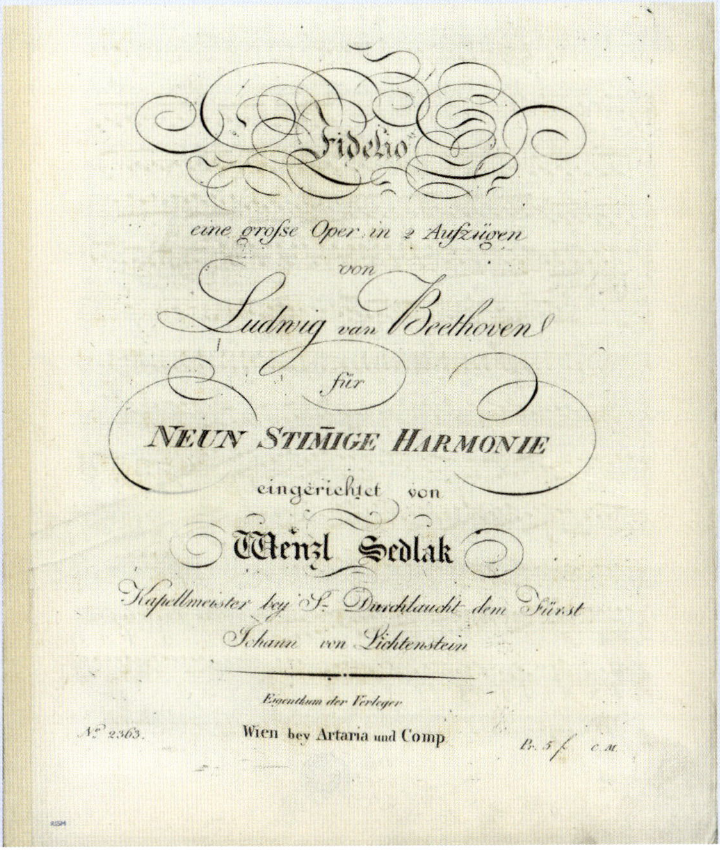

Abb. 35: Harmoniemusik-Bearbeitung des *Fidelio* von Wenzel Sedlák, Titelblatt. Wien: Artaria und Comp 1815.

des Wiener Musiklebens: Neben Ignaz Moscheles auch Johann Nepomuk Hummel, der die Ouvertüre für vierhändiges Klavier bearbeitete; Wenzel Sedlák arrangierte elf Nummern für neunstimmige Harmoniemusik (Abb. 35) und Franz Alois Pössinger legte eine Streichquartett-Bearbeitung der gesamten Oper vor (Abb. 36).

Mit dieser Breite an Veröffentlichungen zu *Fidelio* hatte Artaria ganz unterschiedliche Orte des Musizierens im Sinn: Die Ouvertüren-Bearbeitungen oder das Streichquartett-Arrangement eigneten sich bestens für das gesellige häusliche Musizieren oder für den

Abb. 36: »Ouverture« aus *Fidelio,* Streichquartett-Bearbeitung von Franz Alois Pössinger. Als Druck erschien diese Bearbeitung bei Artaria und Comp. 1815 und in einem Nachdruck 1827.

Abb. 37: Maximilian Joseph Leidesdorf: *Damen-Journal*, S. 1. Wien: S.A. Schneider und Comp 1818.

Salon. Harmoniemusik wurde hingegen auch open air bei den in Wien sehr beliebten Freiluftkonzerten in Gärten und Parks aufgeführt. Einige Adelige unterhielten zu der Zeit Bläserensembles, sogenannte »Harmonien«, für die zahlreiche Arrangements von Opern und Symphonien angefertigt wurden.

Während der Klavierauszug oder das Quartett-Arrangement von Pössinger, das sogar als Partitur vorlag, durchaus hohe musikalisch-technische Ansprüche an die Musizierenden stellten, wandten sich die Bearbeitungen in der *Musikalischen Biene* und in ähnlichen Reihen wie dem *Musikalischen Sammler* oder dem *Pot Pourri für das Piano Forte* an ein breiteres Publikum, für das einfache Musizierbarkeit ein wichtiges Kaufkriterium war. Als Beispiel hierfür sei auch das *Damen-Journal* von Maximilian Joseph Leidesdorf genannt, das seine Zielgruppe schon im Titel nannte und wie folgt beworben wurde: »Da jede ermüdende Schwierigkeit darin vermieden wird, so wird sich dieses Journal zur Erheiterung in freyen Stunden ganz eignen, und deshalb mehreren anderen gleichen Unternehmungen vorzuziehen sein.«[15] Der Arrangeur Leidesdorf kombiniert den Anfang der *Fidelio*-Ouvertüre in einem Potpourri kreativ mit verschiedenen anderen populären (Opern-)Melodien (Abb. 37). Nicht in den Archiven erhalten sind einige Bearbeitungen für damals modische Besetzungen wie zwei Flöten oder Flöte/Violine-Gitarrenduo, die Anton Diabelli 1814/1815 bei Thadé Weigl veröffentlichte. Den Titeln nach zu urteilen – z.B. *Auswahl der beliebtesten Musikstücke aus der Oper: Fidelio* oder *Six airs favoris de l'Opéra Fidelio* – gehören auch diese Bearbeitungen zur eher einfach gestalteten Unterhaltungsmusik.

EINE »MUSIKALISCH ARME SUBKULTUR«?

Caroline Pichler schreibt in der eingangs zitierten Textpassage von »Forderungen an die Leistungen der Dilettanten«, die zu Beginn des Jahrhunderts »nicht so hoch gespannt [waren] als jetzt« – ihr »jetzt« war Anfang der 1840er Jahre. Diese Einschätzung steht konträr zu üblichen Beschreibungen des Laienmusizierens, die dieser Kultur einen allgemeinen Niedergang attestierte. Caroline Pichler gehörte einer hoch gebildeten Schicht an, sie verkehrte mit der kulturellen Elite ihrer Zeit und unterhielt einen angesehenen Salon. Als sich das private Musizieren im musikästhetischen Diskurs der Zeit immer mehr in leichte Unterhaltungsmusik auf der einen Seite und ernste Kammermusik auf der anderen Seite aufzuteilen begann, waren Zirkel wie der ihrige sicherlich bestrebt, den wachsenden Ansprüchen des Kammermusizierens gerecht zu werden. Ihre Berichte von ungezwungenem Musizieren von Opernouvertüren, von kleinen Gesangseinlagen zur Auflockerung der gemeinsamen Abende oder von Franz Grillparzer am Pianoforte phantasierend zeugen von einem Musizieren, das (noch) jenseits dieser Entwicklung stattfand.

Die weit verbreitete Bearbeitungspraxis, die damit verbundenen Musizierpraktiken und das kommerziell orientierte Musikverlagswesen standen vor allem in der Retrospektive in der Kritik der Musikästhetik. In dieser bürgerlichen Denktradition steht auch Ludwig Finschers folgende strenge Einteilung in Kammermusik einerseits und eine primitive häusliche Musizierpraxis andererseits:

> Der wachsende Anspruch der Kammermusik [...] steh[t] von nun an in Wechselwirkung zu dem immer breiter und zugleich immer flacher werdenden häuslichen Musizieren der Liebhaber, und was am Ende des 18. Jahrhunderts Hausmusik im Gegensatz zur Kammermusik heißen könnte, ist zumindest in den großen städtischen Zentren des Musiklebens nur noch wenig mehr als eine musikalisch anspruchsarme Subkultur, deren eindrucksvollstes Symptom die industrielle Produktion von Arrangements, Auszügen, Potpourris und Variationen durch die großen Musikverlage ist.[16]

Folgt man diesem harten Urteil Finschers, fallen streng genommen alle in diesem Text angesprochenen Bearbeitungen in die Kategorie »musikalisch anspruchsarm«. Warum lohnt sich dennoch – jenseits ästhetischer Werturteile – ein differenzierter Blick auf diese Bearbeitungen?

Bearbeitungen ermöglichten Menschen mit unterschiedlichem musikalischem und instrumentaltechnischem Vermögen das (Nach-) Musizieren und somit eine musikpraktische Auseinandersetzung mit *Fidelio*. Gerade in ihrer Vielfalt erreichten sie im Laufe der ersten Jahrzehnte des 19. Jahrhunderts immer mehr Menschen (unterschiedlicher Schichten) und zeugen von einer regen hausmusikalischen Praxis im Wechselspiel mit dem öffentlichen Kulturleben. Die Bearbeitungspraxis deutet auf die Durchlässigkeit und gegenseitige Bezogenheit von privatem, halb-öffentlichem und öffentlichem Musizieren hin und zeigt, wie vernetzt Komponist*innen, Bearbeiter*innen, Verleger*innen und nicht zuletzt das musizierende Publikum in Wien handelten.

LITERATUR ZU DEN EINZELNEN BEITRÄGEN

J. Ackermann und M. Unseld: Ouvertüre

[Anonym]: »Theater an der Wien«, in: *Wien Geschichte Wiki*, <https://www.geschichtewiki.wien.gv.at/Theater_an_der_Wien>, (Zugriff: 19. Oktober 2019) ▪ Assmann, Aleida: *Geschichte im Gedächtnis. Von der individuellen Erfahrung zur öffentlichen Inszenierung*, München 2007 ▪ Bunge, Rudolf: »Fidelio. Nach persönlichen Mittheilungen des Herrn Professor Joseph Röckel«, in: *Die Gartenlaube*, 16/38 (1868), S. 601–606 ▪ Erll, Astrid: *Kollektives Gedächtnis und Erinnerungskulturen. Eine Einführung*, Stuttgart [3]2017 ▪ Goethe, Johann Wolfgang von: *Faust.* Eine Tragödie (= Goethes Werke, Bd. 3), Hamburger Ausgabe, hrsg. von Erich Trunz, München 1986. ▪ Gudehus, Christian; Eichenberg, Ariane; Welzer, Harald (Hrsg.): *Gedächtnis und Erinnerung. Ein interdisziplinäres Handbuch*, Stuttgart, Weimar 2010 ▪ Hiemke, Sven (Hrsg.): *Beethoven Handbuch*, Kassel u.a. 2009 ▪ Lühning, Helga: »Die einzige Oper: *Leonore/Fidelio*. Die verwickelte Entstehungsgeschichte«, in: *Beethovens Vokalmusik und Bühnenwerke* (= Das Beethoven-Handbuch 4), hrsg. von Birgit Lodes und Armin Raab, Laaber 2014, S. 9–34 ▪ Glanz, Christian, Mayer-Hirzberger, Anita (Hrsg.): *Musik und Erinnern. Festschrift für Cornelia Szabó-Knotik*, Wien 2014 ▪ Nora, Pierre: *Zwischen Geschichte und Gedächtnis*, Frankfurt a. M. 1998 ▪ Nora, Pierre; François, Étienne (Hrsg.): *Erinnerungsorte Frankreichs*, München 2005 ▪ Nußbaumer, Martina: *Musikstadt Wien. Die Konstruktion eines Images,* Wien 2007 ▪ Ries, Ferdinand; Wegeler, Franz Gerhard: *Biographische Notizen über Ludwig van Beethoven*, Koblenz 1838 ▪ Seyfried, Ignaz von: »Recensionen. Beethovens neueste Compositionen: Messe, Symphonie, und Quatuor«, in: *Cäcilia. Eine Zeitschrift für die musikalische Welt,* Bd. 9, Heft 36, Mainz 1828, S. 217–243 ▪ Thayer, Alexander Wheelock: *Ludwig van Beethovens Leben.* Nach dem Original-Manuskript deutsch bearbeitet von Hermann Deiters. Mit Benutzung der hinterlassenen Materialien des Verfassers neu ergänzt und herausgegeben von Hugo Riemann, 5 Bde., Leipzig 1866–1908 ▪ Unseld, Melanie: »Alle (Mozart-) Jahre wieder? Gedanken über das Gedenken«, in: *Mozart im Blick. Inszenierungen, Bilder und Diskurse,* hrsg. von Annette Kreutziger-Herr, Köln, Weimar, Wien 2007, S. 33–46 ▪ Unseld, Melanie, »Vom Hören zum Tradieren. Musik als Medium der Erinnerung«, in: *verklingend und ewig. Tausend Jahre Musikgedächtnis 800–1800,* hrsg. von Susanne Rode-Breymann und Sven Limbeck, Braunschweig 2011, S. 53–58. ▪ Wittmann, Hugo: »Beethovenhäuser«, in: *Moderne Welt. Beethoven-Festschrift zum 150. Geburtstag,* Wien 1920, S. 20–23.

A. Yamada: Wohnen und arbeiten im Theater. Beethoven und das Theater an der Wien

Ausstellungskataloge (chronologisch):
Katalog der Beethoven-Feier zu Bonn. 11.–15. Mai verbunden mit der Ausstellung von Handschriften, Briefen, Bildnissen, Reliquien Ludwig van Beethoven's sowie sonstigen auf ihn und seine Familie bezüglichen Erinnerungen, Bonn 1890 ▪ *Führer durch die Beethoven-Ausstellung der Stadt Wien,* Wien 1920 ▪ *Führer durch die Beethoven-Zentenarausstellung der Stadt Wien,* Wien 1927 ▪ *Die Beethoven-Gedenkstätten der Museen der Stadt Wien,* Wien 1992 ▪ *Musikergedenkstätten des Historischen Museums der Stadt Wien, Ludwig van Beethoven, »Pasqualatihaus«,* Wien 1995 ▪ *Musikergedenkstätten des Historischen Museums der Stadt Wien, Ludwig van Beethoven, »Heiligenstädter Testament« »Eroicahaus«,* Wien 1996 ▪ *Wien Museum Beethoven Museum,* Wien 2019.
Literatur:
Bergauer, Josef: *Auf den Spuren Berühmter Menschen in Wien,* Wien 1949 • Bergauer, Josef: *Das Klingende Wien, Erinnerungsstätten berühmter Tondichter mit 114 Abbildungen,* Wien, Leipzig 1941 ▪ Böck, Josef: *Ludwig van Beethoven in Heiligenstadt und Nussdorf,* Wien 1890 ▪ Böck, Josef: *Ludwig van*

Beethoven's Aufenthalt in Döbling, Wien 1889 ▪ Brauneis, Walther: »Allegro di Confusione – oder: ›Wohnt hier Herr Beethoven?‹«, in: *Beethoven-Häuser in alten Ansichten. Von der Bonngasse ins Schwarzspanierhaus*, hrsg. von Silke Bettermann, Walther Brauneis und Michael Ladenburger, Bonn 2012, S. 11–29 ▪ Breyer, Knud: »Wohnungen«, in: *Beethovens Welt* (= Das Beethoven-Handbuch 5), hrsg. von Siegbert Rampe, Laaber 2019, S. 145–157 ▪ Czeike, Felix: *Wiener Bezirkskulturführer, VI. Mariahilf*, Wien 1981 ▪ Engelmann, Wilhelm: »Beethoven-Reliquien in Wien«, in: *Ein Wiener Beethoven Buch*, hrsg. von Alfred Orel, Wien 1921, S. 213–237 ▪ Fischer, Alexander (Hrsg.): *Die Musikstätten Österreichs*, Wien 1928 ▪ Frimmel, Theodor: *Beethoven Handbuch*, 2 Bde., Leipzig ²1926 ▪ Hadamowsky, Franz: *Wien – Theatergeschichte. Von den Anfängen bis zum Ende des Ersten Weltkriegs*, Wien ²1994 ▪ Klein, Rudolf: *Beethovenstätten in Österreich*, Wien 1970 ▪ Kobald, Karl: *Alt-Wiener Musikstätten*, Zürich, Leipzig, Wien 1919 ▪ Koch, Bertha: *Beethovenstätten in Wien und Umgebung*, Berlin, Leipzig 1912 ▪ Kretschmer, Helmut: *Beethovens Spuren in Wien*, Wien 1998 ▪ Krzeszowiak, Tadeusz: *Theater an der Wien. Seine Technik und Geschichte 1801–2001*, Wien u.a. 2002 ▪ Loesch, Heinz von; Raab, Claus (Hrsg.): *Das Beethoven-Lexikon* (= Das Beethoven-Handbuch 6), Laaber 2008 ▪ Prochazka, Elsa: »Musikergedenkstätten«, in: *Viel zu modern. Hans Steineder, Architekt 1904–1976*, hrsg. von Monika Platzer, Salzburg 1999 ▪ Seyfried, Ignaz von: »Charakterzüge und Anekdoten«, in: *Ludwig van Beethoven's Studien im Generalbasse, Contrapuncte und in der Compositions-Lehre: aus dessen handschriftlichem Nachlasse gesammelt und herausgegeben von Ignaz Ritter von Seyfried*, Wien [1832], Anhang, S. 14–27 ▪ Seyfried, Ignaz von: »Recensionen. Beethovens neueste Compositionen: Messe, Symphonie, und Quatuor«, in: *Cäcilia. Eine Zeitschrift für die musikalische Welt*, Bd. 9, Heft 36, Mainz 1828, S. 217–243 ▪ Smolle, Kurt: *Wohnstätten Ludwig van Beethovens von 1792 bis zu seinem Tod* (= Schriften zur Beethovenforschung 5), Bonn u.a. 1970 ▪ Stadtlaender, Chris: *Beethoven zieht um. Eine heitere Dokumentation*, Donauwörth 1962 ▪ Thayer, Alexander Wheelock: *Ludwig van Beethovens Leben*, Bd. 2, Leipzig ²1910 ▪ Trost, Alois: »Über einige Wohnungen Beethovens«, in: *Ein Wiener Beethoven Buch*, hrsg. von Alfred Orel, Wien 1921, S. 204–212 ▪ Witeschnik, Alexander: *Musik aus Wien. Die Geschichte einer Weltbezauberung*, Wien 1949 ▪ Witeschnik, Alexander: *Stadt der Musik*. Unverkäufliche Auflage,

Salzburg, Stuttgart 1966 ▪ Wittmann, Hugo: »Beethovenhäuser«, in: *Moderne Welt. Beethoven-Festschrift zum 150. Geburtstag*, Wien 1920, S. 20–23.

R. Synakewicz: *Fidelio*-Netzwerke

Böhme, Hartmut: »Einführung. Netzwerke. Zur Theorie und Geschichte einer Konstruktion«, in: *Netzwerke. Eine Kulturtechnik der Moderne*, hrsg. von Jürgen Barkhoff, Hartmut Böhme und Jeanne Riou, Köln 2004, S. 17–36 ▪ Brandenburg, Daniel; Seedorf, Thomas (Hrsg.): *»Per ben vestir la virtuosa«. Die Oper des 18. und frühen 19. Jahrhunderts im Spannungsfeld zwischen Komponisten und Sängern*, Schliengen 2011 ▪ Bunge, Rudolf: »Fidelio. Nach persönlichen Mittheilungen des Herrn Professor Joseph Röckel«, in: *Die Gartenlaube*, 16/38 (1868), S. 601–606 ▪ Unseld, Melanie; Bebermeier, Carola: »*Figaro* als Ereignis. Zur Einleitung«, in: *»La cosa è scabrosa«. Das Ereignis »Figaro« und die Wiener Opernpraxis der Mozart-Zeit*, hrsg. von dens., Köln 2018, S. 7–20 ▪ Ries, Ferdinand; Wegeler, Franz Gerhard: *Biographische Notizen über Ludwig van Beethoven*, Koblenz 1838. ▪ Rode-Breymann, Susanne: »Überlegungen zum Konzept ›kulturellen Handelns‹«, in: *»La cosa è scabrosa«. Das Ereignis »Figaro« und die Wiener Opernpraxis der Mozart-Zeit*, hrsg. von Carola Bebermeier und Melanie Unseld, Köln 2018, S. 21–30 ▪ Thayer, Alexander Wheelock: *Ludwig van Beethovens Leben*, Bd. 2, Leipzig ^{2}1910.

C. M. Köhn: Erinnerung im öffentlichen Raum. Die Beethoven-Gedenktafel(n) am Theater an der Wien

Adler, Guido: »Zur Einbegleitung«, in: *Wiener Beethoven-Zentenarfeier vom 26. bis 31. März 1927. Veranstaltet vom Bund Österreich und der Stadt Wien*, Programmheft, Wien 1927, S. 3–4 ▪ [Anonym]: »Der 100. Todestag Beethovens. Eine Feier beim Theater an der Wien«, in: *Illustrierte Kronen Zeitung* 28/9757 (22. März 1927), S. 10 ▪ [Anonym]: »Die Enthüllung der Beethoven-Gedenktafel über dem Papageno-Tor«, in: *Die Stunde* 5/1210 (22. März 1927), S. 4 ▪ [Anonym]: »Die Gedenktafel am Theater an der Wien«, in: *Wie-*

ner Zeitung 224/67 (22. März 1927), S. 4–5 ▪ [Anonym]: »Enthüllung einer ›Fidelio‹-Gedenktafel«, in: *Kleine Volks-Zeitung* 73/80 (22. März 1927), S. 4 ▪ [Anonym]: »Enthüllung einer Beethoven-Gedenktafel«, in: *Reichspost* 34/80 (22. März 1927), S. 8 ▪ [Anonym]: »Kleine Chronik. (Enthüllung der Beethoven-Gedenktafel am Theater an der Wien.)«, in: *Neue Freie Presse* 22455 (21. März 1927), Abendblatt, S. 5 ▪ [Anonym]: »Zu Hilfe«, in: *DER SPIEGEL* 23 (06. Juni 1962), S. 73–76 ▪ Anzenberger-Ramminger, Elisabeth: »150 Jahre Wiener Männergesang-Verein«, in: *150 Jahre Wiener Männergesang-Verein. 1843–1993*, hrsg. von Peter Kauder, Wien 1993, S. 23–162 ▪ Assmann, Jan, »Kollektives Gedächtnis und kulturelle Identität«, in: *Kultur und Gedächtnis*, hrsg. von dems., Frankfurt a. M. 1988, S. 9–19 ▪ Baedeker, Karl: Österreich. Handbuch für Reisende, Leipzig ^{30}1926 ▪ Bauer, Anton: *150 Jahre Theater an der Wien*, Zürich, Leipzig und Wien 1952 ▪ Bettermann, Silke: *Beethoven im Bild. Die Darstellung des Komponisten in der bildenden Kunst vom 18. bis zum 20. Jahrhundert*, Bonn 2012 ▪ Böhm, Christian: *Dokumentation der künstlerischen Aktivitäten des Wiener Männergesang-Vereins*, Wien 1993 ▪ Breyer, Knud: »Wohnungen«, in: *Beethovens Welt* (= Das Beethoven-Handbuch 5), hrsg. v. Siegbert Rampe, Laaber 2019, S. 145–157 ▪ Eggebrecht, Hans Heinrich: *Zur Geschichte der Beethoven-Rezeption*, Laaber ^{2}1994 ▪ Frimmel, Theodor: »Beethoven-Stätten«, in: *Wiener Beethoven-Zentenarfeier vom 26. bis 31. März 1927. Veranstaltet vom Bund Österreich und der Stadt Wien*, Programmheft, Wien 1927, S. 15–24 ▪ *Führer durch die Beethoven-Zentenarausstellung der Stadt Wien. ›Beethoven und die Wiener Kultur seiner Zeit‹*, Ausstellungskatalog, Wien 1927 ▪ Hirschfeld, Ludwig: *Das Buch von Wien* (= Was nicht im »Baedeker« steht 2), München 1927 ▪ Klein, Rudolf: »Beethoven im Theater an der Wien: Wohnung und Bühne«, in: *Amtsblatt der Stadt Wien* 75/Sondernummer (03/1970), S. 12 ▪ Klein, Rudolf: »Gedenktafel für Beethovenhaus (6, Laimgrubengasse 22)«, in: *Wiener Geschichtsblätter* 27 (1972), S. 364–365 ▪ Klein, Rudolf: »Wo fehlen Beethoven-Gedenktafeln?«, in: *Wiener Geschichtsblätter* 26 (1971), S. 186–187 ▪ Klein, Rudolf: *Beethovenstätten in Österreich*, Wien 1970 ▪ Kobald, Karl: *Beethoven. Seine Beziehungen zu Wiens Kunst und Kultur, Gesellschaft und Landschaft*, Zürich, Leipzig und Wien 1927 ▪ Kretschek, Karl: *Festschrift 125 Jahre Wiener Männergesang-Verein*, Wien [1968] ▪ Kretschmer, Helmut: *Beethovens Spuren in Wien*, Wien 1998 ▪ Krzeszowiak, Tadeusz: *Theater an der Wien. Seine Tech-*

nik und Geschichte 1801–2001, Wien u.a. 2002 ▪ Leixner, Othmar: *Wien. Ein Führer durch die Donaustadt*, Wien 1926 ▪ Ottawa, Clemens: *Das Gedächtnis der Stadt. Die Gedenktafeln Wiens in Biografien und Geschichten*, Wien 2009 ▪ Racek, Fritz: »Zur Wiener Beethoven-Ausstellung 1970«, in: *Amtsblatt der Stadt Wien* 75/Sondernummer (03/1970), S. 11–12 ▪ Ramminger, Elisabeth: *Der Wiener Männergesang-Verein. Sein Repertoire von der Gründung bis zum Ende der k. k. Monarchie*, 2 Bde., Dissertation, Universität Wien 1989 ▪ Schmitz, Arnold: *Das romantische Beethoven-Bild. Darstellung und Kritik*, Berlin, Bonn 1927 ▪ Schöny, Heinz: Art. »Leisek, Georg«, in: Österreichisches Biographisches Lexikon 1815–1950, Bd. 5, Wien 1970, S. 110–111 ▪ Smolle, Kurt: *Wohnstätten Ludwig van Beethovens von 1792 bis zu seinem Tod* (= Schriften zur Beethovenforschung 5), Bonn u.a. 1970 ▪ Vasak, Alexandra: *Sichtbare Erinnerung. Der Umgang mit Denkmälern in Österreich*, Frankfurt a. M. 2004 ▪ *Wien und Umgebung. Kleine Ausgabe*, Berlin [28]1928 ▪ *Wiener Beethoven-Zentenarfeier vom 26. bis 31. März 1927. Veranstaltet vom Bund Österreich und der Stadt Wien*, Programmheft, Wien 1927 ▪ Zapke, Susana: »Beethoven und die Unterdrückten. Revolutionäre Kunst und Kunstpolitik in der Ersten Republik«, in: *Utopische Visionen und visionäre Kunst: Beethovens ›Geistiges Reich‹ Revisited*, hrsg. von William Kinderman, Wien 2017, S. 154–175.

C. Kreutzfeldt: »Die Kunst floh scheu vor rohen Krieges-Scenen«. Zwei Wiener Theaterbesucher in Zeiten französischer Belagerung

[Anonym]: »Wien von den Franzosen besetzt«, in: *Zeitung für die elegante Welt* (4. Januar 1806), Sp. 12f. ▪ Aspin, Richard: Art. »Reeve, Henry«, in: *Oxford Dictionary of National Biography*, veröffentlicht: 23. September 2004, <https://doi.org/10.1093/ref:odnb/23295> (Zugriff: 10. Oktober 2019) ▪ Boerner, Peter: *Tagebuch*, Stuttgart 1969 ▪ Breuning, Gerhard von: *Aus dem Schwarzspanierhaus*, Wien 1874 ▪ Breuning, Stephan von: *An Herrn Ludwig van Beethoven, als die von ihm in Musik gesetzte, und am 20. November 1805 das erstemal gegebene Oper, jetzt unter der veränderten Benennung Leonore wieder aufgeführt wurde*, [Wien 1806] ▪ Hess, Willy: *Das Fidelio-Buch. Beethovens Oper Fidelio, ihre Geschichte und ihre drei Fassungen*, Winterthur 1986

▪ Janke, Pia: »Beethoven und das Wiener Theaterleben«, in: *Beethovens Vokalmusik und Bühnenwerke* (= Das Beethoven-Handbuch 4), hrsg. von Birgit Lodes und Armin Raab, Laaber 2014, S. 117–134 ▪ Lühning, Helga: »Die einzige Oper: *Leonore/Fidelio*. Die verwickelte Entstehungsgeschichte«, in: *Beethovens Vokalmusik und Bühnenwerke* (= Das Beethoven-Handbuch 4), hrsg. von Birgit Lodes und Armin Raab, Laaber 2014, S. 9–34 ▪ Meredith, William: »Selections from Henry Reeve's Journal of A Residence at Vienna and Berlin in the Eventful Year 1805«, in: *The Beethoven Journal* 31/1 (Sommer 2016), S. 18–27 ▪ Reeve, Henry: *Journal of a Residence at Vienna and Berlin in the Eventful Winter 1805–6, by the Late Henry Reeve, M.D., Published by his Son*, London 1877 ▪ Reeve, Henry: *Tagebuch*, 20. April 1805 bis 14. April 1806, Wellcome Library, London, Signatur: MS5429/543 ▪ Rode-Breymann, Susanne: »Überlegungen zum Konzept ›kulturellen Handelns‹«, in: *»La cosa è scabrosa«. Das Ereignis »Figaro« und die Wiener Opernpraxis der Mozart-Zeit*, hrsg. von Carola Bebermeier und Melanie Unseld, Wien, Köln und Weimar 2018, S. 21–30 ▪ Rosenbaum, Joseph Carl: *Die Tagebücher von Joseph Carl Rosenbaum 1770–1829* (= Das Haydn Jahrbuch 5), hrsg. von Else Radant, Wien u.a. 1968 ▪ Rosenbaum, Joseph Carl: *Tagebücher*, 11 Bde., Österreichische Nationalbibliothek, Sammlung von Handschriften und alten Drucken, Signatur: Cod. Ser. n. 194 bis 204 ▪ Thayer, Alexander Wheelock: *Ludwig van Beethovens Leben,* Bd. 2, Leipzig [2]1910.

A. Charton: Francesca, Leonore, Eleonore. Weiblichkeitsentwürfe zwischen Französischer Revolution und Wiener Kongress

Ariosto, Ludovico: *Orlando furioso, secondo la stampa del 1516*, Bd. 2, Ferrara 1876 ▪ Beethoven, Ludwig van: *Fidelio. Oper in zwei Akten. (Fassung 1814). Libretto von Josef Sonnleithner, Stefan von Breuning und Georg Friedrich Treitschke*, Wien 1814 ▪ Bertolini, Virginia: »Counterfeit men: women who lived in male disguise«, in: *The Journal of Men's Health and Gender* 1 (2004), S. 250–252 ▪ Bovenschen, Silvia: *Die imaginierte Weiblichkeit. Exemplarische Untersuchungen zu kulturgeschichtlichen und literarischen Präsentationsformen des Weiblichen,* Frankfurt am Main [8]1997 ▪ Dekker, Rudolf; van de Pol, Lotte: *Frauen in Männerkleidern. Weibliche Transvestiten und ihre*

Geschichte, Berlin 1990 ▪ Dobesch-Giese, Susanne: *Francesca Scanagatta. Armis et Litteris!*, Munderfing 2018 ▪ Duckner, Karl von: »Eine Amazone beim k.k. Infanterie-Regimente Hagenbach«, in: *Streffleurs Österreichische Militärische Zeitschrift* (1893), H. 3, S. 231 ▪ Ehrlich, Anna; Bauer, Christa: *Der Wiener Kongress: Diplomaten, Intrigen und Skandale*, Wien 2014 ▪ Evert, Urte: *Die Eisenbraut. Symbolgeschichte der militärischen Waffe von 1700 bis 1945*, Münster [u.a.] 2015 ▪ Frevert, Ute: *»Mann und Weib, und Weib und Mann«: Geschlechter-Differenzen in der Moderne*, München 1995 ▪ Götting-Nilius, Susanne; Bastet, Marc: *Eleonore Prochaska, gestorben 1813 in Dannenberg. Fakten, Mythen, Rezeptionsgeschichte*, Gifkendorf 2014 ▪ Hagemann, Karen: *»Mannlicher Muth und teutsche Ehre«. Nation, Militär und Geschlecht zur Zeit der antinapoleonischen Kriege Preußens*, Paderborn [u.a.] 2002 ▪ Hagemann, Karen: »›Heroic Virgins‹ and ›Bellicose Amazons‹: Armed Women, the Gender Order and the German Public during and after the Anti-Napoleonic Wars«, in: *European History Quarterly* 37/4 (2007), S. 507–527, <https://doi.org/10.1177/0265691407081408>, (Zugriff: 19. August 2019) ▪ Hatschek, Christoph: *Von der ›wehrhaften‹ Frau zum weiblichen Rekruten. Entwicklungshistorische Perspektiven der österreichischen Soldatinnen*, Diss. Universität Wien 2009 ▪ Hauck, Carolin u. a. (Hrsg.): *Tracing the Heroic Through Gender*, Würzburg 2018 ▪ Hausen, Karin: »Die Polarisierung der ›Geschlechtscharaktere‹ – eine Spiegelung der Dissoziation von Erwerbs- und Familienleben«, in: *Sozialgeschichte der Familie in der Neuzeit Europas. Neue Forschungen*, hrsg. von Werner Conze, Stuttgart 1976, S. 363–393 ▪ Head, Matthew: *Sovereign Feminine: Music and Gender in Eighteenth-Century Germany*, Berkeley 2013 ▪ Hiemke, Sven (Hrsg.): *Beethoven Handbuch*, Kassel u.a. 2009 ▪ Hulfeld, Stefan; Quadri, Demis (Hrsg.): *Scenari più scelti d'istrioni. Italienisch-deutsche Edition der einhundert Commedia all'improvviso-Szenarien aus der Sammlung Corsiniana*, Bd. 2, Göttingen 2014 ▪ Kienscherf, Dietrich: »Zwei Unteroffiziere vor dem Traualtar: sensationelle Hochzeit vor 187 Jahren«, in: *Bauernblatt Schleswig-Holstein und Hamburg*, 2003, S. 29 ▪ Klüßendorf, Niklot: »Köhler, Sophia Dorothea Friederike, geb. Krüger«, in: *Biographisches Lexikon für Mecklenburg*, hrsg. von Wolf Karge, Schwerin 2018, S. 193–197 ▪ Krzeszowiak, Tadeusz: »Theater an der Wien – 200 Jahre alt. Teil 1: Von der Entstehung des Hauses bis Mai 1939«, in: *Maske und Kothurn*, 46/3 (2000), S. 1–28 ▪ Krzeszowiak, Tadeusz: *Theater an der*

Wien. Seine Technik und Geschichte 1801–2001, Wien u.a. 2002 ▪ Lehnert, Gertrud: *Wenn Frauen Männerkleider tragen. Geschlecht und Maskerade in Literatur und Geschichte*, München 1997 ▪ Leopold, Silke: »Frauen in Männerkleidern oder: Versuch einer Antwort auf die scheinbar sinnlose Frage, warum Marzelline Leonore nicht erkennt«, in: *Von der Leonore zum Fidelio. Vorträge und Referate des Bonner Symposions 1997*, hrsg. von Helga Lühning und Wolfram Steinbeck, Frankfurt a. M. 2000, S. 147–159 ▪ Maschka, Robert: »Fidelio«, in: *Beethoven Handbuch*, hrsg. von Sven Hiemke, Kassel u.a. 2009, S. 220–250 ▪ Poten, Bernhard von: »Krüger, Auguste«, in: *Allgemeine Deutsche Biographie*, Bd. 51, Leipzig 1906, S. 404 ▪ Reisinger, Klaus: »Frauen in Waffen: Zwischen Tabu und Akzeptanz. Der Fall Francesca Scanagatta. Militärische Karriere und gesellschaftliche Anerkennung einer Frau im ausgehenden 18. Jahrhundert im europäischen Kontext«, in: *Tabu, Trauma und Triebbefriedigung. Aspekte erlittener und geschauter Gewalt*, hrsg. von Johannes Gießauf, Andrea Penz und Peter Wiesenflecker, Graz 2014, S. 195–218 ▪ Rosenstrauch, Hazel: *Congress mit Damen: Europa zu Gast in Wien, 1814/15*, Wien 2014 ▪ Rückert, Friedrich: »Auf das Mädchen aus Potsdam, Prochaska«, in: *Werke, Bd. 1. Lyrische Gedichte. Bd. 1: Vaterland. Viertes Kapitel. Kriegerische Spott- und Ehrenlieder*, o. Hrsg., Leipzig, Wien 1897, S. 73–74 ▪ Rückert, Friedrich: »Der Unteroffizier Friederike Auguste Krüger«, in: *Lyrische Gedichte. Bd. 1: Vaterland. Zweites Kapitel: Zeitgedichte. 1814/1815*, Leipzig, Wien 1897, S. 27–28 ▪ Schlegel, Katy: *Comica – Donna Attrice – Innamorata. Frühe Berufsschauspielerinnen und ihre Kunst*, Leipzig 2011 ▪ Shakespeare, William: *Cymbeline*, London 2017 ▪ Sipe, Thomas: *Beethoven: Eroica Symphony*, Cambridge [u.a.] 1998 ▪ Traxler, Anna: *Die politischen Einflussmöglichkeiten von Frauen auf die Entscheidungs- und Verhandlungsprozesse des Wiener Kongresses 1814/15*, Wien 2017 ▪ Villarama, Jennifer: *Die Amazone. Geschlecht und Herrschaft in deutschsprachigen Romanen, Opernlibretti und Sprechdramen (1670–1766)*, Frankfurt a. M., Wien 2015 ▪ Watanabe-O'Kelly, Helen: *Beauty or beast? The woman warrior in the German imagination from the Renaissance to the present*, Oxford 2010 ▪ Watanabe-O'Kelly, Helen: »From Viragos to Valkyries. Transformations of the Heroic Warrior Woman in German Literature from the Seventeenth to the Nineteenth Century«, in: *Tracing the Heroic Through Gender*, hrsg. von Carolin Hauck u. a., Würzburg 2018, S. 93–106. ▪ Wohlgemuth, E.: Art. »Scanagatta (Scanagatti), Francesca; verehel. Spini«, in: Österreichisches Biographisches Lexikon und biographische Dokumentation *1815–1950,* Bd. 10 (Lfg. 46, 1990), S. 12.

J. Ackermann: Theater Tag für Tag. Das Repertoire am Theater an der Wien rund um *Fidelio*

Ackermann, Julia: *Zwischen Vorstadtbühne, Hoftheater und Nationalsingspiel: Die Opéra comique in Wien 1768–1783*, Diss. Universität für Musik und darstellende Kunst Wien 2018 ▪ [Anonym]: »Briefe über die deutsche Oper in Wien. Dritter Brief«, in: *Allgemeine musikalische Zeitung* 5/2 (6. Oktober 1802), Sp. 31f ▪ [Anonym]: »Nachrichten«, in: *Allgemeine musikalische Zeitung* 7/48 (28. August 1805), Sp. 766–768 ▪ Babic, Barbara: *Between the Sacred and the Profane. Biblical Melodrama in Paris and Vienna, 1800–1820*, Diss. Universität Wien 2019 ▪ Bauer, Anton: *150 Jahre Theater an der Wien*, Zürich, Leipzig, Wien 1952 ▪ Castelli, Ignaz Franz: *Memoiren meines Lebens*, Bd. 1, Wien 1861 ▪ *Chronologisches Verzeichniß aller Schauspiele, deutschen und italienischen Opern, Pantomimen und Ballette, welche seit dem Monath April 1794 bis wieder dahin 1807, nämlich durch volle 13 Jahre sowohl in den k.k. Hoftheatern als auch in den k.k. privil. Schauspielhäusern, vormahls auf der Wieden, nun an der Wien und in der Leopoldstadt aufgeführet worden sind: Mit den Namen der Dichter und Musik-Kompositeure. Nebst dem Ausweise aller Individuen, die während dieser Zeit in den 4 Theatern, theils in Gast- theils in Debüts-Rollen aufgetreten sind*, Wien 1807 ▪ Dennerlein, Kathrin: »*Die Schwestern von Prag* – Rekonstruktion der Materiallage zu einem Exportschlager des Leopoldstädter Theaters und seinem Ursprungswerk von 1762 bis 1850«, in: *Nestroyana* 39 (2019) H. 1–2, S. 19–39 ▪ F–b–t.: »Wiener Herbstunterhaltungen«, in: *Zeitung für die elegante Welt* 132 (2. November 1805), Sp. 1053f. ▪ Jahn, Michael: »Aspekte der Rezeption von Cherubinis Opern im Wien des 19. Jahrhunderts«, in: *Studien zur Musikwissenschaft* 49 (2002), S. 213–244 ▪ Kirk, Carolyn: *The Viennese vogue for opéra-comique 1790–1819*, Diss. University of St. Andrews 1983 ▪ Linhardt, Marion: »Kontrolle – Prestige – Vergnügen. Profile einer Sozialgeschichte des Wiener Theaters 1700–2010«, in: *LiTheS – Zeitschrift für Literatur- und Theatersoziologie*, Sonderband 3 (2012), S. 5–81 ▪ Linhardt, Marion; Pernerstorfer, Matthias (Hrsg.): *Theater – Zettel – Sammlungen* (= Bibliographica Don Juan Archiv Wien 1–2), 2 Bde., Wien 2012/2015 ▪ Perinet, Joachim (Hrsg.): *Wiener Theater-Almanach auf das Jahr 1804,* Wien 1804 ▪ Perinet, Joachim (Hrsg.): *Wiener Theater-Almanach auf das Jahr 1806,* Wien 1806 ▪ Pezzl, Johann: *Neue Skizze von Wien*, 1. Heft, Wien 1805 ▪ Sandgruber, Roman: »Geld und Geldwert. Vom Wiener Pfennig zum Euro«, in: *Vom Pfennig zum Euro. Geld aus Wien. 281. Sonderausstellung des Historischen Museums der Stadt Wien, 7. Februar–24. März 2002,* hrsg. von Adelbert Schusser und Wladimir Aichelburg, Wien 2002, S. 62–79 ▪ Seyfried, Ignaz von: »Charakterzüge und Anekdoten«, in: *Ludwig van Beethoven's Studien im Generalbasse, Contrapuncte und in der Compositions-Lehre: aus dessen handschriftlichem Nachlasse gesammelt und herausgegeben von Ignaz Ritter von Seyfried*, Wien: [1832], Anhang, S. 14–27 ▪ Seyfried, Ignaz von: *Theaterjournal des Freihaustheaters (Wiedner Schauspielhaus) und des Theaters an der Wien*, Manuskript, Wienbibliothek im Rathaus H.I.N.-64445 ▪ Sonnek, Anke: *Emanuel Schikaneder. Theaterprinzipal, Schauspieler und Stückeschreiber* (= Schriftenreihe der Internationalen Stiftung Mozarteum Salzburg 11), Kassel u.a. 1999 ▪ Thayer, Alexander Wheelock: *Ludwig van Beethovens Leben*, Bd. 4, Leipzig 1907 ▪ Theaterzettel des Theater an der Wien, Österreichische Nationalbibliothek, Bibliothek des Theatermuseums, 147449-D.

A. Fischerauer: »Von keinem Effekte« bis zum »Hauch des Genies«. Zeitgenössische Rezensionen zu Beethovens *Fidelio*

Appel, Bernhard R.; Cobb Bierman, Joanna; Kinderman, William; Ronge, Julia (Hrsg.): *Beethoven und der Wiener Kongress 1814/15. Bericht über die vierte New Beethoven Research Conference Bonn, 10. bis 12. September 2014* (= Schriften zur Beethovenforschung 26), Bonn 2016 ▪ Hess, Willy: *Das Fidelio-Buch. Beethovens Oper Fidelio, ihre Geschichte und ihre drei Fassungen*, Winterthur 1986 ▪ Hiemke, Sven (Hrsg.): *Beethoven Handbuch*, Kassel u.a. 2009 ▪ Lühning, Helga: »Die einzige Oper: *Leonore/Fidelio*. Die verwickelte Entstehungsgeschichte«, in: *Beethovens Vokalmusik und Bühnenwerke* (= Das Beethoven-Handbuch 4), hrsg. von Birgit Lodes und Armin Raab,

Laaber 2014, S. 9–34 ▪ Maschka, Robert: »Fidelio«, in: *Beethoven Handbuch*, hrsg. von Sven Hiemke, Kassel u.a. 2009, S. 220–250.

H. Lindmaier: Ortswechsel: Oper im Salon musizieren. Bearbeitungen als Teil der frühen *Fidelio*-Rezeption in Wien

[Anonym]: »Intelligenzblatt N^ro^ 4« zur *Österreichischen Allgemeinen musikalischen Zeitung* 2/42 (17. Oktober 1818) ▪ Beer, Axel: *Musik zwischen Komponist, Verlag und Publikum. Die Rahmenbedingungen des Musikschaffens in Deutschland im ersten Drittel des 19. Jahrhunderts*, Tutzing 2000 ▪ Beethoven, Ludwig van: *Briefwechsel. Gesamtausgabe*, Bd. 3 (1814–1816), hrsg. von Sieghart Brandenburg, München 1996 ▪ Fellinger, Imogen (Hrsg.): *Periodica Musicalia (1789–1830)*, Regensburg 1986 ▪ Finscher, Ludwig: »Hausmusik und Kammermusik«, in: ders., *Geschichte und Geschichten. Ausgewählte Aufsätze zur Musikhistorie*, hrsg. von Hermann Danuser, Mainz 2003, S. 79–88 ▪ Hadamowsky, Franz: *Die Wiener Hoftheater (Staatstheater) 1776–1966. Verzeichnis der aufgeführten Stücke mit Bestandsnachweis und täglichem Spielplan, Teil 2: Die Wiener Hofoper (Staatsoper), 1811–1974*, Wien 1975 ▪ Hanslick, Eduard: *Geschichte des Concertwesens in Wien*, Wien 1869 ▪ Jahn, Michael: *Die Wiener Hofoper von 1810 bis 1836. Das Kärnthnerthortheater als Hofoper*, Wien 2007 ▪ Kolb, Fabian: »Diffusion des Populären. Zum Wahrnehmungsspektrum von Beethoven und Rossini in der musikalischen Unterhaltungskultur des 19. Jahrhunderts«, in: *Beethoven und Rossini in ihrer Epoche. Kontexte – Komposition – Aufführung – Rezeption. Kongressbericht Bonn/Köln November 2018*, hrsg. von Arnold Jacobshagen und Christine Siegert, Bonn [im Druck] ▪ Moscheles, Charlotte: *Aus Moscheles' Leben. Nach Briefen und Tagebüchern herausgegeben von seiner Frau*, Bd. I,2, Leipzig 1872 ▪ Pichler, Caroline: *Denkwürdigkeiten aus meinem Leben*, Wien 1844 ▪ Siegert, Christine: »Semantische Aspekte instrumentaler Opernbearbeitungen«, in: *Jenseits der Bühne. Bearbeitungs- und Rezeptionsformen der Oper im 19. und 20. Jahrhundert*, hrsg. von Hans-Joachim Hinrichsen und Klaus Pietschmann, Kassel 2011, S. 10–24 ▪ Sonnleithner, Joseph: *Wiener Theater Almanach für das Jahr 1794*, Wien 1794 ▪ Thayer, Alexander Wheelock: *Ludwig van Beethovens Leben*, Bd. 2, Berlin 1872 ▪ Thormählen, Wiebke: »Playing with Art: Musical Arrangements as Educational Tools in van Swieten's Vienna«, in: *The Journal of Musicology* 27/3 (2010), S. 342–376, <https://www.jstor.org/stable/10.1525/jm.2010.27.3.342>, (Zugriff am 25. September 2019) ▪ Weinmann, Alexander: *Vollständiges Verlagsverzeichnis Artaria & Comp* (= Beiträge zur Geschichte des Alt-Wiener Musikverlages 2/2), Wien 1952 ▪ Weinmann, Alexander: *Vollständiges Verlagsverzeichnis der Musikalien des Kunst- und Industrie Comptoirs in Wien, 1801–1819. Ein bibliographischer Beitrag*, Wien 1955 ▪ Weinmann, Alexander: *Verzeichnis der Musikalien aus dem k.k. Hoftheater-Musik-Verlag* (= Beiträge zur Geschichte des Alt-Wiener Musikverlages 2/6), Wien 1962 ▪ Weinmann, Alexander: *Verlagsverzeichnis Tranquillo Mollo (mit und ohne Co.)* (= Beiträge zur Geschichte des Alt-Wiener Musikverlages 2/9), Wien 1964 ▪ Weinmann, Alexander: *Verlagsverzeichnis Pietro Mechetti quondam Carlo* (= Beiträge zur Geschichte des Alt-Wiener Musikverlages 2/10), Wien 1966 ▪ Weinmann, Alexander: *Verlagsverzeichnis Giovanni Cappi bis A. O. Witzendorf* (= Beiträge zur Geschichte des Alt-Wiener Musikverlages 2/11), Wien 1967 ▪ Weinmann, Alexander: *Vollständiges Verlagsverzeichnis Senefelder, Steiner, Haslinger* (= Beiträge zur Geschichte des Alt-Wiener Musikverlages 2/19), Band I,3, München, Salzburg 1979 ▪ Weinmann, Alexander: *Verzeichnis der Musikalien des Verlages Thadé Weigl* (= Beiträge zur Geschichte des Alt-Wiener Musikverlages 2/22), Wien 1982.

ANMERKUNGEN

Julia Ackermann und Melanie Unseld: Erinnerungsort Beethoven: Theater an der Wien

1 Hugo Wittmann: »Beethovenhäuser«, in: *Moderne Welt. Beethoven-Festschrift zum 150. Geburtstag,* Wien 1920, S. 20–23, hier S. 21–22.

2 Ignaz von Seyfried: »Recensionen. Beethovens neueste Compositionen: Messe, Symphonie, und Quatuor«, in: *Cäcilia. Eine Zeitschrift für die musikalische Welt,* Bd. 9, Heft 36, Mainz 1828, S. 217–243, hier S. 219.

Julia Ackermann und Melanie Unseld: Dichtung – Wahrheit – Narrativ? Erinnerungen an die *Fidelio*-Soirée im Palais Lichnowsky

1 Johann Wolfgang von Goethe: *Faust.* Eine Tragödie (= *Goethes Werke*, Bd. 3) Hamburger Ausgabe, hrsg. von Erich Trunz, München 1986, S. 10f.

2 Alexander Wheelock Thayer: *Ludwig van Beethovens Leben,* Bd. 2, ^{2}1910, S. 491–493.

3 Ferdinand Ries und Franz Gerhard Wegeler: *Biographische Notizen über Ludwig van Beethoven*, Koblenz 1838, S. 103–106.

4 Rudolf Bunge: »Fidelio. Nach persönlichen Mittheilungen des Herrn Professor Joseph Röckel«, in: *Die Gartenlaube,* 16/38 (1868), S. 601–606.

Akiko Yamada: Wohnen und arbeiten im Theater. Beethoven und das Theater an der Wien

1 Ignaz von Seyfried: »Recensionen. Beethovens neueste Compositionen: Messe, Symphonie, und Quatuor«, in: *Cäcilia. Eine Zeitschrift für die musikalische Welt,* Bd. 9, Heft 36, Mainz 1828, S. 217–243, hier S. 219.

2 Ignaz von Seyfried: »Charakterzüge und Anekdoten«, in: *Ludwig van Beethoven's Studien im Generalbasse, Contrapuncte und in der Compositions-Lehre: aus dessen handschriftlichem Nachlasse gesammelt und herausgegeben von Ignaz Ritter von Seyfried*, Wien [1832], Anhang, S. 14–27, hier S. 18–19, bzw. 17–18.

3 Alexander Wheelock Thayer: *Ludwig van Beethovens Leben*, Bd. 2, Leipzig ^{2}1910, S. 461.

4 Kurt Smolle: *Wohnstätten Ludwig van Beethovens von 1792 bis zu seinem Tod* (= Schriften zur Beethovenforschung 5), Bonn u.a. 1970, S. 33.

5 Darunter fehlen allerdings die Wohnadressen für die frühen Jahre 1796–1799. Vgl. Knud Breyer: »Wohnungen«, in: *Beethovens Welt* (= Das Beethoven-Handbuch 5), hrsg. von Siegbert Rampe, Laaber 2019, S. 145–157, hier S.146.

6 Walther Brauneis: »Allegro di Confusione – oder: ›Wohnt hier Herr Beethoven?‹«, in: *Beethoven-Häuser in alten Ansichten. Von der Bonngasse ins Schwarzspanierhaus*, hrsg. von Silke Bettermann, Walther Brauneis und Michael Ladenburger, Bonn 2012, S. 11–29, hier S. 12.

7 Brauneis: »Allegro di Confusione«, S. 11.

8 Texttafel im Vorzimmer der Beethoven-Gedenkstätte Pasqualatihaus, »Die Geschichte der Beethoven-Gedenkstätte im Pasqualatihaus«, Wien 1, Mölkerbastei 8. Vgl. auch <https://www.geschichtewiki.wien.gv.at/Pasqualatihaus>.

9 *Die Beethoven-Gedenkstätten der Museen der Stadt Wien*, Wien 1992, S. 12.

10 Zit. nach Walther Brauneis: »Beethoven-Gedenkstätte ›Heiligenstädter Testament‹. ›Die Stätte, die ein guter Mensch betrat, ist eingeweiht.‹«, in: Ausstellungskatalog *Ludwig van Beethoven, ›Heiligenstädter Testament‹ und ›Eroicahaus‹*, hrsg. vom Historischen Museum der Stadt Wien, Wien 1996, S. 12.

11 Ausstellungsbroschüre *Beethoven Museum*, Wien 2019, S. 7.

12 Elsa Prochazka: »Musikergedenkstätten«, in: *Viel zu modern. Hans Steineder, Architekt 1904–1976*, hrsg. von Monika Platzer, Salzburg 1999, S. 68.

13 Zit. nach Brauneis: »Allegro di Confusione«, S. 23.

14 Seyfried: »Charakterzüge und Anekdoten«, S. 20f.

Roman Synakewicz: *Fidelio*-Netzwerke

1 Hartmut Böhme: »Einführung. Netzwerke. Zur Theorie und Geschichte einer Konstruktion«, in: *Netzwerke. Eine Kulturtechnik der Moderne*, hrsg. von Jürgen Barkhoff, Hartmut Böhme und Jeanne Riou, Köln 2004, S. 17–36, hier S. 17.

2 Susanne Rode-Breymann: »Überlegungen zum Konzept ›kulturellen Handelns‹«, in: *»La cosa è scabrosa«. Das Ereignis »Figaro« und die Wiener Opernpraxis der Mozart-Zeit*, hrsg. von Carola Bebermeier und Melanie Unseld, Wien, Köln, Weimar 2018, S. 20–30, hier S. 23–24.

3 Rudolf Bunge: »Fidelio. Nach persönlichen Mittheilungen des Herrn Professor Joseph Röckel«, in: *Die Gartenlaube*, 16/38 (1868), S. 601–606, hier S. 604.

4 Melanie Unseld und Carola Bebermeier: »*Figaro* als Ereignis. Zur Einleitung«, in: *»La cosa è scabrosa«. Das Ereignis »Figaro« und die Wiener Opernpraxis der Mozart-Zeit*, hrsg. von dens., Wien, Köln, Weimar 2018, S. 7–20, hier S. 14–15.

5 Ferdinand Ries und Franz Gerhard Wegeler: *Biographische Notizen über Ludwig van Beethoven*, Koblenz 1838, S. 104–106.

Constanze Marie Köhn: Erinnerung im öffentlichen Raum. Die Beethoven-Gedenktafel(n) am Theater an der Wien

1 Alexandra Vasak: *Sichtbare Erinnerung. Der Umgang mit Denkmälern in Österreich*, Frankfurt a. M. 2004, S. 9.

2 Guido Adler: »Zur Einbegleitung«, in: *Wiener Beethoven-Zentenarfeier vom 26. bis 31. März 1927. Veranstaltet vom Bund Österreich und der Stadt Wien*, Programmheft, Wien 1927, S. 3–4, hier S. 3.

3 Theodor Frimmel: »Beethoven-Stätten«, in: *Wiener Beethoven-Zentenarfeier*, Wien 1927, S. 15–24, hier S. 15.

4 Othmar Leixner: *Wien. Ein Führer durch die Donaustadt*, Wien 1926, S. 13.

5 Ludwig Hirschfeld: *Das Buch von Wien* (= Was nicht im »Baedeker« steht 2), München 1927, S. 95.

6 *Wien und Umgebung. Kleine Ausgabe*, Berlin [28]1928, S. 34; Baedeker, Karl: *Österreich. Handbuch für Reisende*, Leipzig [30]1926, S. 16, S. 32 und 129f.

7 »Die Gedenktafel am Theater an der Wien«, in: *Wiener Zeitung* 224/67 (22. März 1927), S. 4–5, hier S. 4.

8 Christian Böhm: *Dokumentation der künstlerischen Aktivitäten des Wiener Männergesang-Vereins*, Wien 1993, S. 16 bzw. 53f.; Anzenberger-Ramminger, Elisabeth: »150 Jahre Wiener Männergesang-Verein«, in: *150 Jahre Wiener Männergesang-Verein. 1843–1993*, Wien 1993, hrsg. von Peter Kauder, S. 23–162, hier S. 58 bzw. 102.

9 »Die Enthüllung der Beethoven-Gedenktafel über dem Papageno-Tor«, in: *Die Stunde* 5/1210 (22. März 1927). S. 4.

10 »Enthüllung einer Beethoven-Gedenktafel«, in: *Reichspost* 34/80 (22. März 1927), S. 8.

11 Ebd.

12 »Kleine Chronik. (Enthüllung der Beethoven-Gedenktafel am Theater an der Wien.)«, in: *Neue Freie Presse* 22455 (21. März 1927), Abendblatt, S. 5.

13 *Die Stunde* (22. März 1927), S. 4.

14 *Neue Freie Presse* (21. März 1927), S. 5.

15 »Der 100. Todestag Beethovens. Eine Feier beim Theater an der Wien«, in: *Illustrierte Kronen Zeitung* 28/9757 (22. März 1927), S. 10; *Reichspost* (22. März 1927), S. 8.

16 Anton Bauer: *150 Jahre Theater an der Wien*, Zürich, Leipzig, Wien 1952, S. 38.

17 Silke Bettermann: *Beethoven im Bild. Die Darstellung des Komponisten in der bildenden Kunst vom 18. bis zum 20. Jahrhundert*, Bonn 2012, zu Beethoven-Allegorien s. S. 69–81, hier: S. 77.

18 *Reichspost* (22. März 1927), S. 8.

19 Karl Kretschek: *Festschrift 125 Jahre Wiener Männergesang-Verein*, Wien [1968], S. 104.

20 *Die Stunde* (22. März 1927), S. 4.

21 *Neue Freie Presse* (21. März 1927), S. 5.

22 »Enthüllung einer ›Fidelio‹-Gedenktafel«, in: *Kleine Volks-Zeitung* 73/80 (22. März 1927), S. 4.

23 *Wiener Zeitung* (22. März 1927), S. 4f.

24 Tadeusz Krzeszowiak: *Theater an der Wien. Seine Technik und Geschichte. 1801–2001*, Wien u. a. 2002, S. 159.

25 *Amtsblatt der Stadt Wien* 32 (20. April 1960), S. 3.

26 *Rathaus-Korrespondenz* (25. Mai 1962), Bl. 968–972; Krzeszowiak: *Theater an der Wien*, S. 161–179. Einen audiovisuellen Eindruck der Geschichte des Hauses und seiner Renovierungsarbeiten bietet die Kurzdokumentation »Theater an der Wien« aus dem Jahr 1962 (http://mediawien-film.at/film/406, Zugriff: 10. Oktober 2019).

27 *Rathaus-Korrespondenz* (28. Mai 1962), Bl. 1015–1023, hier: Bl. 1015f.

28 Kurt Smolle: *Wohnstätten Ludwig van Beethovens von 1792 bis zu seinem Tod* (Schriften zur Beethovenforschung, Bd. 5), hrsg. v. Joseph Schmidt-Görg, München, Bonn 1970, S. 24.

29 ÖNB Bildarchiv, Inv.-Nr. 172.160 (1952) und Foto der Vereinigten Bühnen Wien (um 1960), Abb. 165 [2] in: Krzeszowiak: *Theater an der Wien*, S. 198.

30 Kretschek: *Festschrift 125 Jahre Wiener Männergesang-Verein*, S. 104.

31 Der Verbleib der ursprünglichen Tafel konnte schon im Rahmen der wissenschaftlichen Aufarbeitung des 200-Jahr-Jubiläums des *Fidelio* 2005 nicht aufgeklärt werden. Ich danke Nina Linke aus der Kulturabteilung der Stadt Wien (MA 7) herzlich für ihre freundliche Auskunft.

32 ÖNB Bildarchiv, Inv.-Nr. 188.473 (09/1964); 234.533 (04/1966); 252.537 (11/1969).

33 Helmut Kretschmer: *Beethovens Spuren in Wien*, Wien 1998, S. 14f.

34 *DER SPIEGEL* 37 (07. September 1970).

35 Fritz Racek: »Zur Wiener Beethoven-Ausstellung 1970«, in: *Amtsblatt der Stadt Wien* 75/Sondernummer (03/1970), S. 11–12.

36 *Amtsblatt der Stadt Wien* 75/37 (12. September 1970), S. 10.

37 Rudolf Klein: »Wo fehlen Beethoven-Gedenktafeln?«, in: *Wiener Geschichtsblätter* 26 (1971), S. 186f. Tatsächlich wurde eine von Klein geforderte Gedenktafel am Haus 6., Laimgrubengasse 22 schließlich 1972 durch die Wiener Beethoven-Gesellschaft gestiftet: Rudolf Klein: »Gedenktafel für Beethovenhaus (6, Laimgrubengasse 22)«, in: *Wiener Geschichtsblätter* 27 (1972), S. 364f.

38 Rudolf Klein: »Beethoven im Theater an der Wien: Wohnung und Bühne«, in: *Amtsblatt der Stadt Wien* 75/Sondernummer (03/1970), S. 12.

39 Tatsächlich ist auf zwei – gleichwohl undatierten – Abbildungen des Papageno-Tores im *Amtsblatt der Stadt Wien* aus den Jahren 1970 (75/Sondernummer (03/1970), S. 113) und 1972 (77/Sondernummer (05/1972), S. 71) noch keine neue Gedenktafel erkennbar.

40 Clemens Ottawa: *Das Gedächtnis der Stadt. Die Gedenktafeln Wiens in Biografien und Geschichten*, Wien 2009, S. 85.

Clemens Kreutzfeldt: »Die Kunst floh scheu vor rohen Krieges-Scenen«. Zwei Wiener Theaterbesucher in Zeiten französischer Belagerung

1 [Anonym]: »Wien von den Franzosen besetzt«, in: *Zeitung für die elegante Welt* (4. Januar 1806), Sp. 12f.

2 Susanne Rode-Breymann: »Überlegungen zum Konzept ›kulturellen Handelns‹«, in: *»La cosa è scabrosa«. Das Ereignis »Figaro« und die Wiener Opernpraxis der Mozart-Zeit*, hrsg. von Carola Bebermeier und Melanie Unseld, Wien, Köln, Weimar 2018, S. 21–30, hier S. 23.

3 Henry Reeve: *Journal of a Residence at Vienna and Berlin in the Eventful Winter 1805–6, by the Late Henry Reeve, M.D., Published by his Son*, London 1877. Das Autograph, welches dieser Edition zugrunde liegt, befindet sich in der Wellcome Library London, Signatur: MS5429/5430. Das insgesamt 11 Bände umfassende Autograph der Tagebücher von Joseph Carl Rosenbaum befindet sich in der Österreichischen Nationalbibliothek Wien, Sammlung von Handschriften und alten Drucken, Signatur: A-Wn Cod. Ser. n. 194 bis 204. Rosenbaums Tagebücher finden sich darüber hinaus in Auszügen publiziert u.a. in: Joseph Carl Rosenbaum, *Die Tagebücher von Joseph Carl Rosenbaum 1770–1829* (= Das Haydn Jahrbuch 5), hrsg. von Else Radant, Wien u.a. 1968.

4 Henry Reeve, Tagebucheintrag vom 21. Oktober 1805: Reeve, *Journal of a Residence at Vienna and Berlin*, S. 33.

5 Ebd.

6 Vgl. beispielswiese die Tagebucheinträge Joseph Carl Rosenbaums vom 10. Oktober 1800; 6. Februar 1801; 17. Februar 1801; 13. Juni 1801 sowie 14. Juni 1801, in: Ders., *Tagebücher* Bd. 3 und 4, A-Wn Cod. Ser. n. 196 und 197.

7 Henry Reeve, Tagebucheintrag vom 01./02. November 1805: Reeve, *Journal of a Residence at Vienna and Berlin*, S. 39f.

8 Henry Reeve, Tagebucheintrag vom 8. November 1805: ebd., S. 42.

9 Ebd., S. 43.

10 Joseph Carl Rosenbaum, Tagebucheintrag vom 4. November 1805: Rosenbaum, *Die Tagebücher von Joseph Carl Rosenbaum 1770–1829,* S. 126.

11 Vgl. den Theaterzettel für das Burgtheater sowie das Theater am Kärntnertor vom 12. November 1805.

12 Henry Reeve, Tagebucheintrag vom 12. November 1805: Reeve, *Journal of a Residence at Vienna and Berlin*, S. 45.

13 Ebd. S. 46.

14 Ebd.

15 Joseph Carl Rosenbaum, Tagebucheintrag vom 7. November 1805. A-Wn Cod. Ser. n. 198 [Tagebuch, Band 5, fol. 95r.].

16 Henry Reeve, Tagebucheintrag vom 11./12. November 1805: Reeve, *Journal of a Residence at Vienna and Berlin*, S. 45.

17 Joseph Carl Rosenbaum, Tagebucheintrag vom 13. November 1805, [Tagebuch, Band 5, fol. 97].

18 Henry Reeve, Tagebucheintrag vom 10. November 1805: Reeve, *Journal of a Residence at Vienna and Berlin*, S. 44.

19 Joseph Carl Rosenbaum, Tagebucheintrag vom 13. November 1805: Rosenbaum, *Die Tagebücher von Joseph Carl Rosenbaum 1770–1829*, S. 128.

20 Henry Reeve, Tagebucheintrag vom 13. November 1805: Reeve, *Journal of a Residence at Vienna and Berlin*, S. 46.

21 Ebd., S. 47.

22 Joseph Carl Rosenbaum, Tagebucheintrag vom 14. November 1805, [Tagebuch, Band 5, fol. 97r.].

23 Joseph Carl Rosenbaum, Tagebucheintrag vom 16. November 1805, ebd., fol. 99.

24 Joseph Carl Rosenbaum, Tagebucheintrag vom 14. November 1805: Rosenbaum, *Die Tagebücher von Joseph Carl Rosenbaum 1770–1829*, S. 128.

25 Joseph Carl Rosenbaum, Tagebucheintrag vom 15. November 1805, ebd.

26 Vgl. Henry Reeve, Tagebucheintrag vom 14. November 1805: Reeve, *Journal of a Residence at Vienna and Berlin*, S. 48.

27 Henry Reeve, Tagebucheintrag vom 19. November 1805: ebd., S. 56f.

28 Joseph Carl Rosenbaum, Tagebucheintrag vom 17. November 1805, [Tagebuch, Band 5, fol. 99].

29 Joseph Carl Rosenbaum, Tagebucheintrag vom 16. November 1805: Rosenbaum, *Die Tagebücher von Joseph Carl Rosenbaum 1770–1829*, S. 128f.

30 Henry Reeve, Tagebucheintrag vom 18. November 1805: Reeve, *Journal of a Residence at Vienna and Berlin*, S. 55.

31 Vgl. den Theaterzettel für das Burgtheater sowie das Theater am Kärntnertor vom 28. November 1805.

32 Vgl. Joseph Carl Rosenbaum, Tagebucheintrag vom 18. November 1805, [Tagebuch, Band 5, fol. 99r und fol. 100] sowie den Theaterzettel für das Burgtheater sowie das Theater am Kärntnertor vom 18. November 1805.

33 Joseph Carl Rosenbaum, Tagebucheintrag vom 13. November 1805, ebd. fol. 97r.

34 Joseph Carl Rosenbaum, Tagebucheintrag vom 14. November 1805, [Tagebuch, Band 5, fol. 98]. Bei der genannten Oper handelte es sich um die von Domenico Cimarosa komponierte Oper *Die Horatier und Curiatier*, vgl. den Theaterzettel für das Burgtheater sowie das Theater am Kärntnertor vom 14. November 1805.

35 Joseph Carl Rosenbaum, Tagebucheintrag vom 15. November 1805, ebd. fol. 98.

36 Joseph Carl Rosenbaum, Tagebucheintrag vom 17. November 1805, ebd. fol. 99r.

37 Henry Reeve, Tagebucheintrag vom 18. November 1805: Reeve, *Journal of a Residence at Vienna and Berlin*, S. 54.

38 Joseph Carl Rosenbaum, Tagebucheintrag vom 15. November 1805, [Tagebuch, Band 5, fol. 98].

39 Joseph Carl Rosenbaum, Tagebucheintrag vom 15. November 1805, ebd., fol. 99.

40 Henry Reeve, Tagebucheintrag vom 17. November 1805: Reeve, *Journal of a Residence at Vienna and Berlin*, S. 51.

41 Joseph Carl Rosenbaum, Tagebucheintrag vom 20. November 1805, [Tagebuch, Band 5, fol. 100r.].
42 Ebd.
43 Ebd. Bei den von Rosenbaum erwähnten Personen handelt es sich um den bayrischen Diplomaten Karl Ernst von Gravenreuth (1771–1826) sowie um den französischen Diplomaten Charles-Maurice de Talleyrand-Périgord (1754–1838). Die Identität von Herrn Fritsch lässt sich bisher nicht zweifelsfrei klären.
44 Henry Reeve, Tagebucheintrag vom 21. November 1805: Reeve, *Journal of a Residence at Vienna and Berlin*, S. 64f.
45 Gerhard von Breuning: *Aus dem Schwarzspanierhaus*, Wien 1874, S. 29.
46 Zit. nach Alexander Wheelock Thayer: *Ludwig van Beethovens Leben*, Bd. 2, Leipzig, [2]1910, S. 483.

Anke Charton: Francesca, Leonore, Eleonore. Weiblichkeitsentwürfe zwischen Französischer Revolution und Wiener Kongress

1 Friedrich Rückert: »Auf das Mädchen aus Potsdam, Prochaska«, in: ders., *Werke, Bd. 1. Lyrische Gedichte. Bd. 1: Vaterland. Viertes Kapitel. Kriegerische Spott- und Ehrenlieder*, Leipzig, Wien 1897, S. 73–74, hier S. 73.
2 Ebd., S. 74.
3 Friedrich Rückert, »Der Unteroffizier Friederike Auguste Krüger«, in: *Lyrische Gedichte. Bd. 1: Vaterland, Zweites Kapitel: Zeitgedichte. 1814/1815*, Leipzig, Wien 1897, S. 27–28.
4 Ludwig van Beethoven: *Fidelio.* Oper in zwei Akten. (Fassung 1814). Libretto von Josef Sonnleithner, Stefan von Breuning und Georg Friedrich Treitschke, Wien 1814.
5 Rückert: »Der Unteroffizier Friederike Auguste Krüger«, S. 27.
6 Wolfgang Amadeus Mozart: *Così fan tutte o sia La scuola degli amanti.* Opera buffa in zwei Akten, Libretto von Lorenzo da Ponte, Szenen II/11 und II/12.
7 Rückert: »Auf das Mädchen aus Potsdam, Prochaska«, S. 73.
8 Beethoven: *Fidelio*. Oper in zwei Akten. (Fassung 1814). Libretto von Josef Sonnleithner, Stefan von Breuning und Georg Friedrich Treitschke, Akt II/6.
9 Helen Watanabe-O'Kelly: »From Viragos to Valkyries. Transformations of the Heroic Warrior Woman in German Literature from the Seventeenth to the Nineteenth Century«, in: *Tracing the Heroic Through Gender*, hrsg. von Carolin Hauck u. a., Würzburg 2018, S. 93–106, S. 104.

Julia Ackermann: Theater Tag für Tag. Das Repertoire am Theater an der Wien rund um *Fidelio*

1 A-Wtm 147449-D.

2 Ignaz von Seyfried: »Charakterzüge und Anekdoten«, in: *Ludwig van Beethoven's Studien im Generalbasse, Contrapuncte und in der Compositions-Lehre: aus dessen handschriftlichem Nachlasse gesammelt und herausgegeben von Ignaz Ritter von Seyfried*, Wien [1832], Anhang, S. 14–27, hier S. 17f.
3 Ignaz von Seyfried: *Theaterjournal des Freihaustheaters (Wiedner Schauspielhaus) und des Theaters an der Wien*, Manuskript A-Wst Ib 84958, H.I.N.-64445.
4 Theaterzettel zu *Raul der Blaubart* vom 25. November 1806 und *Die beiden Füchse* vom 26. November 1806.
5 Theaterzettel zu *List und Zufall* vom 11. Januar 1806.
6 Theaterzettel zu *Don Juan* vom 13. Januar 1806.
7 Theaterzettel zu *Die Schwestern von Prag* vom 9. Februar 1806.
8 *Wiener Theater-Almanach auf das Jahr 1806 von Joachim Perinet*, Wien 1806, S. 58f.
9 ÖNB Porträtsammlung PORT_00147871_01.
10 ÖNB Porträtsammlung PORT_00068613_01.
11 Marion Linhardt: »Kontrolle – Prestige – Vergnügen. Profile einer Sozialgeschichte des Wiener Theaters 1700–2010«, in: *LiTheS – Zeitschrift für Literatur- und Theatersoziologie*, Sonderband 3 (2012), S. 5–81, hier S. 36.
12 Johann Pezzl: *Neue Skizze von Wien*. 1. Heft. Wien 1805, darin: [Kap.] XXVI. Sonntags-Publicum, S. 129–133, hier S. 130–132.
13 Theaterzettel zu *Die Schwestern von Prag* vom 11. Februar 1806.
14 Ebd.
15 Theaterzettel zu *Der Tyroler Wastel* vom 19. Januar 1806.
16 Ignaz Franz Castelli: *Memoiren meines Lebens*, Bd. 1, Wien 1861, S. 239–240.
17 Theaterzettel zu *Vestas Feuer* vom 10. August 1805.
18 F – b – t.: »Wiener Herbstunterhaltungen«, in: *Zeitung für die elegante Welt* 132 (2. November 1805), Sp. 1053f.
19 *Allgemeine musikalische Zeitung* 7/48 (28. August 1805), Sp. 766.
20 Seyfried, »Charakterzüge und Anekdoten«, Anhang, S. 18.
21 *Allgemeine musikalische Zeitung* 5/2 (6. Oktober 1802), Sp. 32.
22 Theaterzettel zu *Lodoiska* vom 27. August 1805.
23 Zit. nach Alexander Wheelock Thayer: *Ludwig van Beethovens Leben*, Bd. 4, Leipzig 1907, S. 464.

Alexander Fischerauer: »Von keinem Effekte« bis zum »Hauch des Genies«. Zeitgenössische Rezensionen zu Beethovens *Fidelio*

1 Werbeannonce von Artaria, in: *Allgemeines Intelligenzblatt zur Österreichisch-Kaiserlichen privilegierten Wiener Zeitung* (1. Juli 1814), S. 5.
2 Willy Hess: *Das Fidelio-Buch. Beethovens Oper Fidelio, ihre Geschichte und ihre drei Fassungen*, Winterthur 1986, S. 98.
3 Helga Lühning: »Die einzige Oper: *Leonore/Fidelio*. Die verwickelte Entstehungsgeschichte«, in: *Beethovens Vokalmusik und Bühnenwerke*. (= Das Beethoven-Handbuch, 4), hrsg. von Birgit Lodes und Armin Raab, Laaber 2014, S. 9–54, hier S. 13.

4 Ebd., S. 16.

5 Bernhard R. Appel, Joanna Cobb Bierman, William Kinderman und Julia Ronge (Hrsg.): *Beethoven und der Wiener Kongress 1814/15*, Bonn 2016, S. VII.

6 [Anonym]: »Wien von den Franzosen besetzt«, in: *Zeitung für die elegante Welt* (4. Januar 1806), Sp. 12f.

7 [Anonym]: »Aus Wien, vom 26sten Dec. 1805«, in: *Der Freimüthige oder Ernst und Scherz.* hrsg. von A[ugust] von Kotzebue und G. Merkel, 4. Jg. Nr. 10 (14. Januar 1806), Berlin, S. 39.

8 [Anonym]: »Nachrichten«, in: *Allgemeine musikalische Zeitung* (8. Januar 1806) Sp. 225–238, hier Sp. 237f.

9 Lühning: »Die einzige Oper: *Leonore/Fidelio.* Die verwickelte Entstehungsgeschichte«, S. 16.

10 [Anonym]: »Nachrichten«, in: *Allgemeine musikalische Zeitung* (16. April 1806), Sp. 457–463, hier Sp. 460.

11 [Anonym]: »Korrespondenz- und Notizenblatt. Aus Wien«, in: *Zeitung für die elegante Welt* (10. Mai 1806), Sp. 455.

12 [Anonym]: »Theater und Musik in Wien in den letzten Wintermonaten 1806«, in: *Journal des Luxus und der Moden*, Mai 1806, S. 284–291, hier S. 287.

13 Maria Rößner-Richarz: »Beethoven und der Wiener Kongress aus der Perspektive von Beethovens Briefen und Dokumenten«, in: *Beethoven und der Wiener Kongress 1814/15*, hrsg. von Bernhard R. Appel, Joanna Cobb Bierman, William Kinderman, Julia Ronge, Bonn 2016, S. 79–118, hier S. 115.

14 [Anonym]: »Bemerkungen über die neuesten Erscheinungen auf unseren Bühnen«, in: *Wiener Theater-Zeitung* (28. Mai 1814), S. 249–250.

15 Ebd.

16 Ebd.

17 [Anonym]: »Korrespondenz-Nachrichten. Wien«, in: *Morgenblatt für gebildete Stände* (18. Juli 1814), S. 680.

18 Robert Maschka: »Fidelio«, in: *Beethoven Handbuch*, hrsg. von Sven Hiemke, Kassel, Stuttgart, 2009, S. 220–250, hier S. 246.

Hannah Lindmaier: Ortswechsel: Oper im Salon musizieren. Bearbeitungen als Teil der frühen *Fidelio*-Rezeption in Wien

1 Caroline Pichler: *Denkwürdigkeiten aus meinem Leben*, Bd. II, Wien 1844, S. 81f.

2 Eduard Hanslick: *Geschichte des Concertwesens in Wien*, Wien 1869, S. 139.

3 Die Hefte erschienen zwischen 1814 und 1815 im Wiener Verlag Thadé Weigl, vgl. Alexander Weinmann: *Verzeichnis der Musikalien des Verlages Thadé Weigl* (= Beiträge zur Geschichte des Alt-Wiener Musikverlages 2/22), Wien 1982, S. 81.

4 Joseph Sonnleithner: *Wiener Theater Almanach für das Jahr 1794*, Wien 1794, S. 174.

5 Alexander Wheelock Thayer: *Ludwig van Beethovens Leben,* Bd. 2, Berlin 1872, S. 284f.

6 Vgl. Alexander Weinmann: *Verlagsverzeichnis Giovanni Cappi bis A. O. Witzendorf* (= Beiträge zur Geschichte des Alt-Wiener Musikverlages 2/11), Wien 1967, S. 27–31.

7 Vgl. Alexander Weinmann: *Vollständiges Verlagsverzeichnis der Musikalien des Kunst- und Industrie Comptoirs in Wien, 1801–1819.* Ein bibliographischer Beitrag (= Studien zur Musikwissenschaft 22), Wien 1955, S. 246.

8 Vgl. Alexander Weinmann: *Verzeichnis der Musikalien aus dem k.k. Hoftheater-Musik-Verlag* (= Beiträge zur Geschichte des Alt-Wiener Musikverlags 2/6), Wien 1962, S. 109.

9 Vgl. Alexander Weinmann: *Vollständiges Verlagsverzeichnis Artaria & Comp.* (= Beiträge zur Geschichte des Alt-Wiener Musikverlags 2/2), Wien 1952, S. 115f.

10 Vgl. Alexander Weinmann: *Verlagsverzeichnis Pietro Mechetti quondam Carlo* (= Beiträge zur Geschichte des Alt-Wiener Musikverlages 2/10), Wien 1966, S. 15; ders.: *Verlagsverzeichnis Tranquillo Mollo (mit und ohne Co.)* (= Beiträge zur Geschichte des Alt-Wiener Musikverlages 2/9), Wien 1964, S. 69 und ders.:, *Verzeichnis der Musikalien des Verlages Thadé Weigl*, S. 87–90.

11 Vgl. Alexander Weinmann: *Vollständiges Verlagsverzeichnis der Musikalien des Kunst- und Industrie Comptoirs*, S. 248 und ders.: *Vollständiges Verlagsverzeichnis Senefelder, Steiner, Haslinger* (= Beiträge zur Geschichte des Alt-Wiener Musikverlages 2/19), Band I,3, München/Salzburg 1979, S. 223.

12 Charlotte Moscheles: *Aus Moscheles' Leben. Nach Briefen und Tagebüchern herausgegeben von seiner Frau*, Bd. I,2, Leipzig 1872, S. 17.

13 Ludwig van Beethoven: *Briefwechsel. Gesamtausgabe*, Bd. 3 (1814–1816), hrsg. von Sieghart Brandenburg, München 1996, S. 60.

14 Vgl. Alexander Weinmann: *Verzeichnis der Musikalien aus dem k.k. Hoftheater-Musik-Verlag*, S. 99 und ders.: *Verlagsverzeichnis Pietro Mechetti quondam Carlo*, S. 9.

15 *Intelligenzblatt* 4 zur ÖAMZ 2, Nr. 42 (17. Oktober 1818), o. S.

16 Ludwig Finscher: »Hausmusik und Kammermusik«, in: ders.: *Geschichte und Geschichten. Ausgewählte Aufsätze zur Musikhistorie*, hrsg. von Hermann Danuser, Mainz 2003, S. 79–88, hier S. 83f.

ABBILDUNGSVERZEICHNIS

KURZBIOGRAPHIEN

Julia Ackermann ist wissenschaftliche Mitarbeiterin im Forschungsprojekt *Erinnerungsort Beethoven: Theater an der Wien* an der Universität für Musik und darstellende Kunst Wien (mdw). 2019 wurde sie mit einer Arbeit zur *Opéra comique in Wien 1768–1783* promoviert. Die Dissertation entstand im Rahmen des FWF-Projekts *Transferprozesse in der Musikkultur Wiens* (mdw). Sie studierte Musikwissenschaft, Kulturmanagement und Germanistische Literaturwissenschaft in Weimar, Jena und Paris. Außerdem war sie als Museumspädagogin und als Musikdramaturgin tätig.

Anke Charton ist Universitätsassistentin am Institut für Theater-, Film- und Medienwissenschaft der Universität Wien. Sie studierte Theaterwissenschaft und Germanistik in Leipzig, Bologna und Berkeley, promovierte mit einer Arbeit zu Geschlechterrollen in der Oper und arbeitete u.a. an der Hochschule für Musik Detmold und der Hochschule für Musik und Theater Hamburg. Ihre Forschung bewegt sich interdisziplinär im Bereich von Theater- und Musikwissenschaft sowie Gender Studies, mit Schwerpunkten in Musiktheater und Gesangsgeschichte, Kulturgeschichte der Frühen Neuzeit und Theater/Anthropologie.

Alexander Fischerauer studierte Tonmeister und Dirigieren an der Universität für Musik und darstellende Kunst Wien (mdw). Derzeit arbeitet er an einer fachübergreifenden Dissertation mit dem Titel *Wagners Schopenhauer. Analyse, Musik und Philosophie*. Neben mehreren Lehraufträgen an der mdw (Gehörbildung und Musikaufnahme) arbeitet er seit 2017 saisonal als Tonmeister für die Bayreuther Festspiele. In Kürze erscheint ein Beitrag zu Killmayers Hölderlin-Liedern für die *Wiener Reihe. Themen der Philosophie* (gemeinsam mit Violetta Waibel).

Constanze Marie Köhn studierte Musikwissenschaft und Philosophie an der Universität Wien, der Ruprecht-Karls-Universität Heidelberg und der Università degli Studi di Pavia in Cremona. Seit 2017 ist sie wissenschaftliche Mitarbeiterin im FWF-Projekt *Transferprozesse in der Musikkultur Wiens, 1755–1780. Musikalienmarkt, Bearbeitungspraxis, neues Publikum* an der Universität für Musik und darstellende Kunst Wien (mdw). Ihr laufendes Dissertationsprojekt behandelt adelige Mentoren von Oratorienaufführungen in Wien, 1780–1810.

Clemens Kreutzfeldt ist seit 2019 wissenschaftlicher Mitarbeiter im FWF-Forschungsprojekt *Musical Crossroads. Transatlantic Cultural Exchange 1800–1950* an der Universität für Musik und darstellende Kunst Wien (mdw). Im Rahmen dieses Projekts arbeitet er an seiner Dissertation mit dem Arbeitstitel *Musikalienhandel in Antebellum Nordamerika – Räume des transatlantischen Austauschs*. Von 2016 bis 2018 war er wissenschaftlicher Mitarbeiter an der Universität zu Köln. Er studierte Musikwissenschaft, Schulmusik und Kunst in Oldenburg und London.

Hannah Lindmaier arbeitet seit 2015 als Universitätsassistentin am Institut für musikpädagogische Forschung, Musikdidaktik und Elementares Musizieren der Universität für Musik und darstellende Kunst Wien und promoviert in Instrumentalpädagogik. Zuvor unterrichtete sie klassische Gitarre an verschiedenen Musikschulen in Nordrhein-Westfalen und arbeitete als freie Musikjournalistin für den WDR. Als Gitarristin ist sie an vielfältigen Kammermusikprojekten beteiligt. Sie studierte Instrumentalpädagogik und Konzertfach Gitarre sowie Musikwissenschaft in Wien, Detmold und Köln.

Roman Synakewicz promoviert seit 2019 an der Universität für Musik und darstellende Kunst Wien über das Verhältnis von Gender, Kulturtransfer und Intertextualität in Olga Neuwirths *American Lulu*. Derzeit ist er Junior Fellow am IFK der Kunstuniversität Linz in Wien. Zuvor war er als Korrektor für die Gesamtausgabe der Alban Berg Stiftung und als Organisationsassistent für das Orchester Wiener Akademie tätig. Das Studium der Musikwissenschaft an der Humboldt-Universität zu Berlin und der Newcastle

University schloss er mit einer Masterarbeit über Polysystematische Notation ab.

Melanie Unseld, Leiterin des Forschungsprojekts *Erinnerungsort Beethoven: Theater an der Wien*, ist Professorin für Historische Musikwissenschaft an der Universität für Musik und darstellende Kunst Wien (mdw). 2008-2016 war sie Professorin für Kulturgeschichte der Musik an der Carl von Ossietzky Universität Oldenburg. 2019 wurde sie zum korrespondierenden Mitglied der Österreichischen Akademie der Wissenschaften gewählt.

Akiko Yamada ist PhD Studentin sowie Mitarbeiterin des Forschungsprojekts *Mademoiselle Mozart* am Institut für Musikwissenschaft und Interpretationsforschung der Universität für Musik und darstellende Kunst Wien (mdw). Sie promoviert zum Thema *Das Klavier als Medium kultureller Translation in Japan*. Ihre Forschungsschwerpunkte sind darüber hinaus musikalische Phänomene in Japan sowie Fragen zu Kulturtransfer, Gender und Biographik. Sie studierte Klavier (KA/Konzertfach) an der UdK Berlin und der mdw. Neben ihrer pianistischen Karriere ist sie auch als Kultur-Korrespondentin für japanische Medien tätig.